吉鲁教育哲学思想研究

祁东方 著

中国社会科学出版社

图书在版编目（CIP）数据

吉鲁教育哲学思想研究 / 祁东方著. -- 北京：中国社会科学出版社，2024.7. -- ISBN 978-7-5227-3780-5

Ⅰ．G40-02

中国国家版本馆 CIP 数据核字第 2024EY8897 号

出 版 人	赵剑英
责任编辑	高　歌
责任校对	李　琳
责任印制	戴　宽
出　　版	中国社会科学出版社
社　　址	北京鼓楼西大街甲 158 号
邮　　编	100720
网　　址	http：//www.csspw.cn
发 行 部	010-84083685
门 市 部	010-84029450
经　　销	新华书店及其他书店
印　　刷	北京明恒达印务有限公司
装　　订	廊坊市广阳区广增装订厂
版　　次	2024 年 7 月第 1 版
印　　次	2024 年 7 月第 1 次印刷
开　　本	710×1000　1/16
印　　张	19
插　　页	2
字　　数	267 千字
定　　价	99.00 元

凡购买中国社会科学出版社图书，如有质量问题请与本社营销中心联系调换
电话：010-84083683
版权所有　侵权必究

前　　言

作为批判教育学的重要代表人物之一，吉鲁被国内外学界赋予了公共知识分子、著名教育理论家、批判教育家等多重身份。他始终关注对教育与知识、教育的公共价值等根本性问题的探究，且著述丰富、见解深刻。吉鲁运用批判性、可能性的语言，试图帮助人们理解公共教育作为民主社会的构成性力量。其研究领域极为广泛，涉及批判理论与教育实践、学校教育与隐性课程的政治、公民教育中的理论批判与合理性等。他基于对教育问题的敏锐感知和深刻分析，形成了对学校教育的独特性解释，不仅为批判教育理论的发展做出了历史性贡献，而且为人们认识、理解教育问题提供了独特的研究视角和重要的思想资源。

鉴于此，本书主要从以下几个方面对吉鲁的教育哲学思想进行了系统研究。

第一章是关于吉鲁教育哲学思想理论基础的"追根溯源"。吉鲁的教育哲学思想建基于对已有成果的批判和借鉴，进而形成了他分析教育问题的视野。在吉鲁对相关理论和研究方法的借鉴上，我们能够看到法兰克福学派、后现代主义、后结构主义的身影，也能在他的字里行间与杜威、弗莱雷等人相遇。如果说法国哲学家米歇尔·福柯关于权力、知识的概念为吉鲁的研究提供了思想资源，那么弗莱雷自由、解放、被压迫者教育学的"三部曲"则影响了他对教育与社会之间关系的认识。

第二章对吉鲁教育哲学思想形成的基点，即抵制理论进行了考察。吉鲁提出了定义这一理论的标准，将其作为分析学校教育理论的中心范畴。抵制理论为吉鲁探究社会与教育、学校的关系提供了极为重要的理论支撑和分析工具，为他提出关于教育的独特观点搭建了解释框架，进一步丰富了研究的问题域和生长点。

第三章是关于吉鲁教育哲学思想立场的分析。吉鲁在分析教育问题的过程中，鲜明地表达了他的立场，即拒绝价值中立。他在批判进步主义、现代主义、新保守主义、新自由主义的基础上，提出了对差异教育、边界教育的思考和认识。

第四章对吉鲁教育哲学思想的宗旨进行了探究。吉鲁在他工作、生活和研究经历当中都深刻体会到了主观性和客观性之间的辩证关系。为此，他在学术思考和表达中努力去平衡二者之间的关系，并将批判性贯穿其中。基于历史和意识形态之维批判了美国学校的发展方式和价值观，重新阐释了他对教育和学校的理解，试图构建一种激进的、解放的批判教育理论。

第五章对吉鲁教育哲学思想在教育领域的实践进行了总结。吉鲁对青年面临的危机和教育的发展困境充满了忧思，他分析了美国公共教育作为民主公共空间的理想正在遭受围攻的问题，致力于让教育工作者和青年承担起公共知识分子的角色，思考在民主的未来中充分发挥青年的力量，以维护作为普遍公共利益的教育。试图通过教师角色的转变、批判性课程的设置以及批判性与可能性语言的运用，来实现他的教育理想、践行其教育理论。

第六章、第七章分别就吉鲁教育哲学思想的意义和启示进行了探究。吉鲁描绘了学校的理想图景，即成为一个民主的公共领域。在这个"教育乌托邦"中，他把课程、学校教育的目的、学校教育政治学与哲学等相关学科、领域联系起来，为把学习变成一种创造性活动、让教育重新成为目的而非手段提供了对话交流的平台。吉鲁不仅把教育与批判的能动性相联系，而且将学校教育置于更为广阔的社会空间中进行考量。吉鲁热爱学生，他认为学生是他学术生涯的同行者，也是他进行教育研究的动力源。他将发展学生权能、建立更加公正合理的民主和社会秩序视为批判教育学的使命，吉鲁通过教育理论与教育实践的交融共生，致力于具有批判性思维公民的培养和民主社会的建设，对中国教育哲学的研究和社会主体的培育也不无启示。

正如吉鲁所指出的，解放的教育学始终是动态生成的，它没有一个终极性答案。他的教育哲学思想也是如此，为人们重新认识教育、学校、教师的角色和使命提供了诸多丰富的可能性和继续探索的空间，本书正是为了这一目的所做的尝试与努力。

目 录

导 论 ……………………………………………………………… (1)
  一　研究缘起 …………………………………………………… (1)
  二　吉鲁教育哲学思想的发展历程 …………………………… (5)
  三　已有研究成果述评 ………………………………………… (17)
  四　本书的研究内容 …………………………………………… (34)

第一章　吉鲁教育哲学思想的理论基础 ……………………… (40)
  第一节　法兰克福学派批判理论的吸收 ……………………… (41)
  第二节　后现代主义的影响 …………………………………… (45)
  第三节　杜威和弗莱雷教育哲学的借鉴 ……………………… (52)

第二章　吉鲁教育哲学思想的基点 …………………………… (65)
  第一节　抵制理论的发展 ……………………………………… (66)
  第二节　抵制理论的核心 ……………………………………… (81)
  第三节　抵制理论视野下教育的省思维度 …………………… (89)

第三章　吉鲁教育哲学思想的立场 …………………………… (102)
  第一节　差异教育：主体性与身份政治的彰显 ……………… (103)
  第二节　边界教育：知识选择与权力分配 …………………… (113)

第四章　吉鲁教育哲学思想的宗旨 …………………（129）
第一节　历史与意识形态的双重批判 ………………（130）
第二节　激进的批判教育：差异与边界的有机结合 …（147）
第三节　教育与学校的新诠释 ………………………（158）

第五章　吉鲁教育哲学思想的践行 …………………（169）
第一节　教师的知识分子角色 ………………………（170）
第二节　转化性知识分子的形成路径 ………………（185）
第三节　隐性课程与显性课程相得益彰 ……………（201）

第六章　吉鲁教育哲学思想的意义 …………………（214）
第一节　发挥教师作为公共知识分子的使命与责任 …（215）
第二节　培养具有社会责任感的公民 ………………（225）
第三节　追求一个更加民主的社会 …………………（237）

第七章　吉鲁教育哲学思想之思 ……………………（245）
第一节　吉鲁教育哲学思想之于中国教育哲学的研究 …（245）
第二节　吉鲁教育哲学思想之于中国社会主体的培育 ……（252）

结　语 …………………………………………………（261）

参考文献 ………………………………………………（269）

后　记 …………………………………………………（292）

导　　论

吉鲁是西方马克思主义教育理论的代表人物之一，曾被美国媒体称为"批判教育学之父"。吉鲁的抵制理论基于批判理论而发展，同时批判性地借鉴了再生产理论的部分观点。在他看来，再生产理论为霸权主义逻辑提供了支持，而抵制理论则注重对学校教育与社会之间的矛盾性关系，强调处于从属状态、被支配地位的阶级具有抵制和自我创造的能力。因此，需要在更广阔的社会文化背景中考察以政治本质的目的观、抵制行为的权力观为核心的抵制理论。抵制理论为吉鲁分析学校与社会的关系提供了一个重要的理论视角，形成了其分析教育活动的基本问题域和框架。在此基础上，吉鲁将学校视为斗争、抵制的场所，用以反对操纵的教育观，推动新的民主身份、机构形式以及斗争模式的形成，彰显了教育的政治与文化之维，进而形成了关于学校、教育本质的独创性见解。吉鲁基于抵制理论的教育哲学思想为批判教育理论的发展做出了历史性的贡献，成为推动这一领域发展的重要话语基础和研究基础。

一　研究缘起

教育领域永远是一个富有争议、充满不同见解的舞台，教育的现在及其未来都充满了不确定性。无论在国家层面，还是在社会、个体层面，都对教育寄托了很多的希望与期盼，而现实的教育却又与人们的理想期望相去甚远。教育处于社会诸多矛盾的中心，承载着不能承受之重，是教育自身出了问题，还是我们给予教育太多的压力与无法实现的"乌托邦"。围绕教育本质、教育目的、教育模式等问题的追问与探索从未停止过，对教育的反思已成为全球性的话题。教育关系未来社会的发展与走向，关系整个人类的文明与进步。尽管教育饱受各种诟病，尽管教育在改革中步履维艰，但它在整个社会的发展系统中仍然具有无可取代的地位与作用。

对于教育，我们只有入乎其内，出乎其外，才能更深刻、更透彻地理解它。在这样一个过程中，自然不能忽视也无法忽视教育的基础理论学科——教育哲学。教育哲学之所以重要，一则因为它能够发现思考教育问题的新方式，解决存在已久的教育争论；二则因为它有助于将教育理论发展到新的境界，对于提升教育者的理论素养，推动教育实践具有重要作用。

作为美国批判教育的代表人物，吉鲁聚焦于教育的根本性问题，突破了不同权力、学科之间的界限，在差异与边界的基础上构建了一种激进的批判教育哲学。他直面教育实践，坚持教师应承担起公共知识分子的使命与责任，致力于发展学生的权能与批判性思维，以建设一个更加民主公正的社会，对美国教育理论与实践的发展产生了深远的影响。基于此，本书试图通过对吉鲁批判教育哲学思想的研究，从不同角度引发我们对教育问题的深入思考，发挥教育哲学对教育理论、教育实践的批判功能和引导功能，进一步拓展我国教育哲学研究的广度与深度。

本书的意义主要表现在以下几方面。

第一，深化吉鲁教育思想的研究。本书在马克思主义哲学和后现代主义的视域中对吉鲁的批判教育哲学思想进行分析，通过对吉鲁有关教育著作及论文方面的阅读与思考，在原著的文本世界中深刻理解吉鲁批判教育哲学思想中"resistance theory、empowerment、knowledge/powerrelation、transformative intellectuals"等核心概念的意义，系统梳理吉鲁对学校定位、教师角色定位、课程设置以及批判教育学的整体性分析，以把握其学术特点和理论特色。

第二，推进马克思主义教育哲学的研究。在吉鲁看来，马克思主义的分析使得20世纪70年代后期的激进教育改革充满活力。作为教育者，为了发展有效的现代性主义，需要深入地分析马克思主义传统，以充分认识学校的政治性质，了解学校是如何再生产处于支配地位的社会意识的。对于吉鲁批判教育哲学思想的研究，有助于马克思主义教育哲学及时运用相关领域的新成果、新理论充实自身，充分体现马克思主义教育哲学作为一个开放性系统存在的本质特征。

第三，深入了解西方教育哲学的发展。吉鲁是美国当代著名的教育哲学家、激进教育学派的重要代表人物之一，研究其批判教育哲学思想，能够丰富我们对西方教育哲学发展的认识。西方传统意义上的教育哲学研究，可以追溯到古希腊时期柏拉图对教育与政治之间关系的认识。随着学校的兴起，人们对教育的思考从未间断过，并一直受哲学思想的影响。特别是后现代主义对教育政治性的理解，有助于教育者从更为广阔的视角来看待他们的工作。教育哲学的批判精神、质疑精神植根于哲学思想传统之中，不同的教育哲学思想代表了人们理解社会、理解教育的某种方式和对未来教育的特别期待。在批判教育哲学的眼里，教育、教育者的根本任务就是确保我们赖以生活的世界是一个鼓励人性自由发展的世界，是一个更加公平正义的世界，是一个能够基于理性、自由和平等价值观进行社会改造的世界。如何实现上述目标，批判教育哲学在其中能够做什么，怎样去做，吉鲁的思想为我们提供了一个新的视角。

第四，开阔中国教育哲学研究的国际视野。20世纪20年代以后，作为一门学科的教育哲学开始在中国得以建立、发展。历经近一个世纪后，教育哲学在学科建设、学术成果方面取得了显著成绩。教育哲学需要及时汲取新鲜的理论养分，以推动自身的发展。吉鲁的研究开阔了我们分析学校教育、教育与文化政治之间关系的思路，有助于我们在教育哲学研究方面互通有无、互相借鉴，将西方教育哲学思想中科学的思维方式与新颖的理论创见为我所用。

第五，提供审视当代教育问题的方法论视角。作为将后现代主义思想观点引入教育理论的西方学者之一，吉鲁突破了教育哲学研究的传统框架，在方法论上的启示有以下两个方面：其一，关注差异、边缘，注重从道德维度加深学生对文化差异的理解，形成个人和社会认同，搭建了人们开展文化、政治、教育研究的平台，有助于我们重新审视教育与社会、教育与人生命发展之间的关系；其二，提供了一种观察、理解、表达教育问题的方式，即可能性语言与批判性语言的结合，引发了我们对教育哲学、教育理论与教育实践更深层次、更广阔的思考。

第六，丰富西方马克思主义哲学的研究内容。批判教育学是随着西方马克思主义的文化理论、社会理论的传播和文化研究的全球化而出现的，其核心是批判资本主义社会的学校教育，倡导更富解放性的教育模式。批判教育研究经历了从阶级到文化的研究倾向的过程，他们更多地关注了西方马克思主义者的相关论述。如葛兰西强调的"有组织观念的知识分子"，注重意识形态斗争的观点都对批判教育研究产生了一定的影响。作为美国批判教育学的代表人物，吉鲁的思想不可避免地受到了法兰克福学派的批判理论、新马克思主义的文化批评理论等流派的影响。将西方马克思主义的研究拓展至教育哲学领域，能够从不同维度深入推动西方马克思主义哲学的研究。

吉鲁本人对教育的期望与设想是极为鼓舞人心的。他认为，将教育的"乌托邦"想象与教育者的斗争结合起来是极为必要的。对于吉鲁来说，"可能的"已经播种在"所是"——实际和现实事物的种子之中了。我们必须将教育的应然状态渗透到教育的日常理论与实践中去，使教育不断趋向理想的边界。如果没有对教育乌托邦式的想象，那么结果必然像吉鲁所说的，所下的赌注实在太大了。这赋予了教育事业、教育者更多的理想色彩与期待，而这正是教育所亟须的，也是教育所必需的。说它亟须，是因为教育是关于人之发展的重要活动，人的生命发展具有无限丰富的可能性，不仅要有脚踏实地的行动，而且要有展望未来的胸怀与视野；说它必需，是因为现实的教育总存在着有待改进之处，教育须在反思与总结中前行。

数量众多的著作和论文，使吉鲁成为当今最为多产的教育理论家。他直面历史，针对教育弊端进行分析与研究，他对教育与文化政治、教学与批判性语言的运用等问题所进行的深入思考，也使他成为见解深刻且独到的分析家之一。美国的许多教师曾向吉鲁写信索求《教师作为知识分子：迈向批判教育学》一书中的部分文章，这些教师认为，文章中所包含的思想与观念，特别有助于使他们成为批判性的教育工作者和公共知识分子。总之，吉鲁作品的意义在于："希望给读者提供一个机会，来分析不同理论和政治之间的错综复杂关系，这将是穿越当代学校教育意识形态雷区的一次特殊之旅。"①

二 吉鲁教育哲学思想的发展历程

亨利·A. 吉鲁（Henry A. Giroux）1943 年 9 月出生于美国的普罗维登斯，1969 年到 1975 年这六年的时间，他在罗得岛的一所中学担任社会研究教师。

1977 年获得卡内基梅隆大学哲学博士学位。吉鲁攻读博士研究生期间，正是美国社会比较动荡的时期。正所谓"福兮祸所伏，祸兮福所倚"，乱象丛生的社会局势虽然给吉鲁的学习带来了一些不利影响，但也为他了解学校之外的政治、权力与知识之间的关系提供了契机。他先后任教于波士顿大学、塔夫斯大学、迈阿密大学和宾夕法尼亚州立大学，曾是波士顿大学《教育杂志》顾问委员会成员之一和

---

① [美] 亨利·A. 吉鲁：《教师作为知识分子：迈向批判教育学》，朱红文译，教育科学出版社 2008 年版，鸣谢 Ⅱ。

《课程探索》的特约编辑。2004年，吉鲁开始任教于加拿大的顶尖大学之一——安大略省汉密尔顿的麦克马斯特大学。

在迈阿密大学期间，吉鲁被评为杰出学者。他赢得了1987—1988年度密苏里大学堪萨斯分校知名客座教授奖。1992—2004年，他担任宾夕法尼亚州立大学首席教授。1995年，他被东北大学授予高级客座教授称号。1995年8月，他赢得了东京都立大学学术研究奖。1998年和1999年，他两次被芝加哥艺术学院授予艺术教育著名客座讲师的称号。2000年5—6月，吉鲁在Getty研究所任客座教授。2001年，吉鲁被选为麦克马斯特大学著名的客座教授。此外，他也是瑞尔森大学的杰出访问教授。2001年，他因为发表在JAC上的杰出文章赢得了"the James L. Kinneavy"奖，该奖项在2002年3月由芝加哥大学联合会授予。2003年，吉鲁当选为萨吉诺谷州立大学巴斯托客座学者。2005年，他被纽芬兰纪念大学授予荣誉博士称号。

国内外学术界对吉鲁的称谓很多，如当代教育文化学者兼评论家、美国教育社会学家、著名的公共知识分子、美国当代著名的教育理论家、激进（或激进主义）教育学派的重要代表、美国著名教育思想家和文化研究学者、美国批判教育学的领军人物、美国教育学家、批判教育学创始人之一、杰出的教授和思想家等。2002年，劳特利奇（Routledge）出版社的"系列出版物重点指南"将吉鲁列为从皮亚杰至今的50位现代教育思想家之一。2013年2月，在《全球教育杂志》（*Global Education Magazine*）的一次采访中，吉鲁则被称为"批判教育学之父"。《多伦多星报》（*The Toronto Star*）则称吉鲁是"十二个改变人们思维方式的加拿大人之一"。

吉鲁的研究领域主要涉及课程理论、教育社会学、公共教育学、教育哲学、历史和文化领域，目前已出版专著、合著共50余本。自2004年以来，接受《全球教育杂志》《德黑兰时报》（*Tehran Times*）等杂志、媒体的采访30余次。吉鲁的《意识形态、文化和学校教育的过程》（1981）、《重围之下的教育：保守主义、自由主义和激进主义对学校教育的辩论》（1983）、《教育中的理论与抵制》（1983）、《教师作为知识分子：迈向批判教育学》（1988）、《学校教育和为公众生活而斗争：现代的批判教育学》（1988）这五本著作被美国教育研究会列为教育方面最有影响的书籍。

　　吉鲁在诸多研究领域都取得了丰硕的学术成果，他的观点及相关理论成为发展、推进批判教育理论的重要基础。正如他的同行所指出的："值得注意的是，吉鲁不仅在他的全部工作中反反复复地返回到这些重点上，而且还与时俱进地扩展这些重点所包含的领域，进而认识教育与文化生产和斗争的多元的其他方面之间的联系。"[①] 以吉鲁的研究内容和标志性著作为依据，我们将其批判教育哲学思想的发展历程大致划分为以下四个阶段。

　　第一阶段，吉鲁教育哲学思想的探索（1977—1982年）

　　这一时期，吉鲁对批判教育哲学的探索主要聚焦于意识形态、课程与文化之间的联系，并出版了相关方面的著作。鲍尔斯、金蒂斯、阿普尔等人的理论以及伯明翰学派的文化研究对吉鲁产生了很大的影响。20世纪70年代后期，吉鲁曾与迈克尔·扬、阿普尔等教育理论家组成的小组联系。他与阿普尔等人对学校教育的分析主要聚焦于政治经济学的语言和关于社会再生产的还原主义概念。而后，吉鲁对葛兰西、弗莱雷以及法兰克福学派阿多尔诺、马尔库塞等人的著作产生了浓厚的兴趣，他的研究逐渐在更广阔的范围内发挥了影响力。

　　吉鲁学术研究生涯的转折点是在波士顿大学工作期间，教育社会学以及政治学领域发生的重大变化，极大地激发了吉鲁从事学校教育和课程研究的热情与兴趣。同时，吉鲁的教学工作也得到了学生的广泛关注，来听课的不仅有本校的学生，还有哈佛大学等其他学校的学

[①] ［英］乔伊·帕尔默主编：《教育究竟是什么？100位思想家论教育》，任钟印等译，北京大学出版社2008年版，第668页。

生。吉鲁所就职的小城镇有着严重的种族歧视，当吉鲁以一个社区组织者的身份去改变学校的现状时，他却因致力于课程的民主化而遭到解聘。吉鲁意识到，他的工人阶级家庭背景使他很难与出身上层社会的白人孩子进行顺畅的沟通与交流。他的长期聘任合同在不同的学术层面都获通过，最终却没有得到波士顿大学校长西尔伯的同意。吉鲁特立独行的性格使他无法屈就于西尔伯提出的附加条件，遂离开了波士顿大学，去塔夫斯大学工作了一段时间。

1981年，《意识形态、文化和学校教育的过程》（*Ideology, Culture and the Process of Schooling*）一书出版。在这本著作中，吉鲁提出的主要观点如下：课程内容体现了占支配地位的文化，课程再生产出了处于支配地位的社会阶级的认知、学习、语言和习惯等，反映着支配性群体的政治原则。权力的合法化通过使用技术性知识得以实现。只是在偶尔的情况下，人们学到的知识才有利于改变人们的认知，帮助人们更有效地抵制霸权。吉鲁不同意关于社会存在、社会意识一致性的简单理论，但他也认同新马克思主义在这方面的一个观点，那就是两者之间确实存在着间接的影响，课程的内容设置、组织形式、学习方式都受到了社会存在与社会意识的影响。

吉鲁认为，有关课程的研究一定要注意到社会经济、政治、文化状况与人类活动之间的关系，将学生视为具有自我意识、能动意识的主体，培养他们成为促进社会生活、社会变革的积极参与者和改革者。教育的目的在于形成学生自身的认同，使他们能够同不平等作斗争，拓展基本的人权，将更多的人从被压迫的境况中解放出来。这本书标志着吉鲁真正从事批判教育哲学研究的开端，出版后产生了很大的影响，对吉鲁个人的研究生涯来说有着非凡的意义。

第二阶段，吉鲁教育哲学思想的形成（1983—1991年）

1983年9月，吉鲁转战迈阿密大学。迈阿密大学是位于美国东南地区的一所私立高等学校，被誉为校园环境最为优美的大学之一，美国本土学生最想就读的高等学府之一。然而，吉鲁在这里的生活却与这所校园的美好氛围格格不入。在此期间,他的生活不是特别顺利,房子被卖掉,妻子失去了工作,他们之间的关系也一度受到影响。不过,吉鲁的学术事业却大有起色,得到了他所在学院院长和系主任的支持。在迈阿密大学工作期间,吉鲁因种种原因与教授职位失之交臂,继而离开了他的第三个供职单位。

如果说上一阶段是吉鲁批判教育哲学的探索聚焦期,那么在这一阶段,吉鲁则在转变研究方向的基础上,明确地提出了构建激进批判教育理论的设想,基本形成了自己的批判教育哲学思想。其显著标志是,被美国教育研究会认为最有影响的五本著作中,有四本都是在此期间出版的。从其批判教育哲学的研究内容来看,这一时期,吉鲁主要对学校是什么、教师角色的界定等教育领域的根本问题进行了探究。

1986年,《重围之下的教育:保守主义、自由主义和激进主义对学校教育的辩论》(Education Under Siege: The Conservative, Liberal, and Radical Debate Over Schooling)一书出版。在这本书中,吉鲁明确提出了学校是民主的公共领域的思想,认为学校在建立民主制度方面扮演着重要角色,它应该在建立民主、公正、平等的社会中发挥关键作用。为此,教育工作者需要形成一种批判性的公共语言。吉鲁在《教育中的理论与抵制》(Theory and Resistance in Education, 1983)一书中进一步挑战了鲍尔斯和金蒂斯的观点,指出学校不只是作为文化和社会再生产的场所而存在的,也是仅存的培养批判性思维公民的几个领域之一。吉鲁倡导批判性思维及其行动的重要性,在此基础上提出了富有建设性的希望和可能的教育图景,将对学校教育模式的批判、抵制理论的倡导与一种可能的、更为合理的教育观联系起来。

吉鲁紧紧围绕教师作为"转化性知识分子"[①] 这一核心观点,提

---

① 这是目前学术界较为通行的一种译法,也有研究者将"transformative intellectuals"译为具有改革能力的知识分子。

出教师要认真思考教育者作为"公共知识分子"的角色。吉鲁大力倡导将教师视为"文化工作者"的批判教育，强调教师的政治角色和社会角色。在他看来，类似"专业化"的技术性语言不能充分定义教师的角色。教师更多的是要凸显作为文化工作者的作用，因为他们创造出了更多的社会意识形态和社会实践。教师要帮助学生更清楚地理解知识是如何为意识形态和政治利益服务的，使学生把学校教育与公共领域的文化、历史、政治联系在一起，促进学生的解放，培养学生成为富有批判性和责任感的社会公民。

此外，吉鲁开始关注民主斗争与教育之间的关系。1990年，《作为后现代主义批判实践的课程话语》（Curriculum Discourse as Postmodernist Critical Practice）一书出版。该书意味着在多种文化和社会背景下，吉鲁开启了将民主斗争和教育相结合的破冰之旅。吉鲁认为，如何把孩子们教育成为在一个民主社会中尊重文化差异的公民，是当今教育系统面临的最重要的问题之一。为此，所有的人尤其是教育者，应该摒弃对社会现实的冷漠态度，坚信教育系统的改革有助于创建一个能够融合多元文化的民主社会。

20世纪80年代晚期，吉鲁开始逐渐转向文化研究，从文化研究的视角进一步丰富他的教育哲学研究，为其研究领域的拓展奠定了基础。吉鲁从不同方面关注了教育保守派、自由派和激进派之间的争论，他认为保守主义通过控制学校的文化战争，重新设置课程内容而掌握教育的主导权，以此反对自由主义思想。后现代激进教育者则质疑保守派，他们认为教育是一种文化政治，流行文化也有值得学习的内容，应对其进行分析和解构，以展示其利弊。吉鲁认同后现代主义的观点，即与传统知识一样，人们也可以将流行文化作为学习和批判性评价的素材，由此形成个人的经验。但是，吉鲁认为后现代主义的观点有去政治化的趋势。因此，文化研究对政治性的关注引起了吉鲁极大的兴趣。

第三阶段，吉鲁教育哲学思想的拓展（1992—2003年）

1992年，吉鲁来到了以宗教自由和政治民主著称的宾夕法尼亚州工作。这里与迈阿密有着明显不同的政治氛围与学术风气，对吉鲁学术研究领域的变化产生了直接影响。他意识到，应该在教育理论与实践上建立新的方向，以适应正在变化的历史与政治环境。这一阶段，吉鲁批判教育哲学思想的拓展主要表现在以下两个方面。

一方面，注重从文化、政治的角度研究教育哲学。吉鲁期望从文化研究的角度修正批判教育哲学，并试图将文化研究与民主文化的形成和公民性的培养结合起来。从出版的著作来看，其主题也多聚焦于文化领域，反映了他在批判教育哲学研究领域的拓展，如《跨越边界：文化工作者与教育政治学》（*Border Crossing Cultural Workers and the Politics of Education*，1992）、《不安之乐：学习流行文化》（*Disturbing Pleasures*：*Learning Popular Culture*，1994）、《逃亡文化：种族，暴力与青年》（*Fugitive Cultures*：*Race*，*Violence*，*and Youth*，1996）。吉鲁的学术探讨使批判教育哲学与文化研究相互融合、彼此促进，也开始了他研究领域的新征程。特别是《跨越边界：文化工作者与教育政治学》一书，成为吉鲁研究生涯中具有分水岭意义的著作。吉鲁试图在此书中为人们思考教育、学校教育、教育学与文化政治学的关系等问题提供更为广阔的视野。他重新审视课程、教师的工作以及教育的功能，针对这三个方面存在的问题进行分析并提出了相应的建议。此外，他还明确提出了边界教育的概念。

1994年，《不安之乐：学习流行文化》一书出版。在这本著作中，吉鲁通过在意义和应用两方面拓展教育的概念，重新梳理教育和流行文化的关系。吉鲁将批判教育的概念拓展到流行文化领域之中，从全新的维度对不同文化背景下发生的教育实践进行了思考，向大家展示了他的教育理论是如何被应用在课堂和其他文化背景之中的，阐明了教师和其他文化工作者对他所指称的文化教育的运用方式，为人们研究教育提供了新的思路。

另一方面，开始结合时代背景，在教育价值论的层面上，从文化、政治的角度审视青年人的发展。1996年，《逃亡文化：种族，暴力与青年》一书出版。在该书中,吉鲁试图把教育和多种文化领域联系起来,对青年、暴力和种族之间的关系进行深刻思索与透彻分析。吉鲁聚焦于当前媒体中的暴力问题,分析了黑人在媒体中的表现、广播日益上升的力量和全世界对于迪士尼公司的关注等问题,对带有种族特色、保守性的政治文化及教育理论影片进行了批判,他认为这种理论将会把新保守主义对底层阶级的冷漠和轻视变成一种标新立异的高尚艺术代表,电影等很多公共领域以无知的目的和手段将青年人特别是有色人种妖魔化了。

1999年,《新信息时代下的批判教育学》(Critical Education in the New Information Age)一书出版。在这本著作中,吉鲁融合女权主义、生态学、媒体和个人自由等多个领域的理论,运用批判性理论中的一些新兴观点和方法,阐释了作为影响社会和政治变革的主要因素——教育领域中的一些新理论和新发展,以推动教育改革,建设一个更为人性化的公民社会。

2000年,《动机不纯的行为:文化研究的实践政治学》(Impure Acts: The Practical Politics of Cultural Studies)一书出版。这本书致力于探索一种新的文化政治,这种文化用知识和实践服务于日益为公众所理解的民主。吉鲁指出,针对文化的斗争不是"真实"政治的软弱替代品,而是有助于发展权力、理论、实践、教育学和社会变革之间关系的斗争中心。吉鲁还列举了社会对文化理论的各种攻击、对学术界多元文化的评价、对高等教育的共同抨击以及迪士尼王国的文化政治学等一系列事件,通过这些论述挑战了当时的犬儒主义理论。

2003年,《被遗弃的一代:超越恐惧文化的民主》(The Abandoned Generation: Democracy Beyond the Culture of Fear)一书出版。在这部言论大胆的书里,吉鲁特别分析了"9·11"之后人们对于文化和恐怖主义的恐惧。他设想了一个乌托邦工程,那就是在暴力恐怖时代,人们应该有对希望和激进梦想的憧憬以及对迷茫一代的关注。他以鲜明的态度揭露了美国社会存在的空话和谎言,以启发式的策略表达了对现实的批判和同情,引导人们关注美国激进行为文化的研究。

第四阶段,吉鲁教育哲学思想的深化(2004年至今)

2004年,吉鲁开始在麦克马斯特大学工作,迎来了他事业发展的黄金阶段。这所大学具有优秀的商学院和医学院以及在北美名列前茅的工程学院,被认为是最富有创造力与革新精神的大学,享有加拿大的"MIT"之美誉,学校的创新氛围和求实理念为吉鲁的研究提供了良好的工作环境,他成为麦克马斯特大学英语和文化研究学院的全球电视网络研究首席教授,建立了与自己研究志趣相符的学术团队。

这十年可以说是其学术生涯的蓬勃发展期,吉鲁共出版专著、合著30部,发表个人论文、合作论文100余篇。从发表的学术成果来看,吉鲁在以往研究的基础上进一步深化了对以下问题的分析:除了他一如既往关注的教育、政治、文化等问题以外,青年人的生存与发展也成为他研究的聚焦点。

其一,从吉鲁对政治、文化、教育的研究来看,出版了主题较为集中的专著。2006年,《处于边缘的美国:亨利·吉鲁论政治、文化和教育》(*America on the Edge: Henry Giroux on Politics, Culture, and Education*)一书出版。该书收集了吉鲁最为经典的作品,也有以前从未出版的文章,基本上包含了吉鲁学术生涯中的重要理论研究。这本书囊括了教育、民主、媒体、青年文化等问题,也谈到了关于恐怖主义、全球化、道德等一些新的革命性观点。这些文章以清晰易懂的语言阐释了吉鲁对一些重要社会事件的历史性理解和批判性分析。吉鲁认为,美国正处于一场政治危机的中期,这场政治危机正在慢慢地破坏民主政治、文化和教育的基石,导致了想象力危机的出现。如果民主要继续下去,那么以下两件事情是非常必要的,即在重新定位民主本质的同时,也要树立文化政治在阻止独裁主义倾向、开拓真实民主道路方面的权威。

2012年,《社会的黎明:自由时代的公众觉醒》(*Twilight of the Social: Resurgent Publics in the Age of Disposability*)一书出版。在该书

中，吉鲁愤怒地谴责了日益被侵蚀的社会状态。他认为，自从罗斯福新政以来，已经成为美国生活特色的社会保障体系正在被取代。在"残酷文化"的支配下，资本、财富和权力合并的机构给穷人、老年人、移民和青年的生活带来了大量痛苦和灾难。而且，更令人不安的迹象是，美国社会将被公司控制而走向集权国家。在自由主义、恐怖主义的双重阴影下，吉鲁对美国教育所面临的问题做出了发人深省的解释。在历史的紧要关头，吉鲁的理论构想激发了人们关注美国未来教育所面临机遇和挑战的兴趣。

其二，青年的发展问题得到了进一步的关注。与上一阶段相比，吉鲁从民主、种族、文化等多个层面深化了对青年人的研究。他所关注的不仅仅是学生，而是社会中所有的青年群体。2009年，《可疑社会的青年：民主还是自由化》(Youth in a Suspect Society: Democracy or Disposability) 一书出版。吉鲁在该书中指出，随着市场原教旨主义的出现和接踵而来的经济危机，青年人正面临着其他年代的人所未曾遇到的问题。随着福利国家的垮台，青年人特别是少数的贫穷青年人，不再被看作社会的宠儿，而是被视为在某种情况下给社会带来麻烦的人、可以被社会随意抛弃的人。在消费主义语境和复杂的犯罪控制权力之下，青年人或被视为商品，或屈从于日益扩张的犯罪审判系统。吉鲁以雄辩的事实解析了资本主义和权力体制变化对青年人和社会所造成的伤害。他以敏锐的教育视角，将难以理解的理论概念融入深刻的文化分析之中，使人们的思考超越了常识意义上的政治定义。

2010年，《希望之后的政治：奥巴马与青年、种族和民主危机》(Politics After Hope: Obama and the Crisis of Youth, Race, and Democracy) 一书出版。在这本著作中，吉鲁批判性地研究了青年人的幸福和未来，包括克服种族不公的必要性、遵守民主国家实现承诺的重要性以及教育在构建民主过程中无可争辩的价值。吉鲁指出，在贪婪的企业和放弃责任的政府的双重作用下，青年变得越来越脆弱。为此，他表明了为教育提供伦理和政治基础的原因所在，那就是要使希望能够履行教育的承诺,使公民责任的培养成为重视民主、推进民主的活动。

2012年,《自由化青年:种族记忆与压迫文化》(*Disposable Youth: Racialized Memories, and the Culture of Cruelty*)一书出版。吉鲁在其中指出,青年人所面临的危机不同于其他任何年代,他们处于消费主义话语和一个强大犯罪—控制复合体之中(crime-control complex)。吉鲁运用批判性思维分析传记、档案、社会理论、自由化青年等关键词,探索当前青年人所面临的私有化、不安全感和在商品新兴文化中的生活状态,提出了教育者、相关公民在帮助青年人挑战困境中可能发挥的一些作用,同时深化了关于美好未来和具有可行性民主之希望等重要问题的研究。

在2013年,吉鲁出版了关于青年人的另一部著作,即《反叛中的青年:开拓民主的未来》(*Youth in Revolt: Reclaiming a Democratic Future*)。在该书中,吉鲁毫不留情地指出近期美国青年集中呈现出的各种问题,如青年人和平抗议行为的不断升级。他详尽地分析了社会中的种种现象,从经济不公正到巨大的不平等,从大幅削减教育经费到公共服务经费的降低,从流行文化中普遍存在的暴力意向到教育的种族主义,从审查制度到人们面临的日益增长的经济不平等现象。吉鲁试图通过以此激发人们在教育等运动中实现民主复兴的希望。

其三,吉鲁在哲学的层次上开展了有关教育的"元研究"。2011年,《论批判教育学》(*On Critical Pedagogy*)一书出版,这本书对当前批判教育的状态进行了一次彻底调查,它为每一个关注未来激进教育改革的人提供了灵感。三十年来,吉鲁利用批判性的话语——这些话语从约翰·杜威和齐格蒙特·鲍曼一直到保罗·弗莱雷,已将教育作为一个政治、道德和文化的实践予以理论化。吉鲁主要讲述了与批判教育相联系的四个决定性要素:他概述了不断适用于学校教育和更广阔文化领域的术语;分析了越来越沉溺于实证取向的教学以及实证主义文化;审视了破坏公共教育、高等教育中民主承诺的主要经济、社会和政治因素；概括了民主党和自由党的利益，试图消除"教学即训练"和"学生仅仅是消费者"等错误观点。同时，这本著作讲述了弗莱雷的教育传统，说明了教育者、公共知识分子以及其他相信激进民主承诺的人所面临的根本性挑战。这本书是为纪念"被压迫者教育学"40周年而作，新的"当代批判教育学"系列著作通过跨领域、跨学科提供了一些敏锐的概述以及有关批判教育的应用。吉鲁认为，基于弗莱雷工作的基础，复兴其传统有助于为教育者质疑当代教育实践、形成新的教学方法提供启示。

上述关于吉鲁批判教育哲学发展阶段及主要著作的介绍大致勾勒出他的理论成就与思想历程，体现了吉鲁的研究聚焦和学术信仰。吉鲁的作品及其见解所给予我们的，更重要的是一种观察问题的方式，是有待于人们去完成的批判性话语与可能性话语的构建，是要让学生学会研究问题、解决问题，以保存在大学里培养起来的求知欲。是要让教师通过自身的努力，把学习与社会变革联系起来，以建构发展批判教育的多样化场所。人们要把教育教学视为更广泛的民主事业的组成部分，为学生提供他们所需要的知识、技能和资源。也正因为如此，吉鲁的思想及其观点引起了国内外学者的关注，其著作曾多次获得美国教育研究会年度最佳图书奖，他本人被称为"20世纪后三分之一时间里最具有创造力的思想家"①。

吉鲁曾在罗得岛的工人阶级聚居区生活过，阶级差别在他的成长岁月和学术世界里留下了深刻的痕迹，社区组织者和中学教师的经历在他的思想中也有不同程度的折射。吉鲁曾将他本人的大学教育称为"历史性灾难"，如果不是篮球奖学金将他从史密斯山的街角带到大学的讲坛，他的命运就会发生完全不同于今天的转折。正是这种亲身的体验和经历，正是这种来自阶级差别和教育的"历史性灾难"，使

---

① 刘潇璘：《亨利·吉鲁的教师观研究》，硕士学位论文，山东师范大学，2012年，中文摘要1页。

他的观点表达充满了追求公正平等的激情与义愤，充满了对民主的渴望。尽管"这种情感或希望多少会有损传统学术工作的那种超然的、不偏不倚的态度以及流畅性"①。在吉鲁的作品里，教育既是社会有序运行的必要组成部分，也是人类不断实现自我解放的过程。在这个过程中，人类运用并且正视了一种新的力量，即建设一个公正民主社会的力量。

三　已有研究成果述评

20世纪60年代末期，随着国内学术界对西方教育社会学的关注，吉鲁有关教育社会学的思想走进了中国学者的研究视野。20世纪90年代初，国内学者开始对批判教育思想展开研究，吉鲁与鲍尔斯、金蒂斯、阿普尔、弗莱雷等人的相关著作和文章得到了进一步的关注。

（一）国内研究概况

相对于吉鲁卷帙浩繁的著作来说，目前翻译到国内的著作并不多。2002年，《跨越边界：文化工作者与教育政治学》由华东师范大学出版社出版。被美国教育研究会列为最有影响的五本著作中，只有《教师作为知识分子：迈向批判教育学》一书被翻译到国内，与第一本著作的翻译出版时间相隔六年。吉鲁共出版专著、合著50余本，目前仅有五本著作、10篇正式发表在期刊上的翻译论文。研究吉鲁的硕士学位论文9篇，无博士学位论文。②吉鲁也未到中国进行过相关学术交流。从上述对比可以看出，国内对于吉鲁教育哲学思想的研究相对薄弱。

从研究定位来看，一是将吉鲁的教育思想纳入教育社会学的研究

---

① ［美］亨利·A. 吉鲁：《教师作为知识分子：迈向批判教育学》，朱红文译，教育科学出版社2008年版，英文版序Ⅳ。
② 上述关于吉鲁著作、论文翻译情况的数据统计时间截至2024年4月。

框架内进行分析，并将其归入"抵制理论"学派。1998年，吴康宁的《教育社会学》出版。该书论及教育社会学的学科发展，概要介绍了吉鲁新社会教育理论的观点。美国新马克思主义者鲍尔斯、金蒂斯则被归入冲突论学派，他们以"资本关系再生产"为依据，认为阶级结构是使不平等教育合法化并实现再生产的基础。而文化再生产理论的代表人物布尔迪厄则认为，学校只有通过传递特定的文化才能在社会阶级关系再生产中凸显重要地位。通过霸权课程分配文化资本，从而确保统治阶级文化资本的合法化与再生产。作为抵制理论的代表人物，吉鲁和阿普尔指出学校存在着意识形态与社会结构的矛盾冲突，同时也有集体性的、见识敏锐的学生的抵制。① 他们因其观点的独特性取代了再生产理论在新马克思主义教育社会学中的主要角色。2004年，杨昌勇的《新教育社会学：连续与断裂的学术历程》一书出版。该书对吉鲁有关批判教育学的观点进行了介绍，认为将再生产理论和早期抵制理论作为学校教育的批判科学基础是不合适的，应该发展将权力、抵制和人的能动性作为批判性思考与学习核心要素的新激进教育学。②

二是将吉鲁的教育思想归入社会改造论。有研究者将教育社会学理论流派划分为功能论、冲突论、解释论与社会改造论。社会改造论注重对现行社会和文化的反抗与改造，探索人们如何挣脱压迫的锁链而谋求自身的解放，批判论、后现代主义、女权主义等均可归于此类，其中，吉鲁的批判论尤为典型地体现了社会改造论的思想。③

三是将吉鲁的教育思想归属于现代西方教育哲学流派中的西方马克思主义或者"新马克思主义"教育的理论模式。再生产理论与抵制理论是教育冲突理论的两大分支，吉鲁的相关教育哲学思想和观念

---

① 吴康宁：《教育社会学》，人民教育出版社1998年版，第33—36页。
② 杨昌勇：《新教育社会学：连续与断裂的学术历程》，中国社会科学出版社2004年版，第155、165页。
③ 钱扑编著：《教育社会学的理论与实践》，广西教育出版社2001年版，第46页。

被纳入后者。其中，再生产理论分为经济再生产模式、文化再生产模式和霸权国家再生产模式。鲍尔斯、金蒂斯、阿尔都塞是经济再生产模式的代表人物，对应理论、隐蔽课程、再生产是这一模式的中心概念；布尔迪厄是文化再生产模式的代表人物，符号暴力、文化资本、霸权课程是其中心概念；葛兰西、阿普尔是霸权国家再生产模式的代表人物，国家、霸权是该模式的中心概念。而吉鲁是抵制理论的代表人物，人的能动作用、抵制、批判性思考则是抵制理论的中心概念。①"抵制"作为一个有价值的理论和思想构造，它有助于分析学校与社会之间的关系，特别是为了解底层集团接受教育失败的复杂方式提供了新手段。"抵制"这一概念富有激进语言的特点，即具有启发性，它突破了对学校失败和对抗性行为的传统解释，将对抗性行为的分析从功能主义理论、教育心理学转向政治科学和社会学。②

有研究者结合经济全球化给民族国家教育带来的挑战，对吉鲁等人的西方新马克思主义教育观进行了评析。吉鲁提出，新保守主义意识形态指导的经济和文化革新对教育的重建提出了需求。需要人们深入思考的是，社会的基本变革如何才能与右翼意识形态发生联系。③ 吉鲁从政治与文化的双向视角、边缘与差别的双向效应对批判教育哲学思想进行了精辟的分析，不仅扩大了西方马克思主义教育思想的影响，而且为中国教育理论和教育实践的发展提供了借鉴。④

从研究内容来看，有学者对吉鲁的后现代批判教育学及理论来源进行了研究。也有研究者对吉鲁的后现代教育学进行了梳理，从后现代主义、后殖民主义、后现代女性主义、文化四个方面对吉鲁的教育

---

① 黄济：《教育哲学通论》，山西教育出版社2009年版，第273页。
② 焦小峰：《吉鲁的抵制理论及其批判》，硕士学位论文，华东师范大学，2003年，第24页。
③ 钱家琪、朱旭东：《经济全球化对民族国家教育的挑战——西方新马克思主义教育观评析》，《比较教育研究》1998年第6期。
④ 陈金波：《论西方马克思主义教育哲学思想及其历史评价》，《求索》2012年第11期。

理论来源进行了研究，从边界教育和差异教育之间的联系来解读吉鲁的后现代批判教育学思想。亦有研究者对吉鲁后现代教育学的理论与实践进行了反思，分析了其后现代批判教育学的核心策略，特别是吉鲁对知识分子角色转换的反思。① 吉鲁提倡将批判教育学变成声音政治学、身份政治学，目的是真正实现跨文化的沟通，使人们更加深刻地理解边缘群体的悲惨遭遇。② 吉鲁所秉持的批判教育学的根本理念是教育与政治应该合而为一，教育不可能保持价值中立，它"应该"是政治的。③

吉鲁、阿罗诺维茨等人在借鉴后结构主义、法兰克福学派等观点的基础上，形成了独具特色的反抗的批判教育学。他们认为，在权力与话语的关系中，阶级与文化群体属性是重要的决定因素。学校制度、课程知识以及所运用的教育话语服务于统治阶级的社会经济和文化结构。为此，吉鲁等人批判西方传统文明和官方文化，倡导促进社会公正与平等的批判教育学。④ 从宏观上看，吉鲁的研究范围涉及学校教育、家庭、社会公众生活、文化、意识形态等问题。⑤ 吉鲁提出了关于学校教育"能为"的"抵制理论"，因其关注微观层面的反压制，他的抵制理论一度被称为批判教育学的后现代转向。⑥

有研究者对吉鲁批判教育学的原则、教育的政治功能、学校的文化生产和改革功能进行了探讨，认为吉鲁的作品充满了人道主义色彩，他的教育学是一种主动的、充满希望的教育学。⑦ 也有研究者对吉鲁批判教育学的意义与立场、要素基础及其教育主张进行了分析，

---

① 连芳芳：《吉鲁的后现代批判教育学探究》，硕士学位论文，东北师范大学，2010年。
② 辛治洋：《批判教育学的困境与出路》，《比较教育研究》2004年第9期。
③ 辛治洋：《批判教育学解读》，《比较教育研究》2006年第7期。
④ 邓志伟：《后现代主义思潮与西方批判教育学》，《外国教育资料》1996年第8期。
⑤ 张华：《批判理论与批判教育学探析》，《外国教育资料》1996年第4期。
⑥ 阎光才：《批判教育研究的学术脉络与时代境遇》，《教育研究》2007年第8期。
⑦ 陈香琴：《亨利·A.吉鲁及其批判教育学思想》，《福建论坛》（人文社会科学版）2007年第S1期。

试图把握其批判教育学的特征及主要内容，从中寻求对中国教育改革的理论资源与启示。① 吉鲁在构建教育观时对语言的运用也引起了人们的关注。有研究者从批判性语言、可能性语言的角度对吉鲁的教育观进行了研究，认为吉鲁对保守主义、自由主义和激进主义教育观的批判以及他关于学校、教育目的、教师、课程等方面的观点，为教育哲学的发展积累了宝贵的经验，推动人们以教育目的为核心构建体现时代精神的教育观。②

对吉鲁教师观的探讨。吉鲁提出了转化性知识分子的概念，将教师视为提问者、对话者和课程的参与者。③ 围绕吉鲁对教师角色的定位，有研究者对转化性知识分子的内涵、合理性、实现路径和课堂实践进行了探索，认为教师应该充分发挥批判精神，形成民主型的师生关系。④ 从吉鲁的教师观来看，教师应该打破原有文化习惯和理论实践所形成的边界，组织跨学科、跨文化的课程内容，注重发展自身的批判反省能力和社会行动力。基于此，有学者对中国当前的教师角色进行了反思。⑤ 有研究者认为，转化性知识分子是吉鲁特别提倡的教师角色，集中了他对批判教育的理想寄托。⑥ 吉鲁的教师观对中国教师教育改革的启示等问题也进入了中国研究者的学术视野。吉鲁教师观的意义主要在于展现教师工作的政治性，运用批判教学法发展学生的批判意识，形成平等对话的师生关系。⑦ 有研究者借鉴吉鲁的批判教育理论和他对转化性知识分子的界定，对农村教师价值的迷失与回

---

① 胡春光：《批判教育学：一种反压迫的文化论述和民主教育实践》，《教育研究与实验》2010年第1期。
② 李茂：《从批判性语言到可能性语言——吉鲁对当代教育观的贡献》，硕士学位论文，北京师范大学，2000年。
③ 彭静：《批判教育学视域中的教师角色分析》，《教育理论与实践》2004年第20期。
④ 韩云霞：《教师作为转化性知识分子探析》，硕士学位论文，山西大学，2012年。
⑤ 胡春光：《教师角色：从吉鲁的批判教育学中反思》，《华中师范大学学报》（人文社会科学版）2008年第6期。
⑥ 王彦斌：《吉鲁克斯批判教育学师生观概述》，《中国教育学刊》2007年第12期。
⑦ 刘潇璘：《亨利·吉鲁的教师观研究》，硕士学位论文，山东师范大学，2012年。

归进行了分析，并提出了农村教师的价值内涵及实现策略。①

有研究者对吉鲁和葛兰西的知识分子观进行了比较研究，重点分析了教师作为转化性知识分子的价值和意义。② 需要认真思考的是，转化性知识分子就毫无缺陷了吗？教师作为转化性知识分子而存在，这是认识教师角色的一种视角，而不是最终的教师角色定位，由此也引发了我们对教师教育的进一步思考，那就是，如果教师教育的课程被行为主义所主导，只注重对学科范围和教学技巧的把握，无疑意味着工具理性和技术统治理性的盛行。吉鲁坚持，技术旨趣必须服从道德的考量。如果教师培训只注重技术能力，就会使教育偏离本真状态。当教师的工作仅仅被视为执行时，教师的专业素质就会进一步退化，课程教学的落后也会成为必然。因此，吉鲁认为教师应该积极参与到课程开发和文化创造的过程中，教师教育也必须与学校教育、与发展民主秩序结合起来。

对吉鲁课程理论的研究。吉鲁提倡反文本、反记忆，对传统意义的课程提出了挑战。③ 有研究者指出，吉鲁的课程理论体现了关注"社会正义"的价值关怀，其形成经历了前期批判课程理论和后期后现代课程理论两个阶段。第一阶段较为注重对课程政治性和批判性的界定，第二阶段则更加注重具有上述特征的课程的实现方式和可操作性。从其课程理论的构建过程来看，显示了吉鲁作为被边缘化的"激进左派"对民主平等的追求，对我国公民意识、批判意识的培养也不无启示。④

对吉鲁文化研究的探讨。有研究者对吉鲁运用文化研究的方法和

---

① 胡向明：《我国农村教师价值的迷失与回归——基于吉鲁批判教育学的视角》，硕士学位论文，湖南科技大学，2012年。
② 康晓伟：《批判社会学视野下的教师角色分析——吉鲁〈教师作为知识分子〉评介》，《中国教师》2009年第21期。
③ 郑金洲：《美国批判教育学之批判——吉鲁的批判教育观述评》，《比较教育研究》1997年第5期。
④ 周海涛：《亨利·吉鲁课程理论的价值关怀、阶段与演进逻辑》，《教育与教学研究》2014年第12期。

视角以及文化研究在教育领域存在的空间展开了分析，认为吉鲁的学术成果充分体现了文化研究在教育领域中的价值。① 从文化冲突与教育的关系来看，吉鲁强调将与主流文化相异的价值观念、思想引进课程领域，也有人对他的这种做法提出了异议。② 吉鲁期望通过他对大众文化等问题的论述，能够引起学者们重视教育领域中存在的文化研究。他从文化政治的视角对学校教育的企业化现象进行了批判性分析，揭示出政治与文化、权力与文化之间存在的必然联系。吉鲁在文化研究方面的学术成果不仅提供了思想上的启示，而且在方法论层面启迪了人们对教育问题的研究。③

对吉鲁公民教育及道德教育思想的研究。有研究者认为，吉鲁将公民教育视为当前社会民主斗争的核心问题。在对技术理性、解释理性及其指导下的公民教育模式进行批判的基础上，提出要重建解放理性、变革公民教育。④ 同时，吉鲁等美国批判教育学者的道德教育思想也受到研究者的关注，他们的转化美德观（transformativevirtues）反映了批判教育在道德方面的目的，推动了新公共领域的形成。⑤ 有研究者指出，批判教育研究话语强烈的终极关怀、批判精神和立场固然可取，但其知识和文化批判取向不一定完全适合中国当下的社会语境。特别是在借鉴吉鲁等人的激进理论时，如何厘清自己的立场与中国传统激进革命的负面关联，需要中国学者审慎地进行思考。⑥ 最近，已经开始有研究者注意到吉鲁在民主教育方面的贡献。吉鲁在继承杜

---

① 傅书红：《文化研究在教育领域中的价值：吉鲁的文化研究教育思想》，《比较教育研究》2007年第4期。

② 郑金洲：《教育文化学》，人民教育出版社2000年版，第160—163页。

③ 傅书红：《教育、大众文化与文化政治——亨利·吉鲁批判教育学中的文化研究思想述评》，硕士学位论文，北京师范大学，2006年。

④ 乐先莲：《理性的重构与公民教育的变革——吉鲁理性视域中的公民教育思想及启示》，《全球教育展望》2010年第8期。

⑤ 郑富兴：《美国批判教育学的道德教育思想述评》，《比较教育研究》2007年第10期。

⑥ 阎光才：《批判教育研究在中国的境遇及其可能》，《教育学报》2008年第3期。

威民主教育哲学传统的基础上，对教育与民主的关系进行了新的界定。他对民主批判哲学和民主教育批判语言的构建，不仅开辟了现代美国民主教育的新路径，也为中国教育提供了借鉴。①

（二）国外研究概况

从国外有关吉鲁的研究来看，吉鲁的思想大多被纳入教育哲学的范畴内进行研究。国外研究者对吉鲁研究成果的关注具有较强的针对性和现实性，与吉鲁的研究特点有着高度的契合。即教育不仅仅是在象牙塔内进行的活动，它也延伸到公共生活以及各种各样的社会关系当中。

国外学者主要通过三种方式对吉鲁的教育思想进行解读，一是将吉鲁的思想视为教育的哲学基础。有研究者认为，对后现代状况的矛盾心理是澄清后现代主义过程中存在的一个困难，吉鲁所提出的解放性后现代教育意味着对教育自身的根本性民主变革。为此，批判理论家试图将学校改革成为"民主的公共场域"。② 在以往的知识传统中，人们认为课程是建立在传统文化规则、科学规律和基本原理之上的，而现在这种观点受到了挑战。边缘知识以及对于不同观点的讨论都应被纳入课程，以提高边缘者的地位，突破传统课程的教条。当然，这并不意味着将传统知识弃之一旁，而是要对其进行深入分析，以便明确它们是如何加剧社会分层的。有研究指出，吉鲁作为后现代建构主义的代表人物之一，他和阿普尔等人的贡献向人们揭示了历史将所谓的普遍真理合法化的方式以及在损害边缘群体利益基础上授权于社会精英的方式。③

二是将吉鲁的思想视为新教育社会学的代表。戴维斯就认为，吉

---

① 韩媛媛：《现代美国民主教育的路径选择与借鉴价值》，《江苏高教》2014年第1期。

② [美] 杰拉尔德·古特克：《哲学与意识形态视野中的教育》，陈晓端译，北京师范大学出版社2008年版，第378页。

③ [美] L. 迪安·韦布：《美国教育史：一场伟大的美国实验》，陈露茜、李朝阳译，安徽教育出版社2010年版，第36页。

鲁与其他学者合著的《重围之下的教育：保守主义、自由主义和激进主义对学校教育的辩论》《后现代教育》等作品，是新教育社会学范式转向的例证。他甚至认为，《重围之下的教育：保守主义、自由主义和激进主义对学校教育的辩论》也许是后马克思主义教育的第一部主要著作。而1989年吉鲁与麦克劳伦合编的《批判教育学、国家和文化斗争》则是后马克思主义教育走向流行的表征。① 也有研究者对吉鲁、阿普尔等人关于批判教育学和教育社会学的中心性挑战的回应进行了讨论，这些讨论主要是围绕霸权理论、统治理论、抵制理论、文化再生产等问题展开的。②

三是将吉鲁的思想纳入教育哲学的范畴之中进行研究。一方面，奈尔·诺丁斯在他的《教育哲学》一书中，主要关注了吉鲁通过运用弗莱雷有关被压迫者教育、读写能力等理论来分析美国的教育实践。批判性读写能力作为分析个人、集体问题的一种形式，如果没有这种能力和批判的权力、不具备批判性的思维方式，那么，受教育者可能就只是简单接受主流文化所传递的信息，或许会沦为统治阶级的帮凶。③ 吉鲁对于批判性思维方式和读写能力的深入分析，旨在强调人们不仅需要懂得如何阅读，更要知道如何质疑、分析、解决问题。从吉鲁等批判理论家的观点出发，城市学校的补救措施在于认可来自贫困家庭儿童和少数民族儿童学习学校标准课程的能力，上述观点所引发的关于课程和特权知识的争论是西方教育学研究者们所关注的重要问题之一。该书认为吉鲁等人都从马克思主义传统中汲取了营养，指出了吉鲁对弗莱雷思想的继承，但没有对两者的批判教育哲学思想进行进一步的比较。尽管吉鲁一再强调批判性思维的重要性，但在有

---

① 杨昌勇：《新教育社会学：连续与断裂的学术历程》，中国社会科学出版社2004年版，第180页。
② ［加］雷蒙德·艾伦·蒙罗、［美］卡洛斯·阿尔伯特·托雷斯：《社会理论与教育——社会与文化再生产理论批判》，宇文利译，上海人民出版社2012年版，第229页。
③ ［美］奈尔·诺丁斯：《教育哲学》，许立新译，北京师范大学出版社2008年版，第82页。

关逻辑与批判思维的章节中,该书并未对吉鲁在这方面的观点进行论述,吉鲁有关教师角色的分析也没有进入此书的研究视野。在另外一本教育哲学著作——《历史视野中的西方教育哲学》(Philosophy of Education in Historical)中,专列一章论述了后现代主义的教育观点[①],却没有提到吉鲁。

另一方面,吉鲁的观点作为批判理论与教育的词条被收录在教育大百科全书中。鉴于批判理论有可能解决科学分析哲学与解释主义哲学之间的分歧与疏离,且批判理论具有明显的政治取向,它否认学术和道德方面的中立,认为人们都不可避免地被卷入自己所在的历史情境的任务和价值之中。由此,它得到了众多教育者的青睐,被广泛引入教育领域。[②] 该词条从教育管理学的视角分析了吉鲁的教育思想,在随后的后现代主义与教育、马克思主义和教育思想两个词条中,仅概括了一些共性的思想和理论,并未体现吉鲁的具体观点。特别是在后一词条中,提到了葛兰西的超越再生产理论,而吉鲁的抵制理论并没有涉及。

从研究内容来看,国外对于吉鲁的研究基本上是围绕其著作和研究领域的关键词——美国青年、教育学、批判教育学、公共教育学、批判性知识分子、课程建设等展开的。吉鲁提出了关于青年与民主公共生活关系的理论,这使他可能面临着比其他当代理论家更多的挑战。吉鲁将青年置于知识分子与政治、经济、文化的冲突中进行定位,指出了青年对于反叛、激进民主的重要性。[③] 有研究者指出,吉鲁"处于链条之中的大学"是对美国社会所面临的挑战发人深省的

---

① [美]杜普伊斯、高尔顿:《历史视野中的西方教育哲学》,彭正梅等译,北京师范大学出版社2008年版。
② [美]D. C. 菲利普斯主编:《教育大百科全书:教育哲学》,石中英等译,西南师范大学出版社2011年版,第1页。
③ Robbins Christopher G., "Disposable Youth/Damaged Democracy: Youth, Neoliberalism, and the Promiseof Pedagogy in the Work of Henry Giroux", *Policy Futures in Education*, Vol. 10, No. 6, 2012, p. 627.

评论，他对教育与民主的批判是对美国早期就存在的反知识分子传统的一种强大控诉。显然，其关注点和分析对美国教育和民主的发展做出了贡献。①

有研究者评论道，吉鲁探讨的问题在很多研究中都是缺失的。吉鲁致力于通过批判教育学的研究，发展一种更加民主的文化和公民社会。比如，青年是怎样成为社会问题的替罪羊的，他们是如何被广告利用的。吉鲁对消费者和媒体工业、阶级之间的重合地带，种族和性别，批判教育学，激进民主和社会正义等问题也进行了深入的阐释。②在人们看来，吉鲁不仅恢复了20世纪主流教育学家杜威、弗莱雷等人所主张的公民教育，而且还进一步发展了他们的理论，形成了"边界教育学"。吉鲁在后殖民主义的国际化视角中审视北美地区的民主观念和公民教育观念，他的讨论集中在通识教育、公民教育和文化研究上，其观点和见解为学者们拓宽研究视野、创新教育实践提供了语言和跨文化交流的基础。在全球化的背景下，吉鲁更加强调批判教育学对形成社会共同责任和义务以及公民生活的作用。他在教育学上的观点有助于解决西方社会在21世纪初所面临的人口及政治上的各种问题。③

有研究者聚焦于媒体、影视文化在全球资本主义发展中的作用，对吉鲁《超越恐怖主义时代》一书中的政治、男性气质、内在性和生命政治学等概念进行了探讨，认为吉鲁的这本著作表达了他在生命

---

① Fraser Cary, "The Politics of Knowledge and the Revitalization of American Democracy: A Response to Henry Giroux's 'The University in Chains: Confronting the Military-Industrial-Academic Complex'", *Review of Education, Pedagogy & Cultural Studies*, Vol. 31, No. 5, November 2009, p. 480.

② Kellner Douglas, "Critical Pedagogy, Cultural Studies, and Radical Democracy at the Turn of the Millennium: Reflections on the Work of Henry Giroux", *Cultural Studies/Critical Methodologies*, Vol. 1, No. 2, 2001, pp. 220-239.

③ Guilherme Manuela, "Is There a Role for Critical Pedagogy in Language/Culture studies? An Interview with Henry A. Giroux", *Language and Intercultural Communication*, Vol. 6, No. 2, January 2006, pp. 163-175.

政治学意义上对恐惧、政治形态、精神冲击等概念的理解。① 有研究者对吉鲁关于民主和教师角色的定位进行了研究,认为在吉鲁所提倡的民主观念的统领下,教师的主要任务是帮助学生理解社会的建构,赋予学生权力,最终把权力赋予所有公民。教师要引导学生参与批判对话,成为富有改革精神的知识分子。②

有研究者认为,在这一时期的公共生活中,教师和艺术家所扮演的角色都存在着争议,而正是吉鲁,在位于四面楚歌的这两个群体中建立了新的联系。③ 他改变了作为变革推动者的"文化工作者"的普通形象,坚持认为教师即艺术家,艺术家即教师。这项工作激励了艺术和教育领域里的所有人,特别是那些有此倾向的活动家,他们已经超越了那些业已形成的定义和习俗。

美国著名教育学家、课程论专家菲利普·W. 杰克逊对吉鲁的课程观进行了深入分析,认为吉鲁所提出的方法和观点与传统课程体系是相对峙的,即课堂生活中存在着不为师生所理解的组织性,这也从另一个侧面反映了隐性课程的社会进程,即与群体、赞扬和权力的密切相关性。吉鲁强调以鲜明的教育政治性对教育、伦理进行干预,他对教育的言说方式在美国也引发了一些学者的反对之声,格拉夫就认为:"像弗莱雷、亨利·A. 吉鲁和斯坦利·阿罗诺维茨这样的激进教育理论家……具有一种井蛙之见的写作风格……只谈论那些反对其前提的人,但从不与他们说话。"④ 与国内研究者一样,国外的研究者也注意到了吉鲁教育思想中对道德的关注,如特

---

① Stoneman Scott, "Pedagogy in a Time of Terror: Henry Giroux's Beyond the Spectacle of Terrorism", *Review of Education*, *Pedagogy & Cultural Studies*, Vol. 29, No. 1, January-March 2007, pp. 111 – 135.

② Morris Doug, "Pedagogy in Catastrophic Times: Giroux and the Tasks of Critical Public Intellectuals", *Policy Futures in Education*, Vol. 10, No. 6, 2012, pp. 647 – 664.

③ Trend David, "Henry A. Giroux and the Arts", *Policy Futures in Education*, Vol. 10, No. 6, 2012, pp. 616 – 621.

④ Gerald Graff, "Academic Writing and the Use of Bad Publicity", *Eloquent Obsessions*, ed., *Mariana Torgormic*, Chapel Hill, Duke University Press, 1994, p. 215.

伦德认为，吉鲁对民主的道德关怀和实践指向为他的著作赋予了特殊的意义。①

正如吉鲁的国外同行所指出的，吉鲁被认为是在国际上多个领域拥有巨大影响力的学者，他所获得的荣誉没有一个是无关紧要的。吉鲁从广义的角度来探讨教育危机，假设教育是任何一个政治秩序的核心特征。他在教育、政治、文化等方面不断拓展其思想范围的同时，也形成了美国当代主流教育思想中一个奇特的领域，那就是受到的尊重和指责等量齐观。②

吉鲁坚持文化与政治、文化与权力的密切关联，遭到了来自保守派、自由派和正统左派的猛烈攻击。他们极力贬低大众文化，反对将文化与政治联系起来讨论，认为学校与教育是游离于政治之外的存在。吉鲁的演讲在未婚母亲、非裔美籍学生中引起强烈的共鸣和认同，充分说明了吉鲁的思想植根于普通民众受教育体验和生活体验的特性。但是，也有学者认为他的语言难以理解，认为他的思想虽然富有激情却对教育实践帮助有限，他的研究在一定程度上仅止于归纳和幻想。③

综观国内外关于吉鲁的研究，吉鲁的教育思想或者以词条的形式出现在类似"教育哲学指南"的丛书里，或者是对其理论和观点进行介绍，但未能从整体上对吉鲁的思想展开更为系统和深入的研究，特别是吉鲁所强调的关于学校角色的定位、教师角色的转化、学生批判性思维和能力的培养及形成、从文化研究的角度来审视教育等观点，在教育哲学研究领域未能引起应有的重视。

任何一个有价值的理论背后，都有一个十分重要的文本环境，这

---

① Henry A. Giroux, *Border Crossing Cultures: Workers and the Politics of Education*, London: Routledge, 1992, p. 149.
② Robbins Christopher G., "Searching for Politics with Henry Giroux: Through Cultural Studies to Public Pedagogy and the Terror of Neoliberalism", *Review of Education, Pedagogy & Cultural Studies*, Vol. 31, No. 5, November-December 2009, pp. 428–478.
③ Miedama Wardekker, *Critical Theories in Education*, London: Routledge, 1999, p. 68.

一文本环境受限于个性、社会和文化三大因素，影响着该理论的形成路径和阐释传统。吉鲁在该研究领域中所拥有的视野、关注的问题以及由此带入的洞察力，是独特而无法替代的，对我们如何研究教育问题并提出相应的解决策略，极具启发和借鉴意义。

如果我们从教育常识、教育科学、教育哲学这三个层次的概念框架着手，就会为人们提供三种不同的关于教育的价值规范和思维方式。如"教育"这一活动，在教育常识、教育科学、教育哲学这三个不同层次的框架中，具有不同的性质和含义。在"教育常识"的概念框架中，教育泛指具有教育意义的各类行为，它可能指课堂中教师的教育行为，也可能指日常生活中一位母亲对孩子的教育；在"教育科学"的概念框架中，教育可能是一系列可以测量、评价的学习行为；而在"教育哲学"的概念框架中，教育更侧重于通过自身的作用，对人生命发展所应达到的理想状态的一种描述。从教育常识上升到教育哲学的层次来思考教育问题，不仅是以教育哲学的知识内容去变革教育常识的经验内容，更重要的是以哲学的思维方式去变革教育常识的思维方式。

不同教育哲学流派的观点，既是教育哲学自身不断发展的前提和基础，又是我们寻求对教育哲学新认识的理论阶梯和支撑点。"作为知识体的教育哲学有四种存在形式，即指代个人教育思想、指代教育思想历史、指代特定哲学范畴思考、指代以哲学思维方式把握教育和教育知识。"[①] 在已有关于吉鲁的研究成果中，基本上停留在作为知识体的教育哲学存在的第一种形式，即"指代个人教育思想"这一层次上的探索，而对吉鲁关于主体、学校、教育的本质、教育的价值、教育的研究方法等本体论、认识论、价值论、方法论的研究却没有充分展开。对他的代表性著作如《教育中的理论

---

① 刘庆昌：《教育哲学的存在方式》，《山东师范大学学报》（人文社会科学版）2013 年第 2 期。

与抵制》《重围之下的教育：保守主义、自由主义和激进主义对学校教育的辩论》仅限于观点的介绍，比较与分析不足。总体而言，关于吉鲁的研究多是以"片段式"的面貌出现，缺乏对其思想的"渐变式"分析，一定程度上影响了人们对吉鲁教育哲学思想的整体性、系统性把握。

吉鲁提出了关于学校角色形成的挑战性问题，学校在为全体人民创造一个公正和民主社会这样的历史使命中，曾经扮演了什么样的角色，还将扮演什么样的角色？吉鲁提出的这些问题以及关于这些问题的回答，对中国的教育发展同样具有极其重要的意义，将我们的目光引向更远的未来和更深层次的思考。或许，吉鲁对自己作品的评价是研究其批判教育哲学思想意义的最佳阐释，吉鲁认为，他写作的目的是要让人们认识到希望的可行性。这种希望的可行性是通过将学校视为教学场所、政治场所和文化场所来实现的。在吉鲁看来，学校无疑是建构主体性、培养批判性公民的重要场所。

吉鲁的作品为人们提供了思考、分析教育的形式和范畴，既包含着充满希望的新观点，同时也有值得怀疑的向度，但怀疑并不等于误解。已有研究对吉鲁部分观点的理解有断章取义之嫌。如认为吉鲁提倡在与学生的平等对话中展开教学，就是要消除隐性课程。事实上，尽管隐性课程存在着一定的弊端，但其独特价值是无法消除也不可能消除的，真正应该做的是要扬其长，避其短，充分发挥隐性课程的积极作用。而且，从教育的现实状况来说，隐性课程也确实在很多方面发挥着正面影响。

吉鲁将自己的教育哲学总结为，学校是为公共生活而教育学生的主要机构，它应对现存社会秩序提出挑战，发展并推进民主的法则。学校应当承担为学生提供知识、品格、道德见识的职能，因为这些是形成公民勇气的重要元素。没有任何一种理论是终结性的，每一部经典著作、每一篇文章中的观点都可能对目前的问题提出有益的洞见，都有必要重新阅读。同样，吉鲁的作品也需要我们不断地阅读、借鉴。从吉鲁关于批判教育哲学的观点来看，任何阶级、文化都有自身的智慧与经验，当然，也有自己的缺陷。每个时代，都有悠久而厚重的历史，都是漫长人类发展过程中的一个重要历程和组成部分，正是通过对已有思想宝库的追根溯源，我们才有挑战现在、迎接未来的勇气与智慧。

每当一种新的教育哲学思想出现时，总会引起公众的关注，也总会听到与之相对立的声音。正是在这样的声音里，推动着教育哲学的发展和新的教育哲学流派的出现。"相对于吉鲁著作的范围和批判深度来说，任何评论，即使在乐观的条件下，也都很难做到公正。"① 尽管吉鲁对教育的批判和论述有着深厚而博学的理论基础，有着犀利而独到的视角，但这并不意味着他所有的研究成果都无懈可击，同样要经受批判和考验。吉鲁一再强调从政治维度研究教育，强调教育的政治性和政治的教育性，的确为批判教育哲学的研究打开了一扇新的窗口，但同时在一定程度上又混淆了政治和教育的界限，难免存在着将教育功能窄化为政治功能的嫌疑，将原本属于政治的任务强加给教育，甚至会削弱教育自身的逻辑。毕竟教育的根本任务在于培养人，而不是进行社会批判和意识形态批判。如此，吉鲁的批判教育哲学是否会陷入危机之中？身处一个信息爆炸的时代，这些信息构成了我们理解周围世界的基本内容。理解则意味着对环境的整体把握，一种是理智的或客观的理解，另一种是人类主体间的相互理解。理智的理解经由解读和说明来实现，而人类主体间的理解则超越了说明，还包含着主体对主体的认识与同情。在研究中，面对作者及其文本，理解已经成为人类的关键性问题，这不仅是我们进行研究的手段和目的，同时也是未来教育的目标之一。让人们学会相

---

① ［美］亨利·A. 吉鲁:《教师作为知识分子：迈向批判教育学》，朱红文译，教育科学出版社2008年版，英文版序Ⅰ。

互理解是教育特有的精神使命，它为人类自身在理智上和道德上的相互依存提供了条件和保障。"所有的事物都既是结果又是原因，既是受到作用者又是施加作用者，既是通过中介而存在的又是直接存在的。不认识整体就不能认识部分，同样地，不特别地认识各个部分也不可能认识整体。"① 我们努力寻求以一种联系而非孤立、开放而非封闭的方式来把握吉鲁的教育哲学思想，将吉鲁的思想与其生活、工作的时代背景相关联，探究吉鲁批判教育哲学思想的精髓与价值。因为，正是多样性中的个别性以及由个别而展现的多样性构成了教育哲学世界宝贵的精神财富。

法国结构主义哲学家德里达认为，作为一切学科基础的哲学必死无疑。无独有偶，结构主义哲学家拉康也声称要与哲学断绝一切关系。哲学存在的合法性与价值一度受到怀疑与动摇。然而，21世纪的今天，哲学仍然存在，既没有被消解，也无法被断绝。同样，教育哲学的发展在经历种种曲折后，仍以自己的理论生命力与实践引领力生机勃勃地活跃在教育领域。一个时代各个相互关联的主题集合构成了彼时教育发展的"主题域"，我们所处的时代，是一个需要焕发教育思想智慧、凸显教育理论魅力的时代，这既是教育深层危机的迫切呼唤，也是教育超越"此在"的不竭动力。

本书力图从整体上把握吉鲁的批判教育哲学思想，对其观点展开进一步的分析，为中国教育哲学的发展提供借鉴，这也正是吉鲁的本意。他在《教师作为知识分子：迈向批判教育学》一书的序言中指出，希望中国的读者能够将此书作为重要的思想资源来使用，重新思考教育者作为公共知识分子的角色。②

---

① ［法］埃德加·莫兰:《复杂性理论与教育问题》，陈一壮译，北京大学出版社2006年版，英文版序2。

② ［美］亨利·A.吉鲁:《教师作为知识分子：迈向批判教育学》，朱红文译，教育科学出版社2008年版，中文版序Ⅸ。

四 本书的研究内容

从历史发展的长河来看,每一位教育哲学家的思想都是人类理性与智慧在特定时期的当代展现。在研究吉鲁教育哲学思想的过程中,本研究尽力遵循忠实呈现而不过度诠释的原则。在此基础上,结合自己对教育的体会和思考,从哲学、生命哲学、知识社会学的视角进行分析与评价。

吉鲁的教育思想最初是在教育社会学的论述中出现在我国学术界的。我们之所以将吉鲁的思想纳入"批判教育哲学"这样一个限定的语境内进行研究,一是因为吉鲁教育思想的基础与哲学密切相关,吉鲁本人在阐释自己的思想观点时,充分借鉴了相关学科特别是哲学方面的理论,无论是批判性的借鉴,还是拒斥性的反驳,无论是衍生式的超越,还是原生态的创新,都基于哲学之上展现了他对教育的满腔热情和朝气蓬勃的理想色彩;二是因为他所关注的是教育领域根本性、永恒性的问题;三是因为他的研究分析了当代美国政治、文化等诸多因素对教育的影响,体现了教育哲学作为"哲学"的"时代精华"之本性;四是他的批判性思维贯穿教育研究的始终,批判既是吉鲁教育哲学理论的标签,也是他提出观点、分析问题、构建理论的方式与手段。

任何一种新的教育哲学的创立,都离不开对教育哲学本身的批判,或者说就是通过教育哲学的自我批判而得以实现的。吉鲁教育哲学思想本身的批判性以及他对批判性语言、批判性思维的运用,体现了教育哲学在"哲学"意义上的总体性批判,既有对教育理论的批判,也有对教育实践的批判。他充分彰显了一种批判精神,即"一种理性怀疑精神,一种辩证否定性精神,一种不故步自封,不囿于前见,不受已有的经验、常识、观念、理论、知识和视域限制自己追求新知以及不被外在的权威泯灭创造的超越性精神"①。

批判，在吉鲁的思想发展历程中承担了一种无可替代的角色与使命。"批判最初的意思是辨别、选择和评价，它是科学研究、构建和发展的一个重要手段和特征，也是科学自我理解的一个因素。"② 从批判的概念所指来看，具有一般意义和专属意义之分。一般意义的批判是指"哲学层次"上的批判，意味着对被批判对象现有局限性的分析以及对超越局限的可能性的构建。批判在哲学领域中具有主导性、核心性的地位，体现了哲学的本性，对哲学的发展与进步具有永恒意义。专属意义的批判是指"社会批判理论"中的"批判"，即法兰克福学派所从事的工作。

早期批判理论代表人物霍克海默认为，批判理论以马克思的政治经济学批判为基础，是体现批判与超越的批判主义。它通过对社会整体的历史性分析，追求人的解放和幸福。③ 如果将批判等同于法兰克福学派所做的工作，那就将批判局限于解说或者理解的意义，从而局限了批判本身的内涵与价值。事实上，"人类特有的意识包含着一种对其自身的否定态度。这就是批判的自我意识"④。正是批判的自我意识的存在，才推动了人类自身的持续性发展。无论是对已有理论的借鉴和继承，还是对新理论的创造，批判都是一个不可或缺的重要因素。

从吉鲁批判教育哲学思想的发展历程来看，它对以往"客体"——教育再生产理论、激进教育理论、学校发展方式以及意识形态等进行了批判，也对其他"主体"——如马克思、伯恩斯坦、布尔

---

① 王成华：《何谓哲学的批判——诠说哲学的批判概念之涵义》，《湖南师范大学社会科学学报》2012 年第 5 期。
② 彭正梅：《解放和教育——德国批判教育学研究》，华东师范大学出版社 2008 年版，第 4 页。
③ 王凤才：《从批判理论到后批判理论（上）——对批判理论三期发展的批判性反思》，《马克思主义与现实》2012 年第 6 期。
④ ［南斯拉夫］M. 马尔科维奇：《社会理论中的批判观念》，安延明摘译，《哲学译丛》1986 年第 5 期。

迪厄、葛兰西等人进行了批判。吉鲁对以往教育哲学理论的批判具有形而上和元层次的意义。这不仅在于他运用批判性思维对已有理论进行了理性审视与深刻分析，也在于以一种批判性的语言对教育哲学理论进行了新的构建与创造，凸显了他与马克思主义哲学一脉相承的基本特性，即批判性。"因为辩证法在对现存事物的肯定的理解中同时包含对现存事物的否定的理解，即对现存事物的必然灭亡的理解；辩证法对每一种既定的形式都是从不断的运动中，因而也是从它的暂时性方面去理解；辩证法不崇拜任何东西，按其本质来说，它是批判的和革命的。"① 同时，吉鲁对教育及其所处发展环境的总体性分析，对教育价值的追求、师生权能的解放也与法兰克福学派的理论有相通之处。从这个角度来说，吉鲁批判教育哲学思想的"批判"兼具目的与手段的双重性，在思维方式、方法论的意义上体现了教育哲学的根基所在。

鉴于此，本书的研究内容包括以下几个方面：第一，吉鲁批判教育哲学思想的理论基础。从吉鲁批判教育哲学思想形成、发展的内外部因素入手，以历时性、共时性的维度去考察。吉鲁批判教育哲学思想的发展，既与他所处的时代背景、社会环境不可分割，也与他自身的受教育经历、理论言说方式紧密相连。吉鲁对法国哲学家米歇尔·福柯的权力/知识概念进行了选择性利用，构成了教师作为转化性知识分子的理论基础。保罗·弗莱雷的自由教育学、解放教育学、被压迫者教育学则让他更深刻地认识到了教育与社会变革之间的关系。作为美国批判教育学的代表人物，他的思想不可避免地受到了法兰克福学派批判理论、新马克思主义文化批评理论的影响。为此，本书主要从马克思、葛兰西、杜威、弗莱雷等人的相关理论着手，探究吉鲁批判教育哲学思想的理论基础与来源。

---

① 中共中央马克思恩格斯列宁斯大林著作编译局编译：《马克思恩格斯选集》（第二卷），人民出版社1995年版，第112页。

第二，吉鲁批判教育哲学思想的基点。吉鲁在批判再生产理论和早期抵制理论的基础上，对抵制理论进行了新的论述和分析。可以说，抵制理论为吉鲁分析学校和社会的关系提供了一个重要的理论视角和工具，形成了他分析教育活动的基本问题域和框架。在抵制理论的视野下，吉鲁从两种不同的维度重申了对教育的理解，将教育视为一种伦理和政治的实践，将学校视为创造各种教学和政治条件并为之斗争的场所，拓展了教育的研究领域。特别是吉鲁对教育的政治性、政治的教育性浓墨重彩的分析与描述，即将教育教学看作更广泛的民主事业的组成部分，它们的存在就是要提供学生所需的知识、技能和资源，将学生培养成具有批判性思维和能力的公民，使他们重新思考民主的意义，承担起实现民主社会的责任与使命。

第三，吉鲁批判教育哲学思想的立场。吉鲁认为，有关学科之间界限的争议是在西方文化独霸的形势下进行的，理性被认为是探究知识的唯一合法性方法，科学技术、市场经济垄断了知识的主导位置，人文、历史、文化等学科的价值被否定，发展民主的公民哲学、培养具有批判能力的公民，发展具有政治性、文化性的教育游离于教育目的之外，课程设计陷入封闭、僵化的模式怪圈。为此，吉鲁旗帜鲜明地表达了他的立场，那就是拒绝价值中立。吉鲁清晰地阐明了他对批判教育哲学的理解，倡导主体性与身份政治学以构建差异教育。通过对知识的选择实现权力的再分配，形成对现有界限的挑战，突出边界教育的主旨。

第四，吉鲁批判教育哲学思想的宗旨。美国的教育正面临一个主要的悖论，那就是如何处理技术、文化与解放之间的关系。一方面，科学与技术的日益发展提供了使人从非人的、极度劳累的劳动中摆脱出来的可能性；另一方面，根据资本主义合理性规律而建构的技术与科学的发展，已经展示在各种形式的支配与控制中，这种种的支配与控制实际上缩减而非扩展了人类解放的可能性。面对美国教育的异化和弱势群体在教育中所处的边缘状态，吉鲁从历史和意识形态的维度对美国学校的发展方式以及教育实践中的特殊价值观进行了批判,试图构建激进的批判教育理论。在本体论的层次上对教育做出了新的诠释,即教育是文化生产的一种形式,学校是批判性的民主机构。

第五,吉鲁批判教育哲学思想的践行。在吉鲁看来,没有变革意向的解释是空洞的,没有解释的变革是盲目的,解释与变革、理论与实践是互不分离的两对要素。那么,吉鲁是如何将理论转向具体教学实践的,这需要探索。1845年,卡尔·马克思在《关于费尔巴哈的提纲》中提出了"谁教育教育者"之问。一百多年后,吉鲁又对传统的教师角色和课程理论提出了新的质疑:从葛兰西到弗莱雷再到吉鲁,教师的角色经历了怎样的变迁;教师如何才能成为转化性知识分子,从而将反思与行动更好地结合起来。

吉鲁对政治有着异乎寻常的热情与关注,也正是因为这一点,在他的批判教育哲学论述中,政治始终在场。他认为课程就是基于激进概念的文化和政治生产的一种形式。当教师完成自己的角色变迁后,他必然要通过一定的中介——课程来实现批判教育的目标。由此,吉鲁对批判性课程的建设与重构从他的教育哲学思想中向我们走来。在吉鲁的眼里,批判性课程应具有情境性、批判性、历史性和个性化。讲授这样的课程,所使用的既不是管理与控制的话语,也不是中肯与整合的话语,而是批判与可能的话语。

第六,吉鲁批判教育哲学思想的意义。追问使人明智,反思使人理性,批判孕育创造。实践不仅意味着技术的应用,还意味着对理论发展的推动。唯有对理论实现创新、变革,改造教育实践才会成为可能。认识论上的断裂是因为旧的问题已经失去了自身的意义。如果寄希望于政治对教育的推动,那就必须以一种新的语言和表达方式去提出新问题、实现新目标、创造新价值,这就使得建立一种新的斗争形式成为必要。当吉鲁提出并回答了上述一系列问题后,其批判教育哲学思想的意义也就呼之欲出了,即通过批判的教育理论与实践,发挥教师作为公共知识分子的使命与责任,培养具有批判性思维的公民,建设一个更加民主公正的社会。

第七，吉鲁批判教育哲学思想对中国教育哲学研究和社会主体发展的启示。研究教育哲学不仅是为了获得知识，更是为了提高教育哲学的自我反思能力。如何认识人类自身的存在与知识、政治、文化、社会发展之间的关系，是国内外教育发展所面临的共性问题。本书在系统梳理吉鲁思想的基础上，力求结合中国教育哲学的研究进行反思。这既是因为吉鲁的论述与我国教育哲学发展具有相关性，又是因研究者本人的工作经历、学术兴趣所致，通过完成"穿越意识形态雷区"的特殊之旅，实现"他山之石，可以攻玉"之目的。

本研究的思路伴随着批判教育哲学的一系列基本问题而展开，从批判教育哲学的发展历程来看，学校应该教什么样的知识？知识的意义和价值何在？谁对此有决定权？谁从目前教育机构的组织和控制方式中获益？真正的教育到底始于什么？终又走向何方？通俗文化是否应该被弃之一旁？这些问题复杂而又极具挑战性。带着这些问题，我走进了吉鲁批判教育哲学思想的王国，去探索教育的"可能"如何转化为"所是"。

第一章

吉鲁教育哲学思想的理论基础

> 不能仅仅因为思考本身是危险的事业而认为存在危险的思想。其实,不思考往往更加危险。
>
> ——阿伦特①

在研究一位学者的思想时,需要厘清他与相关理论之间的联系,因为每一位研究者都是根据自己所处的时代背景和理论环境去思考问题、撰写著作、表达观点的。麦克劳伦认为,吉鲁对从马克思、葛兰西、福柯等人那里寻找观念的根源没有兴趣,他总是处在不断的追求之中。② 尽管吉鲁的研究不拘泥于任何已有的理论,但他的创新超越总是立足于对已有理论的批判性继承,从吉鲁著作的字里行间,我们还是能看到这些思想家对吉鲁的影响。

在历时性与共时性的意义上,我们基于时空的双重维度,结合时代背景和教育背景考察吉鲁批判教育哲学思想的形成,主要从批判理

---

① 转引自 Giroux, Henry A., "Thinking Dangerously in an Age of Political Betrayal", *Fast Capitalism*, Vol. 12, No. 1, 2015, pp. 23–29.

② [美]亨利·A. 吉鲁:《教师作为知识分子:迈向批判教育学》,朱红文译,教育科学出版社 2008 年版,英文版序 XII。

论、意识形态、权力、知识、主体、文化、教育与民主等关键词着手，揭示其思想与法兰克福学派、后现代主义以及相关教育哲学思想的承接关系，凸显吉鲁批判教育哲学思想鲜明的时代特征与个性特征。

吉鲁涉及的研究领域极为广泛，他将哲学、政治学、文化政治学等相关学科的观点都融入自己的批判教育哲学思想中。在吉鲁的思想世界和学术观点中，我们既能看到后现代主义的影响，又能看到女性主义、批判理论等多种观点的选择性再现，如果我们说吉鲁的学术研究是对上述不同传统的综合，这是冒昧的。但有一点毋庸置疑，那就是其思想的丰富性、复杂性的确是综合了这些传统的核心元素。系统分析这些因素与吉鲁批判教育哲学思想发展的相关性，这不仅有助于我们从发生学的意义上考察吉鲁批判教育哲学思想的出场语境，而且有助于我们把握其思想内容的聚焦。

第一节 法兰克福学派批判理论的吸收

在研究吉鲁批判教育哲学思想的过程中，西方马克思主义是无法避开的重要一环。作为国外马克思主义研究过程中影响最大、争论也最多的一个概念，一般而言，西方马克思主义是指产生于20世纪20年代，由西方共和党和西方进步的知识分子考察西方资本主义发展史，总结俄国革命成功的经验，运用马克思主义理论分析社会，寻求一条适合西方革命和人的解放道路的哲学和社会政治理论思潮。[①] 这一流派的诸多观点和思想在美国学界产生了重大影响，特别是在文化批评、文化研究方面做出了很大的贡献，进而影响了批判教育的发展。

---

① 王雨辰：《中国语境中的西方马克思主义哲学研究》，湖北人民出版社2010年版，第21页。

深入了解西方马克思主义有关文化霸权、批判理论、社会理论、权力、知识等问题，特别是西方马克思主义所强调的被经典马克思主义所忽略的文化和权力等命题，有助于我们充分利用多重资源，深化吉鲁批判教育哲学思想的研究。在西方马克思主义中，法兰克福学派作为极具影响力的学术流派之一，对吉鲁批判教育哲学的形成产生了重要影响。

法兰克福学派代表的是人道主义的人本学解读模式，人本学是其开展社会批判、文化批判的哲学理论基础。他们所追求的是从日益总体化的社会中将个人解放出来，以实现个人的价值和尊严。其中，马尔库塞和弗洛姆是典型代表。在他们看来，马克思主义哲学就是一种人道主义哲学，这种哲学要建立的是一个人与自然、人与人和谐相处的社会。法兰克福学派认为，国家不仅作为统治阶级的工具而存在，也承担着行政管理的角色。统治不只是从经济方面来考量，也要从政治、文化方面予以分析。为此，法兰克福学派发展了文化理论，对经典马克思主义"经济至上"的观点进行了批判。

吉鲁特别重视批判理论的早期观点，在法兰克福学派批判理论的影响下，吉鲁指出，批判教育应拒绝将教育简化为技术训练和单纯的知识实践，认为教育不应局限在学校，而应扩大所关注事项的范围，以文化与政治的实践来构成其中心要素。学校既是教学场所，也是再生产社会、经济和文化的机构，它在传递客观知识的同时也隐含着特定阶级的利益。

有的西方教育研究者甚至认为，吉鲁一直是在法兰克福学派理论的传统框架内从事研究的，"他是为数不多的几个坚持努力把新葛兰西学派和法兰克福学派理论妥协起来的人之一。吉鲁未被阿多诺的悲观主义所动，而在其稍微乐观主义的元素中借鉴了马尔库塞"。[①] 尤

---

① [加]雷蒙德·艾伦·蒙罗、[美]卡洛斯·阿尔伯特·托雷斯：《社会理论与教育——社会与文化再生产理论批判》，宇文利译，上海人民出版社2012年版，第235页。

其是在吉鲁早期的著作中，受法兰克福学派影响的痕迹更为明显，霍克海默、马尔库塞以及哈贝马斯的观点在吉鲁的思想中都有不同程度的体现。

吉鲁的批判教育哲学立场也深受法兰克福学派的影响。法兰克福学派的批判理论反对价值中立的立场，认为任何一个人都不可避免地被卷入特定历史情境的任务与价值之中。"批判理论强调要素与整体之间的交互作用关系，各种社会事件都被看作是经过社会总体的中介，表达着整体的矛盾。通过勾画出整个社会的发展图景，做出具有历史性的存在判断。"① 受此影响，吉鲁认为，师生必须对课程代表何者利益这个问题提出疑问，因为民主社会中的差异是有历史情境和政治含义的。

法兰克福学派认为实证主义在以下四个方面有待完善，一是实证主义的知识观、科学观没有为批判留下可能性的空间。在实证主义的世界里，公式化、量化是知识的生产方式，知识必须通过定理来证明；二是因历史和人类均无法用定量的事实证明而被实证主义所忽略；三是危及批判性思维本身的存在，因其对有效性、经济性和正确性的推崇，实证主义不能对权力、知识和价值之间的复杂关系作出判断；四是实证主义推崇价值中立，崇拜事实使它服务于对工人阶级的操纵和控制，服务于意识形态霸权的主导地位。实证主义将意识形态的概念排除在其研究视野之外，意识形态与批判等关键性话语只是以一种不明显的方式体现在行政、管理、效率的话语体系中。

法兰克福学派的批判理论质疑实证主义的量化、标准化，质疑解释主义的相对与保守，试图超越马克思主义理论中的"经济决定论"和"阶级决定论"，为教育理论和教育实践探求更为适宜的理论基础与依据。持有批判理论的学者认为，斗争应该在学校内进行以改变教

---

① 黄小寒主编：《西方马克思主义经典著作导读》，北京大学出版社2012年版，第39页。

育，提醒人们争取自己在社会中的福利和利益。理论的提出，即使不是为了取得支配性地位，也是为了在学术界和教育实践中提高理论自身的可接受度。吉鲁也对实证主义的危害提出了批评，在他看来，批判理论在更高的层次上综合解决了实证主义与解释主义各自存在的问题。前者因其简化论倾向而受到后者的质疑，后者因相对主义的特点同样受到前者的否定，而批判理论试图实现两者的优势互补和有机结合。

  吉鲁强烈抗议社会的不平等，坚持将学校作为一个抵制和斗争的场所，以发挥对个人、群体进行解放和授权的功能。法兰克福学派对工具理性进行批判，对技术、文化工业和人的存在方式加以检讨，将实现人的自由和解放作为理论所追求的目标。他们所关注的不仅是无产阶级的自由和解放，同时也追求整个人类的解放，这一点与吉鲁是不谋而合的。所以，当伊格尔顿对法兰克福学派的成员提出批评时，吉鲁却与哈贝马斯遥相呼应，以一种与改革行动相结合的批判方式，对权力的非法性使用进行意识形态方面的批判。① 在吉鲁看来，哈贝马斯的正确之处表现在，他指出了后现代主义对政治、文化、美学和风格的关涉，他在强调政治重要性的同时，也使人们更加重视理性在发展自由、建设民主方面的作用。

  法兰克福学派的批判理论凸显了教育和文化在政治方面的意义，注重在不同语境下语言的多义性。吉鲁指出，无论是马尔库塞还是阿多诺，都认为统治形式不仅包括经济方面的统治，也包括文化和教育方面的统治。法兰克福学派对消费社会、文化工业发挥教育功能的方式进行了分析，认为正是消费社会与文化工业的存在，促进了当代资本主义社会的稳定。为此，他们立足于社会批判理论和文化工业理论，对大众文化进行了批判。在他们看来，"大众文化和大众传媒处

---

① ［英］乔伊·帕尔默主编：《教育究竟是什么？100位思想家论教育》，任钟印等译，北京大学出版社2008年版，第669页。

于闲暇活动的中心，是社会化和教育的重要代理，是政治现实的中介者，应该被视为具有不同经济、政治、文化和社会效果的当代社会的主要现象和机构"。① 为此，他们致力于寻求政治解放的新模式，以确定社会批判的规范并实现政治解放的目标。

在吉鲁看来，法兰克福学派的文化理念也是一种政治理论。文化是在不对称的权力关系中发展起来的生活经验和社会实践，它不仅是主导性社会意识形态的表达，而且是一个社会进行信息交流的形式与结构。支配性文化与从属性文化共同构成了学校的文化组成及其特征，教育应拒绝对文化的固定化，成为文化生产的一种形式。主流的人类学家将文化的概念非政治化，而吉鲁所做的工作则是让政治、意识形态重新进入文化的场域。

吉鲁认为，学校的社会化作用以及隐性课程的意义与结构可以通过教育哲学中的三种传统来说明：学校教育的结构功能观、新教育社会学的现象学观点以及与西方马克思主义相关联的激进观点。"只有西方马克思主义的观点为我们提供了最具洞察力和理解力的模式，有助于形成更进步的方法。"② 在吉鲁看来，激进教育所面临的挑战，和其他任何具有高度自觉性的理论研究一样，都必须在与西方马克思主义的关联中，在修正、批判、重读西方马克思主义中才能实现突破和发展。

第二节 后现代主义的影响

后现代主义是批判教育哲学产生的思想土壤。在后现代主义的思想潮流中，知识、政治和文化边界都处于历史的重大变迁中，权力结

---

① ［英］瑞达尔·卡伦主编：《教育哲学指南》，彭正梅等译，华东师范大学出版社2010年版，第214页。
② ［美］亨利·A.吉鲁：《教师作为知识分子：迈向批判教育学》，朱红文译，教育科学出版社2008年版，第35页。

构与政治斗争的形式正在发生日新月异的变化，新的话语模式正在日益形成。理论的碰撞带来了一种新的可能性，那就是人们可以将不同的观点彼此分享并加以融合。"后现代时期摧毁了自我认同，对自我的摧毁又转而作用于知识和政治。在此运动中可以辨认出两种反思性的逻辑，一种是解构主义，一种是建构主义。"[1] 也正是在后现代主义解构与建构的双重影响下，在批判现代主义与后现代主义并借鉴双方优点的基础上，吉鲁致力于建构激进的批判教育哲学，将人的解放和对美好社会的追求作为发展批判教育的意义所在。

在后现代时期，人的本能、意志得到了解放。在后现代的语境下，总体性标准不复存在，僵化性权力不再可以畅通无阻。作为活跃在哲学、政治、文化、社会理论领域里的倡导者，后现代主义者共同开启了一个崭新的历史阶段和社会文化形态，不仅意味着新的知识形式及观点的出现，而且意味着社会经济发展方式、思维方式与写作模式的改变。

后现代主义不仅在美学、文化理论领域扮演了重要角色，也在社会理论、教育等领域掀起了思想界的"卡崔娜"飓风。一方面，后现代主义研究者的学术观点和理论走向作为一种客观存在的宏观语境，不可避免地会影响批判教育哲学的发展。特别是在20世纪80年代，福柯、哈贝马斯等人的著作陆续发表并得到广泛传播，这使得后现代理论对批判教育的影响变得更加明显。另一方面，批判教育哲学家也需要向"时代的精华"寻求新的生长点和突破点。这也是为什么在当时批判教育的发展中，吉鲁等人会将研究的视野拓展至后现代主义，并对后现代主义的有关理论进行了借鉴和运用。在20世纪90年代前后，以后现代主义为理论基础，在对教育的种种现象和问题进

---

[1] ［英］杰拉德·德兰蒂：《现代性与后现代性——知识、权力与自我》，李瑞华译，商务印书馆2012年版，第192页。

行解构和批判的基础上形成了美国的批判教育学。①

吉鲁和他的同事阿罗诺维茨都认为,后现代主义尽管有一些缺点,但它毕竟为批判教育哲学的形成提供了很多见识,特别是后现代主义有关文化、边界、差异性、主体性的观点,为激进批判教育的发展提供了更多的丰富性与可能性。②"在后现代语境中,吉鲁极力把后现代主义、新马克思主义、后马克思主义、批判理论等整合到'抵制理论'中来,试图发展一种教育的后现代理论。"③ 可以说,后现代主义的存在,构成了吉鲁批判教育哲学产生、发展的理论沃土与哲学语境。

人们需要通过教育来抵制资本主义对公民自由和权力的剥夺,抵制资本主义对市场社会和市场经济之间区别的瓦解。这表明,"批判教育的发展需要借鉴种种激进理论——女权主义、后现代主义、批判理论、后结构主义和新马克思主义,等等"。④ 后现代主义对吉鲁批判教育哲学思想的影响,主要表现在以下几个方面。

其一,后现代主义影响了吉鲁对政治和文化的关注。后现代主义主张,民主是一个持续变化的发展过程,它具有动态性而非静止的限定性。吉鲁认为,正是在后现代主义和后结构主义的影响下,人们才能在更为广阔的空间内深刻理解政治和文化的价值以及它们起作用的方式。批判理论对现代性的关注必须与后现代主义的差异观结合起来,才能真正地使人们进入更为多样的公共领域,实现对民主的保卫和稳固。后现代主义对官方文本的批判,对视频、印刷、摄影等不同表达方式的关注,将流行文化纳入政治的重点分析范围,都在吉鲁的

---

① 郑金洲:《美国批判教育学之批判——吉鲁的批判教育观述评》,《比较教育研究》1997年第5期。

② Henry A. Giroux, Stanley Aronowitz, *Postmodern Education: Politics, Culture, and Social Criticism*, Minnesota: University of Minnesota Press, 1991, pp. 80 – 81.

③ 杨昌勇:《新教育社会学:连续与断裂的学术历程》,中国社会科学出版社2004年版,第187页。

④ Henry A. Giroux, "Critical Pedagogy and the Postmodern/Modern Divide: Towards A Pedagogy of Democratization", *Teacher Education Quarterly*, Vol. 31, No. 1, 2012, pp. 31 – 49.

边界教育中有所展现，并转化为激进教育实践的一种形式。

其二，后现代主义的批判性教学影响了吉鲁边界教育概念的产生。边界教育是将具有解放性的现代主义观和基于抵制理论的后现代主义结合在一起的教育，它突破了现代主义与后现代主义之间的二元对立。① 受后现代主义批判性的影响，吉鲁将边界教育的核心要素指向现有教育中叙事的主导方式，对白人统治、专制、父权制等主导叙事的方式提出了批判性挑战和质疑，为建立新的知识界限提供了一种理论语言。这种理论语言也表现在吉鲁对差异的关注上，吉鲁认为，墨菲所强调的"差异是任何民主想象的中心"这一观点非常重要，它表达了后现代主义在一个由差异组成的世界内，对主体力量发挥的重视。② 差异不是阶级剥削、诽谤歧视、恶性竞争的基础，而是同意、团结、进步的基础。差异是创造性、可能性的潜在源头，它有助于教师了解学生自身的知识局限。对差异的重视，不仅为教育者构建激进民主提供了语言方面的基础，也有助于人们对差异本身的了解和身份政治的构建。

其三，后现代主义的话语表达为边界教育的课程设置开创了新的途径。现有课程主要体现了西方文化的主导模式，学生很难用其中的政治、文化规则来定义自己的身份。而后现代主义对不确定性的重视和关注，促进了个体身份的转移，为从属群体的发展创造了条件，促进了社会组成的多样性。特别是后现代主义对传统意义的倾覆，也为激进民主实现的可能性提供了有价值的见解，使教师可以用边缘地带的知识来重新审视课程内容的复杂性和多样性。吉鲁指出，在提倡后现代主义不确定性的同时，必须运用现代主义的批判性话语对语言的差异进行表达，否则就会削弱政治的可能性，这就意味着教师需要在

---

① Henry A. Giroux, "Border Pedagogy and the Politics of Postmodernism", *Social Text*, No. 28, 1991, pp. 51–67.

② Henry A. Giroux, "Border Pedagogy and the Politics of Postmodernism", *Social Text*, No. 28, 1991, pp. 51–67.

现代主义与后现代主义的结合点上发挥自身的作用。

其四，后现代主义影响了吉鲁对社会记忆的理解与认识。吉鲁认为，后现代主义对局部、偶然性和偏好的强调，以文化批判主义的形式对线性的历史界限形成了新的挑战，这一挑战代表了一种社会记忆的形式，既创造了意义又书写了历史。① 在教学实践这个层面上，社会记忆并不赞成压迫者和被压迫者、统治和抵制、殖民地与被殖民地之间非此即彼的对立，它拒斥简单化的颠倒，通过对权力运作的方式作出说明，为差异中的政治团结提供了道德论和认识论方面的基础。从这个角度来看，吉鲁认为，公共生活的斗争与后现代主义的民主概念的结合，是社会记忆存在的前提条件。社会记忆意味着拒绝将民主视为对知识的简单性继承，它不仅是对历史永恒性的一种解构回应，而且意味着所处时代面临的危险，从而激发人们以不同的方式关注、了解历史的变化，推动公共生活在过去、现在和将来之间的对话与思考。社会记忆在历史和权力斗争的过程中重视普通民众的声音，推动边缘群体在知识方面的积累，为人们反对性别歧视、种族中心主义和阶级剥削，争取自身的解放和自由开创了道路。

总之，在吉鲁看来，一方面，现代主义为人类提供了一种信仰，理性为人类改变自身生存的世界提供了希望和假设；另一方面，后现代主义打破了原有世界的边界，再现了那些曾经被认为是无法描述的事情，重新定义了差异、偶然性和权力，动摇了国家主义、性别歧视、种族主义和阶级剥削赖以存在的基础。

在吉鲁看来，现代主义、后现代主义和女权主义代表了三种能够在理论上推进民主激进的文化政治学和教育学实践的最为重要的话语。②

现代主义关注的是人类自身对生活世界的控制和说明，而后现代

---

① Henry A. Giroux, "Border Pedagogy and the Politics of Postmodernism", *Social Text*, No. 28, 1991, pp. 51-67.

② [美] 亨利·A. 吉罗克斯：《跨越边界：文化工作者与教育政治学》，刘惠珍等译，华东师范大学出版社2002年版，第49页。

主义支持理论和意见的多元化,维护各种差异理论,批判主流理论和总体理论,肯定大众化,重视日常生活对主体能动性发挥和权力授予的价值,质疑传统意义上的历史概念,认为分散性、片段性、多元性才是历史的特征,从而为批判性地理解各种传统的局限提供了一种视角和观点支撑。

当现代主义与后现代主义争论得如火如荼时,吉鲁认为,此时此刻,为民主而进行的斗争已然成为反对现代主义的组成部分。在他看来,现代主义、后现代主义、女权主义并不是水火不容、互相对立的,而是可以取长补短、彼此融合的,从而为批判教育家思考民主与学校教育的关系奠定了理论和政治基础。在后现代主义的思想大潮中,尤以后结构主义、后现代女性主义对吉鲁的影响为甚。吉鲁认为,后结构主义有助于拓宽人们研究批判教育的视野。"后结构"针对结构主义而言,意味着对结构主义追求客观性、确定性真理的质疑。后结构主义者对结构主义者将心灵的结构普遍化、固有化这一做法也颇有微词,认为结构主义与人本主义总有着说不清、道不明的混淆。当结构主义者将语言置于封闭性的对立结构中时,后结构主义者则坚持语言的动态性和意义的不稳定性,进而彰显了历史、政治中被结构主义的抽象性所遮盖的一面。德里达特别指出:"意义的意义是能指对所指的无限暗示和不确定的指定……它的力量在于一种纯粹的、无限的不确定性,这种不确定性一刻不息地赋予所指以意义。"[①]正是在后结构主义与结构主义的对话和争论之中,推动了后结构主义在教育理论和实践中的应用。

吉鲁进一步指出,人们要想摆脱既定框架的限制,构建新的叙述方式,开展具有可靠性的斗争,那么,除了批判以外,还必须重新思考德里达所说的"可能与不可能"的概念,以讲述自己未来的故事,

---

① [美]道格拉斯·凯尔纳、斯蒂文·贝斯特:《后现代理论——批判性的质疑》,张志斌译,中央编译出版社2011年版,第23页。

描绘即将到来的民主前景。① 在吉鲁看来，后结构主义是以多种面貌出现的，既有激进、自由的倡导者，也有对政治丝毫不感兴趣的旁观者。吉鲁认为："包括自由、激进流派在内的后现代主义哲学有一种趋向，即拒绝把批判语言和可行的政治规划相联系。逃避基础主义的同时也意味着逃避政治。"② 同时，吉鲁指出，后结构主义在新的差异政治学的形成中发挥了重要作用，扩展了众多的公共空间。后结构主义对解构语言的强调，引发了人们认真对待学生读写的必要性③，从而使学生重视并认真领悟自己的写作与表达。

吉鲁试图以后现代女性主义、后结构主义等理论为基础，通过它们所展示的后现代社会文化状况，发展教育领域里新的思维方式和表达方式，进而形成新的理论模式、写作模式、主体性模式和政治、文化模式，从而为民主社会的构建奠定基础。吉鲁认为，德里达对民主现实和民主前景的划分，对于人们理解民主的内涵和威力具有极其重要而特别的指导意义。

在吉鲁看来，后现代女性主义越来越关注的是差异、文化与历史的特殊性之间的关系。后现代女性主义者拓展了政治斗争的范围，注重在宏大叙事的背景下，分析种种不同的权力，提出有关不平等和斗争问题的权力语言。同时，也推动了充满批判性、可能性语言的激进社会理论的发展。如果说现代主义彰显了历史、伦理、政治话语的意义和价值，那么后现代主义以其对整体性话语的挑战为差异政治学的发展奠定了语言基础。而后现代女性主义则在重构中心与边缘关系的基础上，为声音政治学的发展创造了条件。

马克思主义女权主义者弗雷泽对利奥塔等人的后现代政治学说进

---

① ［美］亨利·A. 吉鲁：《紧缩时代的新极端主义和干扰政治》，吴万伟译，《武汉科技大学学报》（社会科学版）2013年第3期。
② ［加］雷蒙德·艾伦·蒙罗、［美］卡洛斯·阿尔伯特·托雷斯：《社会理论与教育——社会与文化再生产理论批判》，宇文利译，上海人民出版社2012年版，第241页。
③ ［美］亨利·A. 吉鲁：《后结构主义者的论争及其对于教育学的几种影响》，谭晓玉等译，《华东师范大学学报》（教育科学版）1995年第1期。

行了批判,认为他们拒斥宏大叙事和宏观理论,拒绝批判男性统治、种族主义以及阶级学说,将会阻碍女性和被压迫群体开展斗争。吉鲁在其著作中多次提到弗雷泽的观点,并指出,后现代女性主义不仅批评了而且扩展了后现代主义的许多中心假设。

"后现代女性主义确定了社会批评的重要性,拒绝接受把整体看作是对所有形式的不加选择而排斥的后现代观点,拒绝后现代通过主体的非中心化而消除人类能动性的观点。"① 后现代女性主义者认为,差异的重要性不是对自由多元化和审美的表达,而是成为改变制度和意识形态斗争的有机组成。吉鲁对后现代女性主义与理性、整体的政治学,后现代女性主义与差异、能动的政治学进行了分析,汲取了其中极具批判性的要素,试图使之能被广大的教育工作者和文化工作者所接受,以推动激进教育实践的发展。

后现代主义所提倡的偶然性、情境性和不确定性在吉鲁的论述中也并不鲜见,吉鲁指出:"后现代教育者要求一种展示与实践有相关性的理论知识,并且坚持实践和日常文化对于构建理论知识的重要性。他们相信,只有当学校知识建立在来自学生已经具备的文化资源的隐性知识时,课程才能最好地启发学习。"② 在吉鲁看来,后现代主义的观点对于激进教育哲学的发展具有积极的建构作用。他也同意后现代主义提出的文化多元性,认为其有助于公民的培养,而不是仅仅考虑抽象的权威学术问题。

第三节 杜威和弗莱雷教育哲学的借鉴

在教育哲学的发展历程中,流派众多,观点各异。一种观点的合

---

① [美]亨利·A. 吉罗克斯:《跨越边界:文化工作者与教育政治学》,刘惠珍等译,华东师范大学出版社2002年版,第76页。
② Henry A. Giroux, Stanley Aronowitz, *Postmodern Education: Politics, Culture, and Social Criticism*, Minnesota: University of Minnesota Press, 1991, p. 15.

理性不仅基于它自身的陈述与表达,也与其建立的理论基础息息相关。一个学术领域的发展是由每一个个体的独特贡献而推动的,正是在已有研究的基础上,后来的研究者才能不断提出新的洞见并推动相关领域的研究。就此而言,吉鲁批判教育哲学思想的形成与发展,也深受杜威和弗莱雷教育哲学的影响。

一 杜威的民主主义教育哲学

在同一个国度里,因时代背景和个人经历之别、体悟之异,研究者们在百舸争流的教育历程中留下了各自的"千帆竞发",而杜威和吉鲁无疑是美国教育长河中较为耀眼的两颗思想之星。在美国教育发展史上,不乏基于政治环境、经济发展需求而开展的教育改革。美国由农业国家向工农业现代化国家转变的历史时刻,造就了以实用主义哲学为基础的教育哲学思想,在美国的教育历程中留下了属于杜威的绚丽华章。杜威的民主主义教育哲学以及他对教育与社会、生活之间关系的论述对吉鲁产生了很大的影响,这与二人相似的学习和工作经历不无关系。

杜威出生于南北战争前夕,他所在的佛蒙特州比较落后。杜威的幼年生活普通平凡,青少年时期的经历与彼时其他少年的生活并无二致。学校在他成长历程中并未留下多少特别的记忆,据杜威所言,倒是乡村生活给予了他一点重要的教育。大学也没有为他的生活打开一扇全新的大门,而是基本延续了普通教育阶段的一切。他所获得的启迪不是来自大学课堂,而是来自他的课外活动以及涉猎广泛的阅读,整个学习经历使杜威对教育留下了平庸无奇的不满印象。

杜威生活的时期,美国的工业发展迅速,宽阔无垠的边疆尚未开发,个人主义盛极一时,成为当时时代的标志性符号。彼时的美国在文化教育方面正处于向德国"取经"的时代,因此,杜威深受黑格尔哲学的熏陶,十分崇拜黑格尔哲学,在对永恒真理的追求中流连忘返,乐此不疲。这使得他的人道主义情感急剧增长,也让他对个体之间的合作异常重视。他申明,民主信条不仅要在政治领域,也应在教育和经济领域发挥应有的作用。而当詹姆斯的心理学名著走进杜威的思想世界以后,动态变化的现实像磁石一样吸引了他的注意力,他力图从科学和哲学中寻求解决社会矛盾的答案。杜威的教育哲学思想主要基于实用主义哲学而生发,从历史、社会、哲学的综合角度对教育问题进行了深入的分析和论证。

吉鲁对杜威民主主义教育哲学的借鉴主要表现在以下三个方面:其一,民主与教育的关系。杜威认为,民主的社会乃是"开放型而非封闭型的社会,具有人人共享的利益,从而人人能够互帮互爱,能够自由交往,其结果便能协力维系社会的繁荣,促成社会的进步。因为平等相待而荣辱与共就会扩大人的胸襟,就会保证自由的思想,就会促使新观念、新事物不断涌现,就会推动历史滚滚向前"。① 在这一点上,吉鲁与其有着高度的相似性。杜威认为,在建设民主社会的过程中,人类面临着一个共同的任务,那就是寻找实现人类尊严的有效方法与手段。吉鲁的批判教育哲学也围绕社会和个体的解放,将民主社会作为自己的理想目标,最终也是为了实现每个个体自由全面的发展,充分释放民主社会所需要的活力与潜力。

在杜威看来,民主社会的教育解决了以往教育中的三大对立现象,一是劳动与学习之间的矛盾对立,二是理论知识与实用知识之间的对立,三是实用学科与人文学科之间的对立。杜威指出,民主政治对教育有着无与伦比的热忱,这是一个显而易见的事实。一个由受教育的人组成的政府——无论是选举者、统治者还是被统治者,才会是成功的。杜威尤其关注民主对教育的意义,在他看来,民主主义不仅是一种政府的形式,更重要的是一种联合生活、彼此交流的方式,也是人人参与且享有共同利益的体现。杜威反对将一个社会划分成许多

---

① [美]约翰·杜威:《民主主义与教育》,王承绪译,人民教育出版社2001年版,第9页。

阶级，他认为这将会导致只注重统治阶级的教育。只有一个流动开放的社会，才有助于个体首创精神和适应能力的发展。杜威和吉鲁都看到了阶级划分给教育、社会带来的弊端，即被统治阶级、弱势群体只不过是统治阶级实现其统治的工具。杜威在民主方面的观点对吉鲁产生了深刻影响，吉鲁也特别重视民主、政治与教育之间的密切联系。

吉鲁认为，杜威以及其他人的著作不仅阐释了民主的传统，而且通过教师的权威性政治和学生声音等一系列重要问题分析了学校民主的可能性，而这些问题在新自由主义时代和微政府时代变得更为重要了。吉鲁在继承杜威民主教育哲学传统的基础上，重新定义了教育与民主的关系。① 吉鲁指出，教师应允许并引导学生将民主理解为一种值得去奋斗的生活方式。对民主、公正社会与青年人之间关系的探究，一度成为吉鲁开展学术研究的动力。

其二，教育目的与学生个体的发展。兴起于19世纪末的美国进步教育运动，高举杜威教育理论的大旗，风靡于美国整个教育界，充分说明了杜威的民主主义教育哲学思想乃是时代性的真切体现，可谓是顺势而生。但即使这样，杜威的思想在美国也遭到部分学者的长期反对，如要素主义者贝格莱和永恒主义者赫钦斯，各自注重文化遗产和永恒真理的教育价值，极力反对杜威的主张。特别是在第二次世界大战以后，苏联人造卫星上天，美国为之震惊。人们认为杜威的教育理论难辞其咎，他的思想遭到了更为激烈的反对与批判。

此时的美国教育，经过了"一边倒"的大肆批判和教材教法改革、师资培养的大跃进以后，正所谓欲速则不达，教育并没有出现人们预期的结果。20世纪60年代，人们又开始重新审视杜威的教育哲学。短短十几年的时间，杜威的教育理论在美国又重新焕发了生机与活力。杜威的教育哲学注重社会性以及学习过程中的合作性活动，强

---

① 韩媛媛：《现代美国民主教育的路径选择与借鉴价值》，《江苏高教》2014年第1期。

调个体作为公民的责任和义务,而对经验的私人性和内在性、知识所带来的愉悦性以及个体的发展重视不够。从吉鲁的理论分析来看,他从一开始就认为主体是多重的,他将关于个体发展的重要论证置于葛兰西学派和批判理论相结合的激进民主化语汇中,这个思路也为他批判性地利用杜威的命题奠定了基础。① 吉鲁有选择地借鉴了杜威在教育中对公民培养的认识,吉鲁对个体经验的重视,恰恰弥补了杜威在这方面的缺陷。

在教育目的方面,杜威批判了"天性教育目的说"和"社会效能教育目的说",前者忽视了儿童的社会性,无疑是片面的。而后者强调单一的社会效能,限制了公民的眼界,往往只看本国利益而无视邻邦之恤,这些缺陷与不足只有在民主社会中才能得到有效解决。目的意味着特定情境下的行动及其所产生的结果,真正的目的和外力强加的目的大不相同,后者意味着固定和机械,抑制了师生的创造力,无助于智慧的激发。而民主社会的教育目的则是为了获得更多更好的教育,除此之外再无其他教育目的。

杜威认为,教育能够使个体主动认识自身所处社会群体的目的、习惯,而其他的方式却不能像教育一样,能够有效实现这一目的。学校教育的价值就在于不断创造生长的愿望,在于它为实现愿望所提供的方法。在杜威看来,教育需要良好的沟通,而沟通需要艺术和技巧,当社会的安排充满活力并且保持其固有的社会性时,沟通才富有教育意义,否则,教育就会失去应有的力量。这种沟通对于一个由不同教师组成,且肩负公共知识分子使命的共同体来说尤为重要,这一观点对吉鲁也产生了深远影响。

杜威和吉鲁皆生活在战争时期前后,童年生活并没有给他们留下美好的记忆。他们都在中学担任过教师,自身的学习、工作经历使他

---

① [加]雷蒙德·艾伦·蒙罗、[美]卡洛斯·阿尔伯特·托雷斯:《社会理论与教育——社会与文化再生产理论批判》,宇文利译,上海人民出版社2012年版,第238页。

们对教育的弊端有着极为深刻的体会和感受,对生活的不平等记忆尤为深刻。杜威认为,教育在最广的意义上就是对个体、种族全部经验生活的延续。当然,杜威所说的"教育即生活",强调的是要克服以往教育脱离生活现象的弊端,而不是将教育完全等同于生活。他所提供给儿童的是一个已经被简化、净化的社会环境,目的是让青少年摆脱原有环境的限制,在一个更加广阔平衡的环境中实现发展。吉鲁则是要让教师和学生充分体认、理解我们赖以存在的现实社会是简单的还是复杂的,是广阔的还狭隘的,是平衡的还是失衡的。

吉鲁倡导"学生权能"的发展与杜威的"儿童中心说"颇有相同之处,关于学生在教育中所处的位置,他们都提倡让学生从教育的边缘走向教育的中心。吉鲁不仅将学生在教育中的位置进行了空间上的位移,也进一步拓展并深化了杜威对学生培养的观念。吉鲁更加重视学生学习态度和批判能力的培养以及他们对社会、政治责任的承担。吉鲁认为,学生能否成为富有活力和批判性精神的公民,关系激进教育的成功与否,关系美国能否成为一个真正意义上的民主社会。

其三,教育理想与教育现实的相互影响与促进。杜威认为,人类自身和社会所需要的改造都可以在教育的过程中完成,而不是仅仅停留在假设的层面上。所以,杜威指出,"哲学乃是作为审慎进行的实践的教育理论"[①],吉鲁也从一开始就注意到了教育现实对理论的迫切需求。教育理论与教育实践的紧密结合,是他们各自生活时代的特征在教育思想中的折射。

在教育现实与教育理想的结合方面,杜威认为,对于教育的认识应该从追溯过去和展望未来两个方面进行解释,教育是利用过去发展未来的一种力量。文化遗产是教育过程得以顺利进行的主要材料,如果脱离了学生的生活环境,这些材料就会站在学生的对立面而变得毫

---

① [美]约翰·杜威:《民主主义与教育》,王承绪译,人民教育出版社2001年版,第351页。

无意义。相反，如果它们能够增加我们当前所做的事情的意义，它们的价值就真正显现出来了。"因为我们并不是生活在一个固定不变的和完结了的世界，而是生活在一个向前发展中的世界，在这个世界上，我们的主要任务是展望未来，而回顾过去的价值在于使我们可靠地、安全地和富有成效地去应付未来。"① 而吉鲁更是无以复加地强调教育可能性与现实性的结合，在这一点上，吉鲁与杜威可谓殊途同归。他们不是在对民主主义的畅想中遗忘现在，而是借助可能与希望的力量来改造现在，这种对希望的追求与向往清晰地展现在他们对教育问题的分析和论述中。

此外，杜威指出，文化不仅指一个人心智的内在优雅修养，而且意味着不断扩大一个人对事物意义理解的程度和范围，不断增强人们对事物的分析能力和判断能力，提高理解的正确性。已有文化遗产的价值不在其本身，而体现在对人们当前所做事情的意义上。杜威尖锐地指出，在教育或者更确切地说在学校教育中，存在着很多的弊端，如学习方法与学习内容的脱离，经验的具体情境没有得到充分利用，学习依靠恐惧等诱因来激发，没头没脑地运用死记硬背的方法和机械地墨守成规。杜威既看到了习惯的机械性，也看到了习惯中的理性与感性成分。受杜威的影响，吉鲁特别强调要重视边缘群体、弱势群体的文化，提出了具有较强现实针对性和超越时代性的学术观点，揭露了教育中存在的问题。

综观杜威和吉鲁的教育哲学思想，杜威的"教育即生活""学校即社会"等一系列命题突出了教育与生活、社会之间的紧密联系，吉鲁也一再强调教育与政治、文化的关系，关注教育政治功能的发挥。他们还都关注青年对未来社会的重要作用，杜威指出："我们无疑还没有实现教育作为改进社会的建设性媒介的潜在功效，也还远没有实

---

① [美]约翰·杜威:《民主主义与教育》，王承绪译，人民教育出版社2001年版，第166页。

现使教育不仅阐明儿童和青年的发展，而且阐明未来社会的发展，这些儿童和青年将是这个未来社会的成员。"① 吉鲁也对青年人面临的危机进行了深入分析，呼吁青年人利用知识改变现状，提升自我。

二 弗莱雷的解放教育哲学

作为20世纪最重要的批判教育家之一，弗莱雷的教育哲学涉及教育本质、目的、教学理论及方法等。他的观点影响了很多美国的教育学者，吉鲁也是受其影响的学者之一。

弗莱雷曾参与累西腓市的扫盲工作，也经历了巴西的军事政变。他因"颠覆性"活动而被捕入狱，由此开始了长达16年的流亡生活。从事教育工作的经历使他的《被压迫者教育学》一书富有解放与批判精神，充满了人性、激情以及追求公正人类社会的理想，表达了一种希望的政治学。弗莱雷帮助贫穷的农民和工人发展文化，认为语言是他们觉醒的工具，只有当人们的文化水平与觉醒意识提高后，他们才能改变经济、社会及政治状况。为此，弗莱雷的批判教育学也被称为解放教育学。

在弗莱雷的教育思想中，我们能够看到存在主义对他的影响。弗莱雷认为，人类本身的存在是不完美的，要通过行动来引导生命逐步走向完美。他认为教师与学生平等地参与对话才是真正的学习，无论教师还是学生，都需要改造，都要向彼此学习，以增强发展的自觉意识，充分发挥自身的主体性。特别是弗莱雷的政治学与教育学，是对获得解放的人性的哲学想象，而这种想象源于对生命的尊重。

弗莱雷认为，传统的教育建立在"储蓄"概念的基础上，即教师选择教育内容，而学生只需要掌握这些内容即可。压迫者所改变的仅仅是学习者的意识，而不是他们赖以生存的政治、经济及社会状况，

---

① [美]约翰·杜威：《民主主义与教育》，王承绪译，人民教育出版社2001年版，第89页。

由此实现压迫者对被压迫者的支配权。但是，人们要理解并确信教育是作为一种政治实践而存在的，鉴于这样的判断，教育工作者的身份就不仅是一个知识的传播者，更是一个政治家。教育工作者应以与自己的政治选择保持一致的方式行事，从而更科学地胜任教育工作。民主的学校要充分理解学生，永远面向学生的实际背景开放，更好地完成教学活动。更重要的是，它也必须了解自身与具体环境的联系。

在《十封信——写给胆敢教书的人》一书中，弗莱雷特别提到了教育的陷阱、师资培训、进步教师的必备品质、教学关系、文化身份与教育、具体环境与理论环境等问题。弗莱雷指出："分裂被压迫者，就不可缺少一种压迫的意识形态。相比之下，要取得被压迫者的团结，就需要采取一种文化行动。通过这种文化行动，他们才逐渐懂得他们为什么并且是怎样依附于现实的，这种文化行动需要反意识形态化。"[1] 从弗莱雷的这段论述中可以看出，团结被压迫者，需要充分利用被压迫者的历史和现实经验，并以文化行动的方式展现出来。文化行动在改变被压迫者的现状、实现被压迫者的团结中，具有极其重要的地位。

弗莱雷认为，"那些认为知识是可以质疑的学生正在进行一种'反思'，这种反思进而转化为对现实的批判性阅读。这标志着在形成一种产生'写作与创造愿望'的教育学上所迈出的第一步"。[2] 在这一点上，吉鲁与弗莱雷是遥相呼应的，弗莱雷的政治勇气、热爱生活的态度、奋勇直前的精神、极具冲击力的思想都令吉鲁深受感动。他对教育的热情和深刻见解使吉鲁相信，教育不仅是非常重要的活动，也是极其重要的斗争场所。弗莱雷认为，政治要创造条件让人们实现自我管理，而不是被管理，要组织社会力量反对殖民主义、全球

---

[1] ［巴西］保罗·弗莱雷：《十封信——写给胆敢教书的人》，熊婴等译，江苏人民出版社2006年版，第107页。

[2] Paul Freire, *Conscientization*, Trans The GoalIs Liberation, United Council of Churches, 1974, p. 2.

资本主义以及其他压迫性权力机构,从而为实现教育的理想状态、推动民主社会的进程提供理论依据。

1969年,受美国哈佛大学的邀请,弗莱雷成为哈佛大学"发展和教育研究中心"的教授以及"发展和社会变革研究中心"的会员。当时的美国正处于战后最为激烈动荡的十年,工人运动受到严重冲击,特别是美国的黑人群众争取人权的斗争受到了严重镇压。在美国的这段经历让弗莱雷意识到,压制、驱逐底层阶级的现象不仅发生在第三世界的国家和殖民地,在发达国家也并不鲜见。由此,他对第三世界的关注也由地理范围拓展到政治层面,为后来《被压迫者教育学》的写作与出版奠定了基础。

吉鲁和其他学者一起翻译、出版、传播了弗莱雷的著作,弗莱雷的观点对吉鲁产生了深远而持久的影响。吉鲁曾在他的一篇论文里指出,"弗莱雷的具体乌托邦是教育中理论和抵制的基础,是我早期的批判教育理论。"[①] 吉鲁认为,弗莱雷是一个具有世界情怀的知识分子,他既关注国际力量的特殊性,也注意地方性的重要作用。在吉鲁的眼里,弗莱雷不仅注重引导读者理解不同对象之间的复杂关系,而且以一种极富美感且令人愉悦的写作风格,吸引着读者去阅读、理解他的作品。吉鲁与弗莱雷有着深厚的友谊和密切的学术交往,他们在教育研究领域精诚合作、彼此学习,进行思想的碰撞和学术观点的交流。

1999年,吉鲁与弗莱雷等人合作发表了《新信息时代的批判教育》(*Critical Education in the New Information Age*)。2009年,两个人合作发表了《怀疑社会中的青年:民主还是自由化》一文(*Youth in a Suspect Society: Democracy or Disposability*)。1992年,吉鲁发表了"保罗·弗莱雷与后殖民主义政治学"(*Paulo Freire and the Politics of Postcolonialism*)。在20世纪90年代,吉鲁还与弗莱雷共同主编了

---

① Henry A. Giroux, "Public Pedagogy and the Politics of Resistance, Notes on a Critical Theory of Educational Struggle", *Educational Philosophy and Theory*, Vol. 35, No. 1, 2003, pp. 12 – 17.

《教育与文化中的批判研究丛书》，进一步推动了批判教育研究的发展。2010 年，吉鲁发表了《弗莱雷的经验——教育正处于超级富豪的掌控之中》一文（Lessonsto BeLearned From Paulo Freireas EducationIs BeingTakenOver by the Mega Rich）。2011 年，吉鲁发表了《拒绝作为从属阶级的学术阶层——源自保罗·弗莱雷和批判教育政治学》一文（Rejecting Academic Laborasa Subaltern Class：Learning from Paulo Freire and the Politics of Critical Pedagogy）。弗莱雷的教育理论直击现实中的种种弊端，针砭时弊，鲜明地指向被压迫者无奈的生存困境，充满着对解放的渴望。而解放的实现，需要革命领袖与人民一起合作才能实现。只有当革命行动真正体现人性、富有同情心和爱心、注重交流并且是以获取解放为目的时，革命领袖与人民群众之间的联合才能真正实现。弗莱雷期待通过被压迫者教育学，唤醒人们对自由的需求和渴望，使人们摆脱压迫和束缚，拥有人之所以为人的权利。他也期待通过希望教育学实现教育的理想与希望，推动教育的民主化进程，实现真正意义上的民主教育。而自由教育学则是弗莱雷最终追求的教育目标，其目的就是使水平不同的学生都能实现充分意义上的发展，实际上是对马克思的人的自由全面发展的一种回应。

弗莱雷不仅研读了里奇·弗洛姆、奥尔特加·加塞特的作品，同时对马丁·路德和毛泽东的理论也进行了研究。他试图通过对这些理论的借鉴和吸收，创造一种属于他自己的观点。自由主义、存在主义、现象学、天主教神学都对弗莱雷的教育理论产生了深远影响，他博采众长，将这些思想融会贯通到对教育理论的批判和言说之中。

弗莱雷的作品不仅借鉴了哲学人类学有关人类本质的论述，而且以马克思主义哲学为基础。他声称，"现实的矛盾使我走向了马克思。我开始阅读和研究他的著作。这真是美妙，因为我在马克思的著作中发现了没有文化的人——告诉我的许多事情。马克思真是个天才"。① 弗莱雷受经典马克思主义阶级观点的影响更深一些，正如波士顿马萨诸塞大学的教授多纳尔多·马塞多在评论其作品时指出的："尽管弗莱雷不断地修正他早期的分析理论，但他从未放弃或贬低阶级的作用和地位，而是把阶级当作我们试图更好地理解压迫状况的一个重要理论范畴。"① 在关于阶级的看法上，吉鲁同意弗莱雷的观点，那就是尽管阶级不能成为多种压迫形式的根源所在，但它仍然是一个重要因素。

弗莱雷指出，机械论马克思主义者的错误在于断言由于教育是上层建筑的一部分，在社会基础设施和物质条件进行根本转变之前，教育无能为力，从而拖延了与民主相对应的社会斗争。② 弗莱雷认为，教育不是中立性的，这就意味着学校必须发挥社会政治功能，引导学生批判地对待现实，进而改造世界。

吉鲁充分借鉴了弗莱雷的理论和观点，强调政治与教育的紧密联系，认为仅依靠单纯的政治性努力并不能完成进步的教育实践。弗莱雷认为，人是改造性存在和创造性存在的结合。作为两者的统一体，人既是意识的存在，又是实践的存在，人在创造历史的同时又成为历史的、社会的存在。教育不是为了培养技术型的劳动大军，而是为了培养理解、改造世界的批判性人才。

吉鲁认为，弗莱雷将他（吉鲁）所说的批判性语言与可能性语言结合在一起，对批判理论与激进信仰、斗争原则之间的关系进行探究，形成了一种教育哲学。从理论基础来看，弗莱雷以历史学与神学的结合为基础，为形成希望、批判性反思和集体斗争的激进教育提供了思想来源。从批判内容来看，弗莱雷所批判的对象不仅涉及成人教育，也包括天主教会、社会工作者以及公共教育的实践。由于与巴西农民在一起的经验，弗莱雷的观点被认为不适合西方先进工业国家的

---

① Paulo Freire, *Pedagogy of Liberation*, Krieger Pubishing Company, 1994, p. 42.
② ［巴西］保罗·弗莱雷：《被压迫者教育学》，顾建新等译，华东师范大学出版社 2001 年版，第 123 页。

教育者。但是，在吉鲁看来，弗莱雷通过他自己的教育经验和所运用事例的力量，充分证明了其著作背景范围的国际性。从研究范畴来看，弗莱雷所使用的第三世界概念不仅是一个地理学范畴，更是一个意识形态与政治的概念。他以元语言的形式为批判教育的发展提供了理论路标，而非根本性、终结性的秘诀。

吉鲁在借鉴现代主义、女权主义和后现代主义等理论的同时，也质疑了它们自相矛盾的观点。他的批判教育哲学是现代主义、后现代主义、后现代女性主义相融合的产物，既有源自现实社会的动因，又有已有研究成果的启迪。传统教育社会学的式微、新教育社会学的理论资源、经典思想的借鉴、相关成果的融合以及吉鲁自身的学术积累，推动了其批判教育哲学思想的产生与形成。

第二章

吉鲁教育哲学思想的基点

> 我们从事哲学研究的目的并不在于按照事物的科学用途来穷尽事物,将现象还原为少数几个命题……相反,我们应通过哲学尽力将自己融入异质性的事物当中……而不是把这些事物硬塞进事先设计好的范畴当中。
>
> ——阿多诺①

在人类社会发展的过程中,人们对特定理论之意义的理解与阐释无疑扮演着极其重要的角色。当后现代主义的批判理论集中于"话语的世界"时,人们更多地将自己所生活的世界视为一个"文本"的世界,这个文本世界是能够被解释、分析和重构的,是一个人们发展自我意识、社会意识及文化关系意识的世界。正是在对这个文本世界的分析与重构中,吉鲁创建了带有鲜明个性特征和时代特点的"吉鲁式"抵制理论。从研究范式和观点表达上来看,吉鲁的批判教育哲学思想受到了再生产理论和批判理论的影响。吉鲁在对再生产理论进行批判性吸收的基础上,赋予了抵制理论新的含义,为其分析学校和社

---

① 转引自[美]道格拉斯·凯尔纳、斯蒂文·贝斯特《后现代理论——批判性的质疑》,张志斌译,中央编译出版社2011年版,第250页。

会的关系提供了一个重要的理论视角和工具，形成了他分析教育活动的基本问题域和框架。在抵制理论的视野下，吉鲁将教育视为一种文化和政治的实践，从政治、文化两种维度阐释了他对教育的理解。

第一节 抵制理论的发展

在吉鲁看来，"抵制"这一概念突破了对学校失败和对抗性行为的传统解释，从政治学、社会学的视角为研究学校与社会之间的关系提供了一个有价值的理论及分析手段，特别有助于人们了解从属群体遭受教育不公平的方式。抵制是一种具有普遍意义的存在，既存在于不同的社会机构之间，也存在于同一社会机构内部。抵制不是凭空而生的，它在理论上的一个可能性是因为理想期望与场域提供的位置之间发生了错位。抵制具有转化性，它既可能是自身的表现形式，又可能转化为统治的方式。对一个特定社会的运行来说，只有限制那些与之对立的抵制形式，才能充分发挥其政治策略的潜力。为此，吉鲁指出，我们必须首先明白，我们所理解的抵制是什么？生活经验成为激进教育学组成部分的方式何在？如何使期望落空的现实转化为有效的动力？在强调抵制的同时，吉鲁也提出要超越抵制和统治以追求解放。如何超越？需要我们对吉鲁所批判的再生产理论和他所倡导的抵制理论进行系统梳理与分析。

吉鲁认为，再生产理论相对于以往理论的突破之处，就在于再生产理论在教育理论中凸显了国家、经济、文化的决定性和优越性，揭示了保守主义、自由主义教育理论中立观的弊端。吉鲁通过对阿瑟、鲍尔斯、金蒂斯的经济再生产理论，布尔迪厄和伯恩斯坦的文化再生产理论，葛兰西的霸权再生产理论的批判，进一步发展了抵制理论。

一 经济再生产理论的批判

鲍尔斯和金蒂斯试图运用经济学知识去研究权力、不平等和冲突等问题，对他们来说，经济领域不仅是一种分配体系，更是一种学习环境。在鲍尔斯与金蒂斯提出经济再生产理论之时，与学校相关的一系列问题已经得到了人们的普遍关注。人们希望通过教育改革塑造一个更加美好的社会，但事实却并非如此。他们在《资本主义美国的教育》中所要传递的一个主要观点是："经济结构能够摧毁教育改革最亮丽的部分。教育改革如果不解决经济中由结构所决定的权力问题和财富不均的问题，其影响将会受到限制。"① 他们认为，尽管社会生产关系和教育关系之间存在着一种对应原则，但在实际生活中，人们似乎对教育完成代际社会角色传递、生产高素质劳动者这两个问题缺乏清晰的认识。

鲍尔斯与金蒂斯以新葛兰西学派的霸权理论为武器，批判了沦为资本主义权力和宰制工具的学校教育。从资本主义工厂制度与学校教育的依存中探究学校教育的性质，认为在资本主义制度的框架下，学校教育所扮演的是资本主义制度的维护者，在提高技能与劳动生产率的同时，也进一步巩固了现有的经济结构与社会分工，并使之得到延续。在这样一个过程中，教育与经济之间出现了错位和断裂，教育本身也被异化了。

鲍尔斯和金蒂斯认为，教育需要设立一定的标准，使社会公众能够了解学校所传递的价值观和学生接受的知识。如果权力的拥有者一味地阻碍社会正义事业的进行或者抵制马克思主义，那就不会得到学生的欢迎。作为马克思主义者，他们对经济、劳动过程、异化等问题做了大量研究。他们特别支持早期马克思的观点，认为现有的资本主义制度虽能满足人们的基本需求，却无法促进人的提升和发展，而人们所渴望的显然是能够让两方面都实现的制度。

鲍尔斯和金蒂斯指出，实施教育的目的是能够让青年人更好地实

---

① [美]卡洛斯·阿尔伯托·托里斯：《教育、权力与个人经历：当代西方批判教育家访谈录》，原青林等译，山东教育出版社2013年版，第42页。

现社会化，更好地融入社会，这就需要一个自由、民主的教育，而这样的教育需要一个不受等级制度摆布的社会。运行有序的经济需要市场和国家的共同存在，而不是舍弃一方。除了市场和国家以外，家庭和社区在教育中也扮演着极其重要的角色，而且这种角色具有不可替代性。当每个家庭都承担起养育孩子的责任时、当社区建立起自己的学校时、当社会主义的模式得以建立时，教育就会有显著的改观。他们提出要建立社会主义和好的学校，却并不知道建立社会主义的方式和途径何在。所以，在吉鲁看来，尽管他们的观点影响非常广泛，却不能转化成行之有效的教育政策。

受法国结构主义者阿尔都塞的影响，鲍尔斯、金蒂斯也认为，学校通过反复灌输具有统治意义的知识，将学生培养成资本主义社会所需的各类人才，体现了资本主义原有经济结构在教育中的"再分配"，实现了劳动力、社会关系在教育中的再生产。他们主张可以用对应法则来解释教育的发展，认为在教育关系和社会生产关系之间存在一种对应原则。这种原则充分展现了资本主义教育的特征，使人们能够更深刻地理解教育对个体的作用及教育本身的结构。在他们看来，资本主义社会现有的经济制度体系是产生异化和不平等的根源所在，并以此为依据对学校的性质和职能进行了分析。

鲍尔斯、金蒂斯认为，学校所发挥的功能具有双重性，一是为工人提供技术知识以提高他们的工作效率和价值；二是模仿工厂的制度、权威、工作时间以及等级制度，使人们认同现有的社会经济结构。处于资本主义经济体系中的学校，不仅是作为解放工具而存在的，而且是促使人们认同现有权力关系的工具。他们基于传统的马克思主义立场，认为资本主义社会通过教育为经济生产出大批的劳动者。经济中存在的不平等现象是一个政治问题而非教育问题，人们应该学习如何行使权力并在合作的基础上作出决定，这一观点对吉鲁坚持政治与教育之间的密切关联不无启示。

在吉鲁看来，鲍尔斯和金蒂斯将学校教育的特定阶级模式、性别模式与车间的社会进程相比较，对学校再生产的个性特征进行分析，有助于人们从非认知的维度加深对该问题的理解。此外，他们的观点也使人们对隐性课程在课堂中的运作机制有了更为清晰的认识。① 吉鲁认为，鲍尔斯与金蒂斯的经济再生产理论推动了激进教育的发展，但也存在一定的不足。他们没有对学校和其他制度之间的关系做出全面深刻的分析，没有为文化、抵制、冲突等概念的发展提供空间。这不仅简化了学校的意义和承担的角色，而且降低了人们对社会和教育发展的希望。② 总体来看，他们的观点没有与国家有关的理论发生紧密联系，而这种联系恰恰是促进教育发展的动力。

吉鲁在文化和道德方面也对金蒂斯的观点提出了质疑。金蒂斯认为，文化并不是统一的，也不是以组织模式和种种关系存在，而是以"点"的形式存在，是一种话语工具，吉鲁则认为文化是一种关系性的存在。金蒂斯在教学过程中，并没有在道德的层面上试图去影响学生。他坚持认为，如果用道德观点代替科学观点，则无助于科学研究的进步。吉鲁对此持有不同的看法，他特别注重在道德层面影响学生。吉鲁强调，教育作为学习、行为的一种方式，具有政治性，担负着培养有组织观念的知识分子和批判性公民的历史使命，有助于消除阶级、种族和性别压迫。

吉鲁试图在解构现有教育理论的基础上构建激进的批判教育哲学，进而构建更为美好的社会。而金蒂斯显然不是，在金蒂斯看来，人类社会就是一个客观的存在。他关心人类社会，也希望这个社会变得更加美好和平等，但这并不意味着他主动去构建这样的社会。③ 与吉鲁相比，金蒂斯并没有通过文字表达对一些事情的解构和建构，而

---

① Henry A. Giroux, *Theory and Resistance in Education: Towards a Pedagogy for the Opposition*, MA: Bergin and Garvey, 1983, p. 85.
② Henry A. Giroux, "Theories of Reproduction and Resistance in the New Sociology of Education: A Critical Analysis", *Harvard Educational Review*, Vol. 53, No. 3, 1983, pp. 257–293.
③ ［美］卡洛斯·阿尔伯托·托里斯：《教育、权力与个人经历：当代西方批判教育家访谈录》，原青林等译，山东教育出版社2013年版，第83页。

是充分运用统计数字,以大量数据来支持论据,力争形成自己的模式,这使他们的研究与吉鲁存在着一定程度的距离。

阿瑟则认为,人们必须在意识形态的环境中来理解学校和教育的意义。他指出,学校具有相对的独立性,它与经济基础有着一定的关系,但同时它也有自己的实践,在这一点上,阿瑟不同意马克思主义对学校教育理论的解释。但是,阿瑟将人类视为同质建构的主体或被动的承受者,消解了人类主体的独立性,导致他对权力、人类主体等概念解释的简单化。在阿瑟的理论视野中,有关调节、选择以及生产意义的概念都是缺场的,这就使得他认为学校是一个相对自治机构的观点失去了理论的依据。同时,阿瑟的意识形态观点具有非辩证性。①

如果说阿瑟运用意识形态理论阐释了学校怎样压制工人阶级的问题,那么鲍尔斯和金蒂斯则以不同的方法实现了同样的目的。在吉鲁看来,尽管他们的观点对教育的发展意义重大,但在他们的理论视野中,意识形态、意识、抵制被忽视了。他们看到了学校和车间是再生产实践的过程,却没有注意再生产实践的结果。工人阶级主体性建构的复杂方式也没有得到应有的重视,他们所呈现的似乎只是一个由操纵逻辑决定的、完全一致性的工人阶级。由于他们缺乏成熟的意识形态和意识理论,未能对师生赋予知识的意义、学校文化对知识的调节作用进行深入的分析,消解了师生开展批判性教学、通过教育改变社会的希望。②

吉鲁认为,以鲍尔斯和金蒂斯为代表的经济再生产理论,在西方马克思主义教育理论之中产生了较为广泛的影响,推动了教育理论的发展进程。③ 他肯定了鲍尔斯、金蒂斯从马克思主义的视角出发,将

---

① Henry A. Giroux, *Theory and Resistance in Education: Towards a Pedagogy for the Opposition*, MA: Bergin and Garvey, 1983, p. 80.

② Henry A. Giroux, *Theory and Resistance in Education: Towards a Pedagogy for the Opposition*, MA: Bergin and Garvey, 1983, p. 84.

③ Henry A. Giroux, "Theories of Reproduction and Resistance in the New Sociology of Education: A Critical Analysis", *Harvard Educational Review*, Vol. 53, No. 3, 1983, pp. 257-293.

教育作为社会再生产的一种形式，揭示了教育在其中发挥的作用，为人们分析阶级的不平等及存在的基础提供了重要观点。

同时，吉鲁也指出，他们共同的缺点在于，忽视了权力和操纵机制的复杂性，没有认识到操纵的不完全性，将权力简化为一种否定性的力量。没有根据权力、意识形态与抵制之间的辩证关系对霸权进行分析，未能建立具有可行性、批判性的教学框架；忽视了人类的主体性、矛盾和抵制的形式，在重视经济再生产的同时忽视了文化再生产；忽视了学校对与操纵价值和实践相对立的意识形态的生产和再生产，也就未能对存在于学校之中的矛盾及其本质进行分析；他们在个体需要和社会结构之间建立抽象观念的同时，却没有对教育中的抵制行为进行深入具体的分析。① 从吉鲁对经济再生产理论的批评中可以看出，鲍尔斯和金蒂斯的研究视野不够开阔，他们没有对文化、抵制等问题展开充分的论述，这使得他们关于学校的研究被一种简化的工具主义和极度的悲观主义所破坏。

二 文化再生产理论的批判

文化再生产理论以法国教育理论家布尔迪厄为代表，布尔迪厄同时也是一个文化社会学家，教育是他广泛研究兴趣中的领域之一。作为一名将社会科学的概念、方法不断应用于教育领域的研究者，"布尔迪厄最受教育家们称道的贡献是，他清晰地论述了受过教育的社会群体（职业群体或阶级）如何把文化资本用作一种社会策略来保持或增强自己的社会地位和尊严"。② 布尔迪厄的文化再生产理论带有强烈的认识论色彩，为人们研究社会再生产与教育之间的关系提供了一种重要的方法，引导人们对教育问题进行各种形式的周密考察。

---

① Henry A. Giroux, *Theory and Resistance in Education: Towards a Pedagogy for the Opposition*, MA: Bergin and Garvey, 1983, p. 86.
② ［英］乔伊·帕尔默主编：《教育究竟是什么？100位思想家论教育》，任钟印等译，北京大学出版社2008年版，第604页。

吉鲁认为，布尔迪厄分析文化再生产在学校中运行方式的核心概念是文化资本和惯习。文化资本有以下三种存在形式，由培育而形成的倾向并通过社会化加以内化，构成了欣赏与理解的框架；书籍、艺术品等客观化形式的存在，这些文化资本对人类提出了专门的文化能力要求；以教育文凭制度等机构化形式的存在。[①] 基于此，布尔迪厄从主体与统治结构之间的辩证关系出发，对文化再生产理论进行了分析。布尔迪厄试图通过分析学校知识、主导文化以及个人传记的关系来联系结构概念和主体选择，进而分析"文化"在其中的作用。

在布尔迪厄看来，文化作用的发挥来自对权力的运用。人们为了拥有合法化的符号权力，在权力与场域的竞技场中，展开对文化资本、经济资本和社会资本等各种资本的激烈角逐。布尔迪厄指出，教育、文化与社会不平等存在着彼此制约的关系。当代社会中，教育系统是掌控社会阶层和社会特权的主要机构，学校是生产、积累、消费文化资本的基本机构，它通过反复的强调巩固了居于统治地位的分类系统，使符号权力得以表达并形成。在继承、储存文化遗产的过程中，将人们的意识、行为社会化以适应特定的文化传统。

布尔迪厄认为，在阶级再生产的过程中，教育是一支重要的社会政治力量，学校扮演了文化利益"公正传递者"的角色。事实上，学校为处于优势地位的人再生产了"文化资本"，打着公正客观的旗号促进了实质性的不平等，学校的教学方式、思维方法、所授内容无不反映了统治阶级的文化色彩。布尔迪厄强调，学校与社会的政治、经济系统并不存在直接的对应关系，政治、经济等力量只是间接地影响学校的运行。作为具有相对自主性的场所，学校以文化为中介再生产包括阶级、种族关系在内的各种社会关系。也就是说，统治阶级的文化是通过学校教育实现再生产的。统治阶级在拒斥其他阶级文化的

---

① ［美］戴维·斯沃茨：《文化与权力：布尔迪厄的社会学》，陶东风译，上海译文出版社2012年版，第89页。

基础上维护自身的合理性，使本阶级的文化得以传递并强化。

在布尔迪厄看来，学校在肯定统治阶级文化的同时拒斥其他群体的文化。文化资本这一概念有助于加深人们对上述现象的理解，一个家族遗传给后代的人格特征、思想方式、脾气秉性等是最有价值的文化资本，它赋予了个体特定的社会价值和地位。[①] 文化再生产理论的价值主要在于从政治学的角度对文化进行了审视，从潜意识心理学的概念对被压迫者为什么会参与压迫进行了分析，同时对支配文化在学校的再生产方式进行了探究。

布尔迪厄的惯习概念经历了由注重规范、认知到注重行为、实践的转变，具有倾向性和结构化的特点。惯习是社会的客观性与个体的主体性相互渗透、相互影响的现实，是一种被内化的、引导行为产生的主导性倾向。它在特定的社会背景结构中进行运作，是实践与理论、再生产与创新性行为的交织与互动。布尔迪厄基于惯习的概念，从惯习的社会化和身体化两个方面探究了行为和结构之间的关系，试图在惯习、不同阶级意向和制度之间的辩证关系中形成有关学习和统治的理论。他对统治阶级的社会实践方式进行了分析，揭示了知识是政治权力的"度量衡"这一现实，知识体现了现有的政治利益并将其合法化。统治力量通过惯习进入个体的经验，形塑个体的性格并在日后的工作中得到固化。

布尔迪厄认为，即使是通过间接的方式，学校的招生录取、教学导向、发展轨迹在很大程度上都依赖于阶级的划分，教育仍然是特权者成功、不幸者失败的助力源。由于教育对"社会"的再生产，统治阶级、中产阶级通过资本的维护和增加继续保持或改进自己的地位。他坚持认为，学校体现了极为明显的权力关系而非中性立场，在维持、强化权力关系时发挥了复杂的作用。布尔迪厄拓展了人们认识

---

① Henry A. Giroux, "Theories of Reproduction and Resistance in the New Sociology of Education: A Critical Analysis", *Harvard Educational Review*, Vol. 53, No. 3, 1983, pp. 257–293.

教育与社会关系的视野,进一步强调了意识形态在教育统治中的意义所在。经济再生产理论看到了教育在维护社会关系中的作用,却因囿于"经济性"而使其观点和视野有所局限。文化再生产理论关注的也是资本主义社会的复制和再生产,但它关注的焦点是如何通过文化的生产与合理化来实现社会控制。

在吉鲁看来,布尔迪厄的著作是非常有意义的。他提供了一种理论模式,这种模式有助于人们理解教育和社会控制中被忽略的某些方面。突出了主体作为学习和社会控制目标的重要性,拓展了人们分析隐性课程的维度,形成了一种强调历史学、社会学和心理学的文化再生产理论。① 布尔迪厄所做的研究使人们注意到学校课程的意识形态性,为研究统治与学校教育的关系提供了理论参考。他也使人们注意到文化与权力之间的密切关系,并据此分析了霸权课程在学校中发挥作用的方式。他的观点表明了,文化资本与权力、阶级之间的联系既取决于学校课程的结构和评价,也取决于被压迫者自己的意向。

吉鲁进一步指出,布尔迪厄在上述几方面做出的努力在一定程度上超越了自由主义和功能主义的论述。但是,显而易见,布尔迪厄将权力和操纵的概念单维化了,导致他没有意识到批判性思维的力量。他对文化、意识形态的论述也是单维性、非辩证的,忽视了工人阶级文化生产与文化再生产的关系,将主导文化的价值、意义排除在斗争之外。在简化意识形态概念的同时,将操纵、抵制的活跃性也排除了,没有形成一种能够证明抵制具有积极作用的辩证意识形态理论。他把学校与家庭联系起来,却没有注意到不同年龄、性别、种族之间产生矛盾的方式。② 此外,布尔迪厄也没有看到学校具有创造性的一面。

---

① Henry A. Giroux, "Theories of Reproduction and Resistance in the New Sociology of Education: A Critical Analysis", *Harvard Educational Review*, Vol. 53, No. 3, 1983, pp. 257–293.

② Henry A. Giroux, *Theory and Resistance in Education: Towards a Pedagogy for the Opposition*, MA: Bergin and Garvey, 1983, pp. 89–96.

吉鲁对布尔迪厄的研究提出了批评,认为布尔迪厄有关权力与统治的概念具有机械性,对人的能动性分析带有决定论的色彩。他未能将统治概念与经济力量的物质性联系起来,对经济系统控制工人阶级学生的具体方式没有提出明确的见解。① 吉鲁认为,这使得布尔迪厄的阶级和资本概念陷入静止的范畴,阶级的对立性、资本的动态性都没有得到应有的重视。尽管布尔迪厄运用大量事例分析了文化竞争的种种机制和过程,但他将统治的影响归结于某种单一的力量,忽视了统治者的统治方式,没有对分层理论进行深入探究,这就使得他的观点缺乏明确的政治、政策意蕴。

吉鲁认为,与经济再生产理论相比,布尔迪厄对文化的分析与考察要优先于对经济因素的分析与考察,其进步之处就在于它摆脱了经济调节的单一视野,看到了文化调节的重要性。他从不同的视野弥补了经济再生产理论的缺陷,但同时也陷入了"只见文化、不见其余"的另一种偏执,忽视了学校教育与经济之间的依存关系,忽视了再生产过程中经济因素对符号的影响,也没有明确提出关于国家理论的观点。布尔迪厄对统治阶级的统治和与之相适应的文化实践具有一种片面性的强调,其再生产理论没有为被统治阶级和从属群体在学习、工作和生活方面的改变提供希望,这就使得他的观点失去了作为激进教育学理论基础的依据。②

相对于布尔迪厄研究文化的政治学视角,伯恩斯坦对社会控制准则在学校及其他社会机构信息结构中的编码方式进行了说明,围绕教育结构如何影响学生的个性和经验展开了研究。伯恩斯坦关于文化再生产的论述在于他对文化传递理论的阐释,他认为一个社会选择、传递知识的方式,既反映了权力的分配,也反映了社会控制的权力和原

---

① 杨昌勇:《新教育社会学:连续与断裂的学术历程》,中国社会科学出版社2004年版,第151页。

② Henry A. Giroux, "Theories of Reproduction and Resistance in the New Sociology of Education: A Critical Analysis", *Harvard Educational Review*, Vol. 53, No. 3, 1983, pp. 257 – 293.

则。伯恩斯坦的文化再生产理论特别关注语言的问题，使之在教育话语的分析上达到了一定的深度。他分析了社会控制原则的编码，使人们对学校的知识、课堂社会关系和组织结构的特征进行了意义上的符号理解。伯恩斯坦最明显的缺陷就是他忽视了作为不同主体师生的生活经历，忽视了他们作为不同个体所赋予编码的意义。与此同时，学校文化涉及的内容、意义的产生都没有进入他的研究视野，导致了其意识概念、人类行动概念的单一性和不完整性，他也没有看到国家和大公司是如何利用意识形态和文化材料对学校的政策制定和课程设置施加影响的。

吉鲁指出，布尔迪厄和伯恩斯坦的缺陷在于，他们没有充分重视意识形态、霸权主义和抵制理论。他们对资本主义社会和文化再生产确定性的强调是片面的，在消除唯意识斗争的同时也消除了社会变革的一切希望。① 吉鲁认为，尽管布尔迪厄、伯恩斯坦都对文化再生产的形式和内容进行了卓有成效的分析。但是，他们没有看到文化既是一种结构过程，也是一种改造的过程。他们在把学校视为再生产统治阶级文化与意识形态机构的同时，却未能看到这种统治与控制存在于学校教育之中，也充满着矛盾、冲突和斗争。

无论是布尔迪厄，还是伯恩斯坦，都没有对权力的形成和运作方式给予充分的关注。吉鲁反对鲍尔斯、金蒂斯和布尔迪厄再生产理论的原因在于，他们关于社会通过教育再生产的观点是机械的，同时忽视了打破再生产循环的可能性。② 主体性、抵制和反意识形态斗争的空场，明显削弱了他们理论的完整性，使观点的论述和分析变得极为有限。为此，吉鲁提出了"教育中呈现的是谁的文化这一问题"。对于吉鲁来说，他所倡导的激进教育或者说批判教育，是文化战略的一

---

① Henry A. Giroux, "Hegemony, Resistance, and the Paradox of Educational Reform", *Interchange*, Vol. 12, No. 2 – 3, 1981, pp. 3 – 26.

② ［英］乔伊·帕尔默主编：《教育究竟是什么？100 位思想家论教育》，任钟印等译，北京大学出版社 2008 年版，第 669 页。

种体现,是解放公民的一种行动,这种行动力争使被授权的学生和共同体摆脱不平等。

三 霸权再生产理论的批判

葛兰西霸权理论的核心在于强调政治、国家霸权的重要性,他认为仅从经济再生产、文化再生产的角度分析教育是有局限的。葛兰西的霸权具有以下两个方面的含义,一方面,它指统治阶级通过智力和道德的双重领导实现对统治者联合集团的控制;另一方面,国家通过对暴力与意识形态的双重利用,实现对社会关系的再生产。① 这说明,在葛兰西看来,从创造新文明、新文化的角度而言,国家实际上充当了一个"教育者"的角色。"教育者"通过国家霸权传递它的文化及意识形态,也就是说,阶级意识与政治教育是联系在一起的。从中可以看出,葛兰西的霸权具有浓厚的强制色彩,作为控制意识形态的方式,它既体现了意识的创造性,又突出了知识生产与政治的密切联系。

国家如何发挥作用是葛兰西关注的基本问题。葛兰西认为,资产阶级国家行使的霸权是暴力和同意的结合。暴力与同意的结合是资产阶级行使霸权的主渠道,在由政治社会和市民社会组成的国家中,前者主要以暴力为手段,后者主要以同意为手段。同意实际上就是统治阶级操纵、控制意识形态和文化影响的结果,学校教育在其中发挥了重要作用。葛兰西声称,具有统治地位的文化或权威性的意识形态是支配社会权力系统的一个重要维度。从强制和共识的角度来看,知识分子在霸权形成的过程中发挥了组织作用。

在葛兰西看来,资产阶级要想巩固自己的统治地位,就需要有组织观念的知识分子。这些知识分子提出的世界观、价值观强化并形成

---

① 乐先莲:《当代西方教育与国家关系——基于国家利益观视角的思想研究》,教育科学出版社2011年版,第137页。

了资产阶级的霸权地位。他指出，每一种霸权关系都是一种教育关系，一个统治群体要想认真对待并认识从属群体的利益和价值，就要对从属群体进行政治和教育的斗争，以征得这一群体的同意。而学校的存在，有效地填补了大众和统治阶级之间的差距。从这个意义上来看，文化霸权对社会的支配作用甚至超过了物质生产。

霸权再生产理论指出了国家对学校教育的文化和意识形态的控制方式，国家以其思想上的压制性，左右着学校对统治阶级文化及教育实践的回应。葛兰西试图用霸权的概念代替统治的概念，按照葛兰西对霸权的理解，开展维持资本主义社会关系的课堂实践是学校霸权主义的体现。霸权既是一种政治过程，也是一种教育过程。既是一个连续的过程，也是一个充满疑问的过程。相对于前两种再生产模式来说，这一理论模式从文化、意识形态的角度阐释了国家对学校教育的控制，在指明国家对教育具有决定性作用的同时，却忽视了它们的相对独立性。如果说葛兰西拉开了强调文化霸权重要性的序幕，布尔迪厄则强化了这一观点，他提出了旧的葛兰西路线，认为学校教育是为占据权势的知识分子创造文化资本的机构。

在葛兰西教育思想的论述中，出现了一种特别令人费解的"二律背反"现象，那就是，一方面，他认为所谓的儿童教育只不过是对纪律的服从、对客观事实的练习；另一方面，却又着意刻画师生作为学习者以反思性、批判性思维勇于探索真理，参与社会变革的教育局面。在葛兰西看来，师生关系是相对而言的，教师也总是作为一个学习者而存在的，教师与学生的角色是相互转换的。

葛兰西对自然科学知识与人文知识的分野，对事实和知识自身严密性的关注，只有在将价值与事实、学习与理解、感情与理智分离开来的教育批判中才能行得通。对葛兰西来说，激进教育并不赞成纯粹的事实性，它不是一直强调事实和人需要的直接性，而是注重教育的形成性和启发性，这一观点即使对今天教育的发展也极具启发和借鉴意义。

葛兰西关于教育论述非常重要的观点是，转化主流文化，应首先对其进行批判性理解。转化不是用全新的和业已系统的东西来阐述现存文化，而是转化与现有意识形态因素重新阐释的结合。文化工业以霸权的形式复制自身，而当文化被工业化的时候，就会剥夺人们对批判性术语的使用，降低人们参与有意义的社会活动的能力。

在吉鲁看来，这种行为已经导致了公共话语的失真，即仅仅从技术的维度来分析"事实"与"问题解决方案"，使得事实、问题与其产生的社会、历史背景相分离，无法看到隐于其中的政治因素。这既降低了人们思想的独立性，又削弱了公众运用理性思考问题的自觉性。

在葛兰西有关教育的分析中，也特别注重实践的概念。他认为，实践哲学是人们对以往哲学、文化和日常生活进行批判的结果，而不是理论家单纯思辨的产物。吉鲁认为，对葛兰西著作的解读应充分结合他的世界观。葛兰西是马克思主义社会理论中极具影响力的思想家之一，但人们并没有对其著作的意义和重要性达成比较一致的意见。更糟糕的是，他成了一些陈腐观点的保护伞。吉鲁认为，葛兰西的著作发展了马克思主义关于国家和资本主义的假设。虽然葛兰西的狱中札记是在法西斯主义的恐怖氛围下写就的，但并不能否认其见解的丰富性与洞察力。对葛兰西而言，任何有关国家的讨论都必须从统治阶级霸权和阶级关系的现实出发，霸权就是武力与服从的结合体。① 葛兰西对国家理论的分析，为人们在政治范围内理解社会和文化再生产的功能提供了理论方面的依据，使人们开始注意国家机构、意识形态等力量对教育的主导作用。

吉鲁指出，对葛兰西提出的霸权理论，应从政治的过程、教育的过程两个方面进行阐释。吉鲁摒弃了学校作为社会再生产的概念，他

---

① Henry A. Giroux, "Theories of Reproduction and Resistance in the New Sociology of Education: A Critical Analysis", *Harvard Educational Review*, Vol. 53, No. 3, 1983, pp. 257–293.

特别强调学校作为文化再生产场所的功能，突出学校教育中不同政治、经济及意识形态的利益，并对其做出全面的理论解释。吉鲁认为，葛兰西的霸权概念比阶级更具包容性，无论是代表统治者还是其他社会团体，行使权力的这一行为都不能仅仅用阶级统治来说明。也就是说，霸权形式和斗争的多样性不能被简单地归属于阶级斗争的逻辑。同为霸权再生产理论的代表人物阿普尔也指出，资本占有者等上层阶级力争使自己的文化为其他阶级所接受，这种文化是一种以"意识形态"为核心的霸权。

在吉鲁看来，从葛兰西以及法兰克福学派的著作中，能够得出比主流社会科学家更为有效和丰富的观点。吉鲁指出，对于葛兰西所提出的霸权，从政治方面来看，学生反对、抵制学校规章只是表面现象，这些行为产生的深层次原因在于种族、性别歧视等"意识形态霸权"的存在。于是，作为产生较多"霸权行为"的社会场所，学校就成为学生对抗性行为频频爆发的所在地。实际上，学生这些行为的矛头指向是在社会中占支配地位的意识形态，而不是学校。

吉鲁明确指出，霸权再生产理论也存在着不足。一方面，葛兰西的国家理论聚焦于结构，形成了一种指向矛盾和斗争的分析模式，对主体在日常生活和社会关系中的斗争方式没有给予充分的重视，在抵制过程中忽视了人的能动性；另一方面，他没有对具有内在发展逻辑的文化领域进行深入分析，忽略了文化的相对独立性及其重要作用。①这说明葛兰西对文化的分析顾此失彼，缺乏辩证的视角。他看到了文化对从属阶级的统治，却没有重视受压迫群体对已有文化的抵制。

吉鲁认为，葛兰西有关教育的论述具有较强的理论性和抽象性，一定程度上也受限于碎片化语言和多变性视角的影响。要想科学分析葛兰西的教育思想，就必须回归思想的语境化，将其观点纳入霸权知

---

① Henry A. Giroux, "Theories of Reproduction and Resistance in the New Sociology of Education: A Critical Analysis", *Harvard Educational Review*, Vol. 53, No. 3, 1983, pp. 257-293.

识分子和"立场之战"的整体框架中。以葛兰西关于学校教育的问题框架、激进的社会变革目标以及他所关注的问题与建议作为评价其著述的出发点，或许才能真正地领会他的教育思想。

第二节　抵制理论的核心

再生产理论强调学校教育与社会的一致性、顺应性，其缺陷就在于观点过于认知化。尽管它们指出了学校中的冲突与矛盾，却没有对冲突与矛盾的深层次因素进行分析。吉鲁进一步指出，批判再生产理论的目的在于，通过批判从再生产理论中凝练出更为可行的激进教学法，从而弥补它们所忽略的观念和缺点。[①] 吉鲁认为，再生产理论为霸权主义逻辑提供了支持，如果一种批判理论不能清晰地阐明两者之间的关系，那么就需要对理论自身展开批判。而抵制则注重学校教育与社会的矛盾性、反抗性，认为处于从属状态、被支配地位的阶级具有抵制和自我创造的能力。因此，需要在更广阔的社会文化背景中考察抵制行为的性质。也就是说，只有基于历史的观点，才能更深刻地理解不同阶级关于学校具体问题的分歧与矛盾。

相对于再生产理论从人的"被动性"去看待统治阶级与教育的关系，抵制理论则突出了人的主动性，认为学校既是意识形态、社会结构发生冲突、斗争的所在，也是学生开展抵制行为的地点。学校因多元文化和诸多矛盾关系的影响，在生产统治阶级文化和意识形态的同时，也生产出与之相对立的文化和意识形态。抵制理论在看到学校被统治阶级控制的同时，也在努力寻找学校能够保障自由和政治权利的途径。

一　政治本质的目的观

吉鲁的"抵制"理论以学校中的文化冲突、意识形态斗争为核

[①] Henry A. Giroux, "Hegemony, Resistance, and the Paradox of Educational Reform", *Interchange*, Vol. 12, No. 2-3, 1981, pp. 3-26.

心，试图通过对被统治阶级的赋权，增强他们的反抗意识和斗争能力。抵制理论突出作为主体的人在推动社会发展中的能动性、主动性，弥补了经济、文化、霸权再生产理论对人的忽视，突破了再生产理论所坚持的学校与统治机构之间的对应关系。就此而言，抵制具有两个方面的含义：一是以反霸权集团的角色出现，二是体现了社会运动与公共领域的活跃与复兴。

抵制不单是对社会和文化再生产程式化的反对，更重要的是，它意味着对主体性的规定方式、主体性对伦理和政治规则的建构等问题的思考。当抵制成为一种联合的、有目的的行为时，它才能够发挥其政治影响。伊格尔顿的"政治"意指人们自己组织社会生活的方式及其所关涉的种种权力关系，其社会理论高度关注民主性的公共领域和批判伦理学，成为激进教育哲学更具批判性和广泛性的基础。伊格尔顿认为，不是权力和统治，而是理性与合理性成为隐藏并肯定不平等制度的意识形态。大学及知识分子不再生产解放性的、与更广泛社会有积极政治联系的社会批评形式。相反，批评要么表现为驯服，要么是准备为政府辩护，要么是堕落为马克思主义理论研究的神秘形式。所以，在伊格尔顿看来，大学作为公共领域是失败的。

而吉鲁却坚信，公共学校和大学具有无法估量的价值和意义，工作于其中的知识分子提出的洞见极其重要且具有超越性。当大学已不再鼓励道德领导和社会批评的话语之时，就要重新发挥大学作为公共领域的作用，重构一种文化政治。大学的知识分子要想在文化政治领域中发挥积极的反霸权作用，就不能以孤立的个体形式战斗，而应该获得群体的支持。知识分子还应将自身工作的政治本质置于首要地位，与更为广泛的政治文化事业相联系，成为社会运动的组成部分。知识分子要形成致力于解放性社会变革的历史集团，将社会制度纳入更广泛的政治和教育斗争中，将批判性语言、可能性语言相结合以形成政治方案，分析各种斗争形式并投入其中。

拉克劳与墨菲以"霸权"作为核心概念，决然地摒弃了马克思主义的主要话语，并对其传统进行了批判性解构，使马克思主义在现代性与后现代性的张力与冲突之间得到了丰富和发展。他们认为社会是遵循话语规则所形成的动态性、差异性系统，社会领域与社会政治认同不是封闭性结构的终极体，而是一种具有开放性、偶然性的过程。

拉克劳与墨菲强调政治的自由特性，试图通过"亲社反资"的政治运动来实现他们的社会主义理想。这需要通过自由民主的话语促进激进政治的开展，比如权力、霸权等概念，从而为个体、团体提供了一种表达、捍卫政治需求的语言。至此，拉克劳与墨菲已经表明了他们的政治立场，那就是激进政治需要文化政治这一形式，需要具有认同性的话语作为开展民主运动的前提条件，同时，还必须走出狭隘生产主义逻辑的囹圄。

英国马克思主义思想家佩里·安德森则认为，彻底地粉碎因果观念，将社会和历史的确定性、因果性取而代之为开放性、偶然性和不确定性，已经成为一种倾向。安德森的这一批判也适用于拉克劳和墨菲，尽管他们力争建立一种新的后现代政治理论和实践，也在不同团体中产生了一定的反响，但却没有对建立联盟的方式、依据、形式等问题展开进一步的分析。

后现代政治学说立足于差异政治与认同政治两个基本点，对处于边缘化的群体和个人产生了强有力的吸引。前者试图从种族、性别等被现代政治忽略的地方出发，着重强调个人与团体之间的重大差别，并以此建立新的政治团体。后者试图通过更加人道、公正的社会斗争，从政治斗争、政治信仰出发增进文化和政治认同，形成团结的局面。如果说拉克劳与墨菲将后现代哲学作为实现激进政治目标的必备工具，那么吉鲁则将两者都"据为己有"。吉鲁指出，阶级和文化相结合的文化政治学是抵制理论研究的主要手段。"这种政治学的中心是对仪式、语言和组成被压迫阶级文化的意义系统的符号学解读。通过这种解读，可以分析文化领域中的反霸权主义因素是什么以及这些因素是怎样被浸入统治阶级文化继而被剥夺政治可能性的。"① 后现代政治学说引发了吉鲁将教育视为一种文化政治活动的思考，在他看来，政治对于构建一种激进的批判教育来说是不可或缺的。

在吉鲁看来，人们应该关注教育，特别是高等教育与政治的关系。吉鲁在广泛的政治框架中确立了他思考、阐释教育问题的原则，倡导人们树立将教育作为文化生产形式的观念，并以这种观念阐释知识是如何在学校内外的权力关系中得以传承、生产和创造的。他抓住了抵制理论发展的关键点，倾情投入种族、阶级、性别、文化等问题的研究中去，在构建激进民主社会的旗帜下致力于教育的变革。

吉鲁有关抵制问题的思考主要是围绕人的主体性进行的，处于社会之中的主体具有极其丰富的多样性和动态性，这使得其构成变得更为复杂。在这样一个过程中，抵制主体的多元性组成、工人阶级传统优势地位的动摇、历史的不确定性以及政治的演变为抵制的存在提供了可能性空间，也使得任何保证不再具有唯一的确定性。

吉鲁指出，如果人们将平等、权力视为激进民主政治的应有之义，那么，对政治的思考就必须摆脱自由主义、形式主义的控制。因此，吉鲁强调，"如果不严肃看待政治的教育本性，所有呼吁左派重新恢复活力以便成为美国政治中的一支重要力量的尝试都将陷入失败的泥沼"。② 人们需要在认真思考社会问题的基础上，为民主政治的复兴、权力的合理运用创造条件。吉鲁认为，"对抗行为产生在矛盾的话语和价值中。支持某种既定反抗行为的逻辑，一方面可以和具体阶级、性别、种族和利益相关联，另一方面也可能表达了统治阶级在这种行为中的压制要素"。③ 在吉鲁看来，尽管新马克思主义关于抵

---

① Henry A. Giroux, "Hegemony, Resistance, and the Paradox of Educational Reform", *Interchange*, Vol. 12, No. 2 – 3, 1981, pp. 3 – 26.

② ［美］亨利·A. 吉鲁：《奥威尔式噩梦及新自由专制主义之外》，吴万伟译，http：//www.counterpunch.org，2014年12月13日。

③ Henry A. Giroux, Stanley Aronowitz, *Education Under Siege: The Conservative, Liberal, and Radical Debate Over Schooling*, London: Routledge, 1986, pp. 101 – 102.

制的研究极力主张担当解放的重任，在事实上却加剧了种族主义、性别主义在实践和理论两个方面的再生产。因此，吉鲁提倡声音政治学、差异政治学以及文化的多元化，重视改善弱势群体、边缘群体的受教育状况，将对差异的关注与创建新型、民主的政治和教育结合起来。

二　抵制行为的权力观

抵制理论认为学校在生产反映社会统治阶级利益文化价值和意识形态的同时，也生产与此相对立的文化价值和意识形态。这一观点主张将人的能动作用放到首要位置，将改革受教育者的心灵结构作为改变教育压抑性质的起点和终点，极力反对把人归结为受制于客体的决定论倾向。抵制既可能是主动意义上的，也可能是被动意义上的。显然，吉鲁强调的是积极主动的抵制行为。"自然曾经创造我们，使我们屈居于动物之下，以更加颂扬教育的一切奇迹。唯有教育才把我们提高到这个水平，并最终把我们置于动物之上。"① 吉鲁以法兰克福学派的批判理论为基础，对再生产理论和他人的抵制理论进行了批判，提出了他自己的抵制理论。

吉鲁认为，"现有再生产理论中有严重的缺陷，其中最重要的缺陷是对假设批评结构的拒绝，这种结构论证了存在于学校内外的反霸权斗争的理论和实践意义"。② 再生产理论家们在强调社会结构决定作用的同时，却忽视了教师、学生为创造、再生产生存条件所起的作用。尽管经济再生产理论对经济、政治的意识形态与利益在学校中的重构进行了分析，却没有进一步指出不同利益的产生、调节和控制方式，对其缺乏一种全面、整体的理解。为此，吉鲁等抵制理论家们力图证明，有关社会、文化的再生产机制根本不可能得到彻底实现，因

---

① ［德］M. 兰德曼：《哲学人类学》，阎嘉译，贵州人民出版社2006年版，第165页。
② Henry A. Giroux, "Hegemony, Resistance, and the Paradox of Educational Reform", Interchange, Vol. 12, No. 2 – 3, 1981, pp. 3 – 26.

为有对立因素的抵制。所以，当再生产理论家们关注统治阶级的权力和文化如何确保下层阶级和集团的服从时，抵制理论家们关注的是如何赋予下层阶级和集团以权力，从而实现自我创造。如果说再生产理论拒绝讨论斗争和意识问题，而抵制理论却以此作为研究学校和资本主义社会关系的开端。在抵制理论家看来，工人阶级的自我发展不仅与抵制行动本身有关，也与其政治觉悟和抵制发生的可能性空间有关。

早期的抵制理论在研究取向与风格上受到了伯明翰文化研究中心的影响，例如，相对于再生产理论，威利斯的抵制亚文化重视了人的主观能动性。但是，他把学生分为"乖孩子"和"烈德族"这两类群体，存在着简单化的倾向。① 吉鲁对以往的抵制理论提出了批评，他认为，以往的激进教育家并没有对"抵制"进行准确的界定，在使用上存在着不规范现象。在吉鲁看来，原有的抵制理论并没有看到抵制行为中那些更深层次、更本质的东西。特别是，他们没有对解放的可行性、抵制的批判性做出适切的说明，这就使得他们的理论在教育的发展历程中缺少了一种激进色彩。

在吉鲁看来，一场反社会国家的战争已经开始，战争造就了驯服的文化、沉默的知识分子和被动的消费者。企业开始反对社会，社会开始压制批判性的教育。更具有讽刺意味的是，反对社会国家与民主的战争在某种意义上开始与反对批判性教育的战争"携手并进"。"高等教育正逐渐成为企业力量和文化的核心因素，被剥夺了作为对民主化理想起关键作用的民主社会的公共空间功能。"② 高等教育成为生产标准化产品的流水线，教师成为企业家，学生成为消费者。尽管教育面临各种各样的阻力，但一个国家的青年必须接受教育，因为

---

① 杨昌勇：《新教育社会学：连续与断裂的学术历程》，中国社会科学出版社2004年版，第140、158页。

② ［美］亨利·吉鲁：《新自由主义政治学的失败：年轻人和高等教育的危机》，吴万伟译，《复旦教育论坛》2011年第5期。

教育既是发挥个人能动性的前提条件，也是使民主永久存在的坚实基础。

作为吉鲁批判教育哲学思想的基点，抵制理论不仅突破了对社会、文化再生产的程式化模式，同时也意味着对主体性的重构。在吉鲁看来，"抵制理论是具有高度理论差别的、有用的理论工具，运用这种工具，我们能理解权力的结构并打破这一结构，发展一个新的民主的身份、关系、机构形式和斗争模式"。① 抵制是发展新的民主教育实践的动力，新的教育实践意味着尊严，意味着对不公正权力的反抗。

从政治的视角来看，知识与权力之间的复杂关系使种族优劣的理论成为对其他种族及知识进行剥削、压迫的合理性依据。相对于被支配群体来说，支配群体也有自己的"抵制"行为。他们会对被支配群体的"侵入行为"进行抵制，以避免其行为威胁到代表自身利益的政治、经济机构的现有存在。而对于被支配群体来说，即使选择了支配群体、统治阶级的知识，也只是一种单边行为，他们并没有真正建立起属于自己的权力基地，也没有因为接受占支配地位的知识而拥有进入权力王国的通行证。

吉鲁认为，以往的抵制理论都服务于资本主义社会的现行统治，而对激进教育来说，必须明确回答抵制到底意味着什么，通过限制或者鼓励某些形式的抵制，充分发挥抵制作为政治策略的潜力。在抵制理论的视域下，学校是通过斗争赢得胜利的场所，通过反对操纵性教育深刻认识教育的政治本质和权力的内涵。在这里，教学法成为激进民主概念的核心，教育成为政治的核心。教育让人们学会如何管理而不是被人管理，进而以一种积极行动的集体意识去创造开放性的未来。

---

① Henry A. Giroux, *Theory and Resistance in Education: Towards a Pedagogy for the Opposition*, MA: Bergin and Garvey, 1983, XXV.

在阿普尔看来："不公平与权力的再生产不仅同进入教育的条件和不公平分配的经济资本有关系，而且还与学校的文化资本以及学校中教授谁的知识有关系。"①"谁的知识的问题、谁来选择知识的问题以及如何证明其合理性的问题——这些都是权力的问题，而不是可有可无的附属品。"②伯恩斯坦则认为，居于统治地位的阶级通过"符码权力"实现对劳工阶级的控制。伯恩斯坦从社会语言学的视角出发，分析了知识、权力与社会统治的关系。在他看来，知识是具体社会形态的产物，它的形成受所在社会、文化以及历史发展的影响。在一个特定的社会中，对知识的选择、传递与评价反映了人们对所处社会的控制原则以及权力分配的思考。

吉鲁认为，阿普尔、伯恩斯坦等人的观点具有机械性，缺乏对文化政治的关注。吉鲁认为，权力一词含义丰富，类型多样。它形塑着社会、经济、政治、文化等因素，它既可能是个人魅力的展现，也可能代表着阶级、军事、企业甚至技术的力量。权力还具有系统性，它不仅意味着教育的实施，也意味着政治的抵制；它不仅意味着理论批判，也意味着实际行动，在承认危机的同时积极开展自由的实践。

权力的创造需要重视学生的文化表现，允许学生进行批判与自我批判。同时，教师也要意识到自身观点的偏颇。真正的权力不是一种简单的线性位移，而是通过授权或者是在一致性拥护的前提下来维持的。只有在"自由转变为权威"的情况下，权威才能避免与自由发生冲突。

权力存在的普遍性导致它必然与冲突、斗争无法脱离干系，"哪里有权力关系，哪里就可能会有抵制。我们可以永远不落入权力的圈

---

① [美]迈克尔·阿普尔：《国家与知识政治》，黄忠敬等译，华东师范大学出版社2007年版，第122页。
② [美]迈克尔·阿普尔：《国家与知识政治》，黄忠敬等译，华东师范大学出版社2007年版，第5页。

套，我们总是能够在确定的条件下依照某种精确的策略减少它的控制"。① 在抵制的过程中，教育是以一种极其复杂的方式发挥作用的，或者体现为否定的力量或者体现为肯定的力量。在这两种力量的交错中，形成了教育孕育个性的条件。学生的抵制行为源于不同文化价值、意识形态的矛盾与对立，特别是在高等教育中，主体性到底是如何被规定的，学生主体性地位得以发挥的具体表现何在，处于日常生活的边缘经验如何有助于形成反抗和改造意识等问题，理应成为批判教育关注的重点。

第三节　抵制理论视野下教育的省思维度

基于抵制理论，吉鲁对教育内涵的再阐释给予了人们看待教育的新视角，他不仅从文化维度来看待教育，也从政治维度来看待教育，为教育哲学注入了新鲜的理论养分，成为他发展批判教育哲学的奠基之笔。教育哲学的创造意味着对经典文本的解读，但并不是将知识固化。作为文化生产的一种活动，教育是生产符号的主导形式之一，它以一种充满无限可能性的语言，重新思考教育理论与教育实践的关系。正如吉鲁所言，通过对文本的解读，教育研究者能够从中发现与自己研究工作的关联性，从而与文本作者进行交流，共同关注并解决教育中存在的问题。

一　政治之维

吉鲁的抵制理论批判性地借鉴了经典马克思主义及再生产理论的部分观点，将学校视为斗争、抵制的场所，用以理解权力，反对操纵的教育观，明晰教育的政治本质。目的在于推动新的民主身份、关

---

① ［美］道格拉斯·凯尔纳、斯蒂文·贝斯特：《后现代理论——批判性的质疑》，张志斌译，中央编译出版社 2011 年版，第 62 页。

系、机构形式与斗争模式的形成,彰显教育的政治与文化之维,形成了认识教育的新视角。

在抵制理论的视域中,政治、教育、文化之间是彼此影响的关联性存在。"抵制必须转变为公共教育学的一部分,才会使定位明确的理论工作和反对企业权力的公共机构发挥作用,才能对连接课堂和街道的社会运动所面临的挑战发挥作用,并且为解决课堂上的人身伤害和个人恐吓等问题提供斗争空间。"① 吉鲁对政治有着异乎寻常的热情与关注,在他看来,政治不仅影响着经济、教育等活动,更重要的是,它还包含了精神产品生产的手段。可以说,"政治"是贯穿其批判教育哲学思想的一条主线。

从政治的维度审视教育,并不为德国的批判教育学家所独有,同样也是美国的批判教育学家予以关注的问题,这与他们都以经典马克思主义、法兰克福学派的批判思想作为理论基础不无关系。无论是吉鲁对现有教育弊端的种种批判,还是他对差异的提倡、边界的重构都富有政治含义。当他试图改变教育中的种种不平等,试图消除人类社会中存在的种种苦难和剥削时,他所关注的中心问题除了道德以外,还有政治。吉鲁将教育视为政治的主要特征之一,认为教育必须走向政治的核心。而个体也只有通过教育,才能获得政治代理人所需的能力与知识。

教育必须积极面对统治的力量,打破居于统治地位的各种保守教育模式,同占据统治地位的种种文化及价值观进行斗争,将教育作为特定政治计划的一部分。也就是说,从政治的维度来看,实施激进的、解放的教育,仅仅进行知识、文化的变革是远远不够的,还必须有政治方面的变革。"政治对教育的影响是普遍的、深刻的,在多数

---

① Henry A. Giroux, "Public Pedagogy and the Politics of Resistance, Notes on a Critical Theory of Educational Struggle", *Educational Philosophy and Theory*, Vol. 35, No. 1, 2003, pp. 12–17.

情况下是决定性的。"① 在一个民主的社会中，政治和教育一样，都对理性的生活负有引导之责任，进行意识形态批判和社会批判是教育在政治方面的重要使命。在吉鲁看来，教育的政治功能是一种具有建设意义的功能，无论是教育的内容、过程还是结果，都必然与政治有相关性。

吉鲁认为，抵制是发现民主教育实践的动力，它有助于人们理解并凸显教育的政治本质，推动民主、平等社会的构建。在抵制理论的视野下，吉鲁对教育内涵进行了新的理解与阐释。之所以说吉鲁进行了新的阐释，是源于他将教育置于秩序、知识、权力、历史、自我认同以及斗争等诸多因素中去理解，特别是将政治与可能性语言、批判性语言相结合，纳入对教育的界定之中。

吉鲁强调教育的政治性，但反对将学校当作为政治提供服务的场所。在他看来，建构一种教育也就意味着建构一种政治想象力，应当重新定义文化政治以形成课堂教学与学生自己的声音。凸显教育的政治性，意味着教育应该确立具有解放意义的政治目的，学生不是被动接受知识的容器，而是敢于质疑知识，能够进行批判性交流的对话者，最终成为具有批判能力的行动者；意味着学校要走进政治领域，将反思与行动转化为社会事业的重要组成部分。为学生树立坚定的政治信念，使学生能够将语言与权力的关系置于学习的中心地位，开展具有文化政治建构意义的学习，从而拥有为政治、社会、经济等问题进行斗争的能力。

教育向学生提供知识、技能与思维，使受教育者以他们自己的方式去解读历史，去建构更为公正、民主的生活形式，从而深化政治的教育意义和教育的政治意义。这主要涉及以下两个方面的问题：其一，学生作为能动的主体，如何在特定的历史、文化和社会关系中进行自我建构；其二，凸显了政治的教育方面，即差异、文化不仅是作

---

① 马凤岐：《教育政治学》，人民教育出版社2002年版，第63页。

为政治范畴，还要作为教育实践被人们所接受。同时，教育工作者需要一种批判性、可能性的语言，重新获得一种选择的感觉。明确教师在生产意识形态和社会实践中所扮演的角色，以积极的态度参与语言的创造，为学生、听众和自身提供重新思考已有经验的空间。

在吉鲁看来，未来政治和教育任务的紧迫性，就是要将世界改造成一个公共空间。在这个空间里，个人作为积极的社会力量，不仅应该而且能够投入变革社会、实现社会公平的事业之中。吉鲁之所以在教育中如此强调政治的作用，也和政治本身的特点密不可分。政治拓展了人类行动的可能性，它并不局限于国家层面的议会、宪法选举等行为。作为一种具有竞争性的重要活动，政治如同女权主义者所强调的：它基本涉及人类经历的所有维度。"政治直接决定着教育资源在不同社会阶级、集团之间的分布，决定了一定社会中的教育机会和教育权利"。①

吉鲁认为自己是一位属于劳动阶层的激进美国人，在他的眼里，教师是一种非常崇高的职业，教学是一份极具挑战性的工作。作为一名教育者，他认为最重要的事情就是要让学生明白教育——这个研究领域是多么的关键。吉鲁针对教育领域提出了一系列问题，在新的时代背景下，这些问题不仅没有消除，而且在变化的社会环境中呈现出更为复杂的特点。如一个人怎样认识自我？怎样将知识与权力的问题联系起来？怎样认识教育的局限性？

吉鲁所关注的教育问题在中外都有共性的一面："他们是教育者，却日益感受到并不知道站在学生一边到底意味着什么，但又拼命想这么做。他们是教育者，然而，其在一套特定的社会关系中的矛盾性地位，导致经常提出什么算是教育这种无法令人释怀的问题。"② 这段话说明即使是作为教育者本人，他们也并不清楚自身的角色与使命，

---

① 成有信：《教育政治学》，江苏教育出版社1993年版，第101页。
② ［美］亨利·A. 吉鲁：《教师作为知识分子：迈向批判教育学》，朱红文译，教育科学出版社2008年版，第130页。

付出了很多精力与心血却事倍功半,依然找不到"教育本质是什么"的圆满答案。

吉鲁认为,只要有对知识的探索和再生产,就会有政治的参与。在他看来,"教育并不处于政治的边缘,它在政治的中心。如果我们不能在全球创造构成性文化,人们就不会被感动去进行批判性思考,去采取集体行动"。① 他试图将学校教育看作文化政治的一种形式,认为教育不仅是社会历史性的结构,也是一种政治和伦理实践。吉鲁深知,伦理学中的公平、正义等问题,从根本上关涉教育者的政治立场。教育不仅意味着教学实践,而且包括诸如文化政治认同这样的实践形式。教育不仅意味着教学场所,也代表着对支配性社会的具体对抗。作为文化政治的课程应注意教学的导向性,实现环境和自我的同时改变,通过批判性学习充分挖掘个体的潜力。

无论在大学内外,还是在公共生活与学术研究当中,吉鲁都充分展现了他的政治观。吉鲁认为,他的政治观点基于他作为教师、作者和公共知识分子的身份,他之所以关注政治这个问题,就是要形成并拓展复杂的公共批判领域和范畴,推动人们参与社会运动和政治行动以深化民主关系。② 吉鲁指出,批判教育家的重要任务之一就是将政治当作发展身份政治学、共同体和教育的有用资源,教师除了学术以外,必须对社会的不公正状况做出反应,建立共享的教学策略,形成具有亲和性的职业关系。学生也应该穿越意识形态与政治的边界,加深对所处环境的理解。

只有师生把握了时代的主题之后,才能以参与者而不是旁观者的身份介入现实。"文化工作的政治学维度则是通过叙述一种旨在激活能够最大限度地减少生活中压抑情绪的知识和理想的计划,创造了一

---

① Nevradakis, M., Henry Giroux, "On the Rise of Neoliberalism", *Humanity & Society*, Vol. 39, No. 4, 2015, pp. 449-455.

② [美]卡洛斯·阿尔伯托·托里斯:《教育、权力与个人经历:当代西方批判教育家访谈录》,原青林等译,山东教育出版社2013年版,第104页。

种全新公共领域的可能性。"① 为此，人们应树立教育作为政治斗争的观念，并以这种观念阐释知识在学校内外权力关系中生产、传递和抗拒的方式。在其抵制理论的视域中，学校既作为一个教育机构而存在，也作为政治和意识形态的机构而存在。

二 文化之维

文化是处于特定时空之中人们生活条件和生活方式的创造性反映，它通过语言等文字符号得以传递，影响着我们对生活和现实的理解，也是确立并维持社会等级的重要影响因素。"文化哲学有一些特性，它既代表一套文化意识，但它又被用来考察一些已有的文化现象。"② 从其关涉的内容来看，文化不仅包括信仰、传统，也包括价值和语言。文化是有记忆的生命集合体，是由理性与情感所构建的人文景观。

文化关系教育观念和教育内容的变革，对教育的重要性不言而喻。马克思和恩格斯对文化与教育之间的关系进行了如下阐释，教育是传递人类文化和文明的重要手段，不同社会有不同的教育和文化。教育依存于特定社会的文化，受统治阶级文化的制约。③ 这说明，文化体现了阶级的特征，身份是在文化遗传中逐渐形成的，并由人们所在的社会阶层来标识，但它并没有完全涵盖身份这一术语的所有含义，教师应认真审视学生的文化身份并在教育实践中给予充分的尊重。

在吉鲁看来，文化问题既是一种政治问题，也是一种伦理问题，既关涉教育，也关涉权力。在文化的维度下，人们不仅应重视对教育关系的建构，而且要关注教育关系的质量。文化存在的意义在于，它

---

① [美]亨利·A. 吉罗克斯：《跨越边界：文化工作者与教育政治学》，刘惠珍等译，华东师范大学出版社2002年版，第6页。
② 劳思光：《文化哲学讲演录》，香港中文大学出版社2002年版，第47页。
③ 郑金洲：《教育文化学》，人民教育出版社2000年版，第51—53页。

为教育工作者创造了挑战霸权主义意识形态的条件和语言,加深了批判教育家对文化的理解。

文化包括认知行为、态度等,在它被理论化以后,就成为大家共同遵循的具有主导性模式的实践。将文化视为分析日常生活的工具,有助于批判教育家审视主体和社会集团间的差异,为从文化生产形式的角度理解教育提供了基础。文化是一把"双刃剑",既可以为统治阶级服务,也可以为解放被压迫者服务。文化天然地与日常生活世界存在着不可分割的联系,文化的作用发挥如何,一方面取决于其本身先进与否,另一方面取决于特定群体对文化的传承和应用。由于日常生活世界自身的动态性、发展性,文化也必然以具有复杂性、异质性的形态表现出来。

吉鲁指出,雷蒙德·威廉斯曾提醒人们,文化研究与教育的关系有着源远流长的历史,而这在美国特别是在进步主义教育家那里,似乎已经被完全忽略了。[①] 吉鲁对文化研究的重视,并不是要重现其历史,而是要充分利用文化研究的批判性视角,利用其具有强烈伦理性和政治性的问题以及它的话语和实践去推动激进的批判教育和民主实践的开展。文化研究是教育改革和差异话语的重要组成部分,因为它为其提供了一种自我调节的理论话语,即批判性与可能性相结合的语言。这种话语解释了学科的具体旨趣、学科之间的关系、学科的形式及内容,通过抵制具体化、碎片化的知识,完成知识自身的批判。

20世纪60年代,文化研究在西方的英语世界中初露端倪,它是交叉学科、跨学科发展的结果,与关于种族、妇女的研究共同推动了文化政治学的形成。特别值得人们注意的是,文化研究者被他们自己以及其他人认为是支配性大学学科与价值建制的反对者。伯明翰当代

---

① [美]亨利·A. 吉罗克斯:《跨越边界:文化工作者与教育政治学》,刘惠珍等译,华东师范大学出版社2002年版,第201页。

文化研究中心的建立，成为文化研究发展的关键性事件。从文化研究的主题来看，在第一阶段，"伯明翰当代文化研究中心"主要集中于劳工、教育与文化机制，第二阶段则集中于劳工、亚文化、消费与观众，20世纪80年代后期则集中于性别、知识分子角色等方面，20世纪90年代则对美国的意识形态进行了批判。① 随着时代而变换研究主题，凸显了文化研究进行跨学科整合、开展政治实践的可能性。它致力于社会关系与意义的研究，将文化视为开展斗争、确立霸权的场所。

作为植根于批判理论的学术领域，文化研究的对象极为广泛，涉及社会生活、礼仪、媒体、流行文化、亚文化、意识形态、符号学等多个领域，从文化的角度来审视教育，有助于人们从多层次、多角度去分析教育领域中存在的问题。文化研究关注文化、语言及其变迁问题，它更多地表现为一种可能性，而不是固定性与不可还原性。故此，文化研究需要怀疑的眼光。从更为深层的意义而言，文化问题既是政治问题，也是伦理问题。在文化的视野下，意义的产生与情感的投入紧密相连。也因此，文化研究开拓了研究学校教育的一个新领域，即如何认识作为文化政治形式的学校教育，同时也提供了调节性和可能性的话语。

在吉鲁看来，文化研究对批判教育工作者的重要性在于，一是通过语言的意义性，为创造知识的新形式提供基础。二是将文化视为竞争、斗争、改造的场所，为批判教育家提供深入研究文化的机会。特别是从文化研究的视野出发，分析权力中心和权力边缘之间的关系。三是重新思考主体和社会中的差异问题。四是提供了将教育理解为文化生产形式的基础。文化研究为教育工作者和其他文化工作者提供了思考以下问题的契机：教师和学生对自身作为政治主体角色的认识，转变不合理之处，以充分显示其批判意识、公民勇气以及对自由和民

---

① 劳思光：《文化哲学讲演录》，香港中文大学出版社2002年版，第35页。

主的认同。

吉鲁认为，传统马克思主义没有认识到文化的政治本质，法兰克福学派尽管做到了这一点，却又以保守性的态度将高雅文化与大众文化相分离，贬低了劳工阶层的文化。在法兰克福学派看来，大众文化也是意识形态的一种表现，它为人们提供了宣泄情绪的渠道和出口。在新闻、电视、电影等一些大众化的娱乐形式中，人们得到了虚假的满足感。而在结构主义者看来，大众文化只不过是支配人们思想意识形态的工具而已。

威廉斯基于本国的社会和文化经验，在坚持对文化研究进行批判的同时，也将大众文化纳入政治视野内进行分析。"威廉斯对于文化领导权的研究具有双向的特点，他既将文化霸权引入更为深层的现实文化运作层面，又将自身的文化研究通过文化领导权引向一种政治场域。"① 他特别对精英主义诋毁、贬损大众文化的做法进行了分析，提倡以生命平等为核心的大众文化和共同文化，突出文化的实践功能，将文化概念予以民主化、社会化。这种文化以工人阶级为主体，它首先强调的是社会而非个人，体现了他作为一个马克思主义者的唯物主义特征。

吉鲁在理论上说明了是雷蒙德·威廉斯的开创性工作为文化研究奠定了基础。② 威廉斯的可贵之处就在于，他并没有在强调大众文化的同时摒弃精英文化，他所反对的是将精英文化唯一化的观点与做法。威廉斯曾致力于研究社会主义工人阶级的政治活动和教育项目，将文化研究视为推动社会变革的力量，认为文化形式为个体形成适应资本主义社会的行为、观念和思想提供了条件。在他看来，无论是精英文化还是大众文化，都存在着优秀和低劣的内容。而

---

① 乔瑞金等：《英国的新马克思主义》，人民出版社2013年版，第173页。
② Guilherme Manuela, "Is There a Role for Critical Pedagogy in Language/Culture Studies? An Interview with Henry A. Giroux", *Language and Intercultural Communication*, Vol. 6, No. 2, January 2006, pp. 163–175.

且,"更有甚者,即使是精英文化通常也是被一种大众的技术制造的——电影、唱片、书本——而且是像许多大众文化一样处在社会的生产和分配环节中。这一发展表明,在高雅文化和低俗文化之间的界限已经不是简单的事情"。① 伊格尔顿则指出:"文化不仅是我们赖以生活的一切,在很大程度上,它还是我们为之生活的一切。"② 在伊格尔顿看来,文化不仅是人们赖以生存的手段,同时也是人们生活的目的。他注意到文化与普通大众、情感、关系、意义等不同要素的密切关联。

威廉斯与伊格尔顿对文化的发展,反映了伯明翰学派文化意识的大众性。在他们看来,人民大众在文化创造中具有不可替代的重要作用。"我们需要一个共同的文化,这不是为了一种抽象的东西,而是因为没有共同的文化,我们将不能生存下去。"③ "作为一种互惠性文化,共同体文化意味着生命平等。共同体文化是民主实现的观念保障,民主是共同文化理念的手段。在共同文化中体现的是一种更广义上理解的民主——一种生命的平等,而不是狭义上的阶级或政党的平等。"④ 文化关乎生命之存在、民族之兴衰、社会之进步,在对文化的传承和创造中,呈现在人们眼中的世界是一个不断被表征的世界,也是一个不断产生意义的世界。

在吉鲁看来,文化的竞争力表现在对人们特别是对青年人公民性和社会责任感的培养上。"没有哪一种民族文化的内部拥有所有必需的资源——它们都潜在地源于世界各地的文化。恰当有效的办法是增强学习全部地区性文化遗产资源的主动意识,这些资源在支撑相邻和

---

① 吴冶平:《雷蒙德·威廉斯的文化理论研究》,甘肃人民出版社2006年版,第56页。
② [英]特里·伊格尔顿:《文化的观念》,方杰译,南京大学出版社2000年版,第10页。
③ [英]雷蒙德·威廉斯:《文化与社会》,吴淞江等译,北京大学出版社1991年版,第414页。
④ 乔瑞金:《英国新左派的社会主义政治至善思想》,《中国社会科学》2014年第9期。

有关文化（对全球资本主义）的斗争中起着作用。"① "文化是维系人类共同体的精神支柱，它具有坚韧的生命力、广泛的覆盖力和强劲的渗透力。"②

雷蒙德·威廉斯提醒人们，文化研究与教育的关系有着源远流长的历史，但这样一种认识早已被美国的激进教育理论所遗忘。以往的激进教育理论囿于学校教育与政治、经济之间关系的传统观念，从而忽视了文化研究之于教育、教育之于文化研究互为的重要性。就像汤普森所指出的："把人类的活动和属性进行分类，把一些（如法律、艺术、宗教、道德）归于上层建筑，一些（如技术、经济、实用科学）放在经济基础，而将另一些（如语言、工作纪律）在两者之间游动，这势必陷入简化论和粗俗的经济决定论中去。"③ 在他看来，不仅要在经济的基础上来审视阶级，也要在文化的基础上来审视阶级。从文化研究本身来看，它不仅是单纯的理论研究，而且具有强烈的政治色彩和批判色彩。这也是吉鲁一再强调教师是文化工作者、教育学是文化政治学的一种形式的原因所在。

文化是形成批判性教育模式的重要理论要素之一，在一定意义上，学校就是具有文化复杂性的机构。"文化工作的教育维度指的是符号表现的创造过程和这些符号被应用的实践，包括对文本的、听觉的和视觉的表现。"④ 它是由支配性文化和从属性文化构成的复合体。批判教育学的核心就是要让学生特别是受压迫阶级的学生意识到，学校文化是非中立的，它不会满足被压迫阶级的需求。与之相对应的是，作为文化组成部分的知识，也是非中立的。文化并不是由单一的叙述构成，高级文化与低级文化之间的划分本身就是一个政治、历史

---

① ［英］佩里·安德森：《文明及其内涵》，叶彤译，《读书》1997 年第 12 期。
② 陶德麟：《略论文化建设中的传承与借鉴》，《哲学研究》2013 年第 6 期。
③ 蔡少卿：《再现过去：社会史的理论视野》，浙江人民出版社 1988 年版，第 202 页。
④ ［美］亨利·A. 吉罗克斯：《跨越边界：文化工作者与教育政治学》，刘惠珍等译，华东师范大学出版社 2002 年版，第 6 页。

的建构。文化不仅是社会一种意识形态的表达，也是交流信息的技术形式与结构。美国作为一个发达的工业国家，发展的轨迹经历了非常显著的变化，这就需要一个政治化的文化概念来考察这些变化。

吉鲁认为，文化是在不对称的权力关系中发展起来的，这种不对称和发展的动态性意味着文化具有开放性和未完成性，意味着师生可以作为主体发挥建构的能动性。课本不再是神圣的代言人，教学也不只是一种传递活动。吉鲁不仅将教育的概念政治化，实际上也把文化的概念政治化了。在吉鲁看来，如果将文化仅仅视为人类学、社会学的研究对象，将其与阶级、权力、冲突割裂开来，就会遮蔽文化的真正内涵。按照吉鲁的理解，如果在经济和课程之间安置一种镜式对应，那就无法说明不同的文化及意识形态因素是如何渗透到学校和社会之中的。"'文化'是由限定性的词汇'阶级扩展出来的属性'，并没有穷尽'身份'这一术语的全部含义。"① 在吉鲁那里，文化不是封闭的代名词，而是多元的、具有异质性边界的流动领域，是形成一种身份、团体和教育政治学的重要资源。

本章主要涉及吉鲁批判教育哲学思想中的以下三个问题，即吉鲁的抵制理论，吉鲁对教育与政治、文化之间关系的分析，吉鲁在文化研究方面所做的工作。吉鲁肯定了鲍尔斯、金蒂斯从马克思主义的视角出发，将教育作为社会再生产一种形式的观念，这种观念使变革性的教育充满活力。鲍尔斯、金蒂斯将学校中存在的问题政治化，力图揭露教育中种种不公平的政治、经济问题。但由于他们聚焦于劳动的功能和社会关系的再生产，具有简单的经济决定论和社会决定论倾向，否定了学校的相对独立性和其他功能的发挥，未能对学校权力进行辩证性的分析。布尔迪厄的著作拘泥于统治理论的"统治"，没有对权力进行深入的阐释。而霸权再生产学说则在肯定学校再生产处于

---

① ［巴西］保罗·弗莱雷：《十封信——写给胆敢教书的人》，熊婴等译，江苏人民出版社 2006 年版，第 129 页。

统治地位的文化和意识形态的同时，又矫枉过正，忽略了马克思主义有关经济基础与上层建筑方面的学说。

在吉鲁看来，无论是鲍尔斯与金蒂斯，还是布尔迪厄，都简化了文化与经济之间的关系，他们所提倡的激进教育只不过在表面与科学主义、功能主义发生了联系。从根本上来说，他们缺乏对可能性批判语言的运用。吉鲁的抵制理论具有总体性的视野，经典马克思主义因经济、阶级首位观受到他的批评，而再生产理论则因无视统治与经济基础的联系，也同样被他认为是有缺陷的。吉鲁的抵制理论基于批判理论而发展，同时批判性地借鉴了再生产理论的部分观点。作为一种理论工具，它将学校视为斗争、抵制的场所，用以反对操纵的教育观、明晰教育的政治本质。用以理解权力，推动新的民主身份、机构形式以及斗争模式的形成，充分彰显了教育的政治与文化之维。

第三章

吉鲁教育哲学思想的立场

> 我的目标一直是想创立一门关于各种不同塑造模式的历史学,凭借这些模式,人类在我们的文化中被塑造成了主体。
>
> ——福柯①
>
> 我知道我们最基本的价值判断植根于同情,植根于我们对他人痛苦的理解。
>
> ——马尔库塞②

教育的价值取向关系到教育发展的方向和理论研究的走向,它以"应然""或然"的方式提出对教育的理想论断。形成共同的价值倾向是实现价值认同的前提,价值认同是维系一个社会、一个团体存在的根本保障。价值认同影响教育研究者、教育决策者、管理者以及教师的思维方式,关系到教育理论的革命性转变。对教育这一特殊的政治性活动,不能仅仅用唯科学的方式探究,还要运用批判性的思维去

---

① 转引自[美]道格拉斯·凯尔纳、斯蒂文·贝斯特《后现代理论——批判性的质疑》,张志斌译,中央编译出版社2011年版,第41页。

② 转引自 Henry A. Giroux, "Public Pedagogy and the Politics of Resistance: Notes on a Critical Theory of Educational Struggle", *Educational Philosophy and Theory*, Vol. 35, No. 1, 2003, pp. 12–17。

审视，以解释教育现象背后种种复杂的利益关系与权力纷争，使师生充分发出自己的声音，致力于教育的公正、公平与整个社会的解放。从弗莱雷的"被压迫者教育学"到阿普尔"被压迫者的声音"再到吉鲁"差异与边界教育的双重奏"，这其中，批判教育哲学经历了怎样的变迁和发展，从吉鲁的批判教育哲学立场中可见一斑。

第一节 差异教育：主体性与身份政治的彰显

在总体性的视野下，特殊性、具体性是在更为广阔的历史背景中发挥作用的，以阐明不同社会关系之间的相互影响。如果说现代主义强调了伦理话语、历史话语的重要性，那么后现代主义则对整体性的话语发出了强有力的挑战。对后现代主义来说，性别、种族、阶级等问题都应该是激进分析关注的焦点，因为这些问题是批判理论和个人认同的必要组成。此外，从后现代主义对马克思主义、女性主义、本质主义、还原主义等理论的批判来看，它扮演了一种批判理论基础的角色。反之，如果没有女性主义和马克思主义的参与，仅凭纯粹的后现代理论也难以解决具体政治的宿疾。如果说马克思主义者以一种辩证性的理论，透过现代性的历史发展轨迹，向世界展示了一个更加美好未来的可能性，后现代主义者则以一种多元化的激进路线，向世界展示了美好未来的另一种可能性。

后现代主义最为显著的理论进步表现在，它凸显了语言和主体性的重要作用，特别是对意义、身份和政治等一系列问题进行了深入思考，激发了人们对主体性概念的新阐发。而后现代女性主义在政治的基点上为发展声音政治学创造了机遇，以辩证关联的总体性叙述进一步说明了后现代对历史背景的重视，为我们带来了重视伦理、历史、政治话语的曙光。重新界定了引入差异的文化政治学，摧毁殖民主义者和帝国主义者的意识形态，为容纳多元的理论和文化创造了空间，为消除沉默、对立的文化政治学提供了可能性，促进了不同文化工作者之间的融合。在吉鲁看来,从广义上来理解文化政治学,有助于将知识的生产、解释作为创造公共文化的一种尝试。

吉鲁认为,重新思考教育的目的和意义是批判教育哲学的当务之急,一方面,他对现代主义重视历史、道德、政治话语的做法持赞同态度;另一方面,他也充分利用了后现代主义对多元性的重视,强调边缘话语和差异声音的重要性。他强调,教育的目的应有助于学生形成自我认同,通过对不平等的反抗和斗争拓展基本的人权,从而使人们摆脱受压迫状态。

一 以多层次的方式突出作为个体的主体差异

吉鲁所提倡的激进教育拒绝话语的整体划一和价值中立。在他看来,差异的生动性才是形成理论和实践问题的基础。由此,吉鲁又提出了差异教育的概念。差异教育所关注的问题是:将差异界定为低贱的另类表现和实践是如何被主动地获得、内化并改变的;如何理解差异,才能使其成为改变现行权力关系的力量,质疑主流叙述、霸权话语之间的遗漏与批判。在吉鲁看来,正是这些主流叙述和霸权话语构成了大学的教育内容。

差异既指不同种族、空间、民族和文化的差异,也指公众在教育斗争中的历史性差异。"假如批判教育想要对付新文化种族主义的挑战,它们就必须重整认同和差异间的关系,把它当作一种旨在扩展和深化更大的政治的、经济的和文化民主的、超越体制和意识形态的边界斗争的组成部分。"[1] 从中我们可以看出,吉鲁试图将边缘话语和政治差异纳入教育的研究视野,并以此来重新厘定社会核心和社会边缘之间的联系。差异政治学拒绝滥用特权、权力,为学生提供了解读世界的机会,为他们建构可选择的民主社会提供了希望。教育通过向

---

[1] Henry A. Giroux, Peter McLaren, *Between Border, Pedagogy and the Politics of Cultural Studies*, Routledge, 1994, p. 52.

学生提供知识、技能与思维，使学生以他们自己特有的方式去解读历史，在特定的文化和社会关系中进行自我建构，进而建构更为公正和民主的生活形式。对教师及其他文化工作者来说，也应明确差异政治学的观点，并把差异与主体的创建相结合，从而激发教师作为知识分子关于道德和政治的想象，因为这种想象承担着开拓、恢复民主公共生活的义务。他倡导声音政治学，将学习与身份、地域、历史、权力、文化相联系，使学生穿越边界的行为能够通过发出自己的声音而有所展现。吉鲁从以下两个方面对差异问题进行了分析。一方面，从差异的角度来看，主体不是统一的、静止的，而是不完整的、多重的，要用多层次、矛盾的方式建构主体性和身份；另一方面，主体不仅能够认识事物的形式，也能认识事物的内容，从这个意义上来说，主体或者说自我就成了一切教育认识的起点。"研究主体不是去反映客体，而是在主客体相互作用的前提下，去揭示不断变化的对象世界。理论是一个主体不断创造性地理解对象世界的结果。"① 主体的价值观影响着客体的价值特征，在教育的过程中，师生主体性的发挥显得尤为重要，教师尤其需要在课堂中关注学生所表现的各种差异。其实，早在民主主义教育盛行之时，杜威就认识到了差异的重要性。他认为："一个进步的社会把个别差异视为珍宝，因为它在个别差异中找到他自己生长的手段。因此，一个民主的社会，必须和这种理想一致，在它们的各种教育措施中考虑到理智上的自由和各种才能兴趣的作用。"② 在民主社会中，应该为个人特殊的、可变的、具有差异性的能力提供机会，使每个人的能力都能够在自己的工作和职业中得到充分的发展。

杜威所强调的差异带有浓厚的实用主义哲学色彩，而吉鲁的"差异"则吸收了差异政治学等多种理论的观点，他所提倡的差异是一种

---

① 唐莹：《元教育学》，人民教育出版社2002年版，第423页。
② ［美］约翰·杜威：《民主主义与教育》，王承绪译，人民教育出版社2001年版，第324页。

彰显和谐、平等的概念，是在同一文化群体内部、不同文化群体之间能够尊重彼此的一系列话语与实践。差异性、多元性意味着不同声音和传统的存在，它创造了有助于加强沟通、扩展生活的社会条件。差异不仅具有理论上的意义，而且具有提高公共生活质量、丰富公共空间斗争的实践意义。人们应在与边界政治学相关的术语中理解差异的概念，因为边界政治学深化了学校作为民主公共领域的可能性，意味着教育者必须重视自我与他人的关系，不仅要关注差异，而且要关注在具体的历史环境和公共斗争中正义的形成方式。

吉鲁强调，教师需要充分认识到差异的存在，是为了消除性别和种族歧视，推动个体和群体的认同，为学生创造对话、反思的机会与平台。"身份存在于个人与他人的关系之中，要解释个人的身份，就必须指明个人与他人的差异。"[①] 因此，以多层次的方式突出作为个体的主体差异，教师就必须对学生身份和主体性经验的建构方式做出回答，对他们在不同种族、性别和阶级中的表现方式予以说明。

在哲学的基本范畴中，主体是作为实践者、认识者，或者实践—认识活动的行为者而存在的。"现代性表现在现代化过程中的制度、模式、行为、观念、态度等各个领域和方面，现代性的底蕴和本质规定则是主体性。"[②] 主体与客体是构成实践—认识关系的基本组成要素，人们只有充分认识主体地位的多重性，才能更好地把握主体的形成与社会实践之间的相互作用。在福柯看来，个人既是知识的主体，也是知识的客体，是一个由科学——规诫机制积极构建而成的存在体。主体所受到的束缚既可能是因为统治和依赖关系的存在，也可能是自我知识、情感、自身认同等原因所致。福柯反对主体的积极存在，把对主体的解构作为一种重要的政治策略，认为主体的历史性构

---

① ［英］马克·柯里：《后现代叙事理论》，宁一中译，北京大学出版社2003年版，第21页。

② 侯才：《"中国现代性"的追寻——对当代中国哲学发展主线的一种描述》，《哲学研究》2010年第11期。

成过程需要通过分析予以说明，而主体本身和其扮演的创造性角色则应该被消除。也就是说，在后现代时期，主体的能动作用将不复存在，取而代之的是新的思维形式。

福柯的这一看法是失之偏颇的，新的思维形式，不会凭空而降，它依然要取决于主体的能动作用。只要人存在，主体的能动性作用就会存在，除非是作为主体的人彻底消失。福柯一再强调人的"被动性"，如人的被分类、被排斥、被约束、被规范、被客观，也有其积极的一面，那就是提醒人们应该由"统治技术"向"自我技术"转变，由强调"被他人改变"转向"自我改变"。福柯将自我技术定义为"允许个人运用他自己的办法或借他人之帮助对自己的躯体、灵魂、思想、行为、存在方式施加某种影响，改变自我，以达到某种愉悦、纯洁、智慧或永恒状态的实践"。① 他提出了统治技术与自我技术兼具的主体分析路线，且侧重从后者去研究权力关系。他倡导人们更应该关注主体的自由性、自主性，而不只是将其视为权力的对象化产物。

福柯有关个体、权力与知识等问题的分析，反映了他对马克思主义革命传统中部分假设的抛弃，形成了一种福柯式的后现代政治进路。福柯在权力、知识、话语、实践等领域中揭示了主体性的建构方式，从而形成了对现代性本身以及置于其中的话语、实践、主体性多方位的批判。福柯的观点具有自相矛盾的表现，他强调自我技术的重要，却又否认人的能动作用。他认为人的精神和生理都受统治的影响，但对统治的重视又多于对抵制的强调。他指出抵制是由权力孕育的，建议从抵制而不是从运作的角度去研究权力，却没有对抵制进行更为深入的分析与论述。

福柯较少使用民主这个词，他所坚持的是一种非中心化的政治思

---

① ［美］道格拉斯·凯尔纳、斯蒂文·贝斯特：《后现代理论——批判性的质疑》，张志斌译，中央编译出版社2011年版，第68页。

想和个人主义倾向。比如，他认为社会或文化不是一个促进自我建构的积极场域，而是强加的产物。尽管知识组织和主体的历史仍然是他关注的焦点，但他的注意力已开始向个体与自我的知识关系转移。在谈论抵制时，没有主体的涉入是不可能的。在他对人本主义的质疑中，开始有保留地谈论主体的创造性，显现出重建主体性的积极动向。从福柯晚期的著作来看，没有实质性的政治向度。他为人们开辟了重新探索权力与政治策略的领域，却没有为这个领域充实内容，也没有为批判统治奠定一个规范性的基础。而吉鲁在这一点上超越了福柯，他强调教育的政治性和政治的教育性，反对单纯为政治服务的教育学。他极力提倡个人主体性的发挥，同时将集体主义与个人主义加以融合，特别强调共同体的作用。他不仅为激进的批判教育学开辟了更为广阔的空间，同时也为这个空间的发展注入了新的动力，为激进教育哲学的形成提供了批判性语言与可能性语言相结合的言说方式。

在学校与社会相遇的边界中，教师和文化工作者彼此依赖，共同发挥作用，使学校教育得以在文化政治学这一更为广阔的领域内被理解。从统治历史和社会建构的视野来看，权力是极为重要的，教师需要清晰地了解权力和权威的联系，并将其作为解读差异教育的基础。差异既需要教师进行批判的解读，也需由学生亲身经历和证实。这就涉及学生主体性的发挥，主体是教育活动得以发生的前提，是教育活动的承载者和推动者，教育活动状态的改变在于主体状态的改变。

抵制不单是对社会和文化再生产程式化的反对，更重要的是它还意味着对主体性问题的理论重构。主体不仅认识事物的形式，而且认识事物的内容，从这个意义上来说，主体或者说自我就成了一切认识的起点。在吉鲁看来，教育是以一种极其复杂的方式发挥作用的，在否定力量与肯定力量的双重交错中，形成了教育中孕育个性的条件，进而以身份政治彰显作为群体的主体差异。

二 以身份政治突出作为群体的主体差异

吉鲁认为，全球化的浪潮对身份政治、文化多元等概念提出了严峻的挑战。民族身份与文化差异体现了一种极其复杂的相互关联，在民族主义方面，它们可能包含着进步要素，也可能包含指向民族主义的极权主义要素。为此，人们应该对身份政治的积极作用给予充分的关注。① 身份的合法化、文化的多元性有助于增强弱势群体、边缘群体成员的自尊心，重新认识所处群体在文化、政治等方面的价值，增加对所在群体的认同感、归属感。使其他成员能够接纳、尊重人类的多样性和文化的多元性，保护少数群体成员的文化在公共领域内拥有一席之地，免受外部力量的压迫和避免被同化的危险。

英国的文化研究对工人阶级中青年的抵制方式进行了分析，认为工人阶级青年可以通过行之有效的方式在主流文化、统治阶级之外建构自己的身份。正如霍尔所坚持的，"没有身份认同就没有政治。人们必须把自己的某些东西投资进来，即他们辨认出的能表明自己状况的东西。如果没有那种承认的时刻，任何改变人们身处的支配性社会关系的努力都注定要失败"。② 在这个问题上，吉鲁既赞同霍尔的观点，也同意布尔迪厄针对此问题的进一步说明，即认为最重要的支配形式是思想和教学关系，而不是经济关系。

从20世纪80年代中期开始，北美和英国的文化研究出现了新的转向，即从革命政治、社会主义研究开始转向身份政治研究。身份政治的研究对当代西方社会病症和整合机制进行了深刻反思，通过对身份不平等的关注，它试图在人身尊严、话语权力、社会机会等方面重新建立平等的概念。③ 与此同时，人们也对以身份政治来彰显主体性提出了质疑，比如，以身份作为出发点，并不会成为女权主义政治运动团结的必然性。

---

① ［美］亨利·A. 吉鲁:《民族身份与多元文化论的政治》，阎嘉译，《江西社会科学》2008年第3期。
② ［美］亨利·A. 吉鲁:《奥威尔式噩梦及新自由专制主义之外》，吴万伟译，http://www.counterpunch.org, 2014年12月13日。
③ 马俊领:《身份政治：霸权解构、话语批判与社会建设》，《思想战线》2013年第5期。

身份是一个非常复杂的概念,"它指一个个体或群体所具有的独特性、关联性和同一性的标志,这种标志使个体或群体拥有独特的身份,又使其归属某一个群体之中"。① 吉鲁一再强调,人们需要在边界政治学的背景中理解差异,在团结政治学的术语中加以系统的分析,在特殊、差异和声音的基础之上建立民主,并以此为核心形成后现代公民的概念。"吉鲁确实在后现代主义中找到了'把权力和身份归还给下层群体'的途径,他打破了欧洲中心理性的权势,反过来认为现代主义者的文化否认了适当考虑多样性和发言权的可能性,否认了'边界交叉'的可能性。"② 也就是说,在吉鲁看来,差异是作为形成新的文化与新的政治身份的生长点和交叉点而存在的。

一个民主的社会应该允许差异的存在,从而为学生提供一种解读世界的机会,拒绝滥用特权、权力,为建构可选择的民主社会而奋斗。差异,是多极化的必要源泉,它不是一个简单的被承认的范畴,它需要从多个角度和层次予以理性的规定。为此,应把差异视为政治过程和体制的组成部分,将其作为一种社会实践发挥作用。如果教育改革只是关注学分制、标准化课程和量化的评估标准,而忽略了哲学问题,那只不过是技术决定论的翻版。

差异教育从政治和文化的概念中凸显出身份政治学的重要性,主张教师之间应形成政治共同体。强调身份政治,也是对斗争、抵制、矛盾重要性的强调。"身份政治要在公众和政治领域中确保使所有民族、文化、语言社群有得以展现的机会,把文化压迫、身份误认看作与不平等、剥削、不公正有着同样的危害。它致力于推动公共领域、政治领域的重新构建及对教育作用、范围的重新定义,吁求着一场教

---

① 张其学:《身份及其意识形态化——兼对文化殖民主义的批判》,《哲学动态》2013年第10期。
② [英] 乔伊·帕尔默主编:《教育究竟是什么? 100位思想家论教育》,任钟印等译,北京大学出版社2008年版,第672页。

育中的革命。"① 正因为身份政治具有的重要作用，吉鲁才一再强调以身份政治推动教师、学生进行课程改革，重新审视教育的作用与范围，使教育在政治、文化等公共领域的重构中发挥作用。身份政治对学校教育中课程内容的同质化、单一性提出了质疑，试图构建能够反映多样性语言和文化的课程，强调课程的反思和对话。实际上，身份政治是想通过这样的途径，实现社会权力的重新分配，改变精英阶级统治教育的主导局面，促进多样性身份的合法化。

身份具有流动和差异的特点，吉鲁强调要发展关注身份定位和团结的政治学，将差异视为推动人类发展的积极因素。在这样的政治学里，发表不同的意见、发出不同的声音是自我改变与反抗的一种行为，是主体发展的一种前提性基础。在白人、统治阶级中引入有色人种、边缘化者等从属群体的故事与经验，有助于教化居于主导阶级地位的成员。身份政治的形成，则需要通过对同一群体不同成员之间的关系进行分析，身份群体是指以共同生活方式为基础的真实社会群体。② 福柯将人的行为举止、气质风度等身体动作、形态看作话语的一种表达方式，成为其话语理论中一个具有开创性的观点。一个群体的形成，一方面需要形成自己的符号权力，拥有能够代表本群体的发言人。另一方面要形成本群体的利益并得到群体的认同，群体利益是行动者为维护或强化本群体的位置而采用策略的结果。

霍尔强调，"政治即教育的意识，即政治是要改变人们看待事物的方式"。霍尔认为，只有建构起属于自己的种族身份，通过在政治方面采取措施，才能有效地防止被边缘化，防止始终处于被统治的地位。基于理性基础之上的研究自由应该是知识分子的首要关心之事，知识分子应该尽可能地拓展自己的研究空间和表达空间，以此来实践

---

① ［英］瑞达尔·卡伦主编：《教育哲学指南》，彭正梅等译，华东师范大学出版社2010年版，第646页。

② ［美］戴维·斯沃茨：《文化与权力：布尔迪厄的社会学》，陶东风译，上海译文出版社2012年版，第171页。

一种彰显个体自由的"现实政治"和"身份政治"。只有所在集体利益得到实现的前提下,知识分子才能作为自身的代表而不是被统治者的代表介入政治之中。

多重性的主体和身份是教育实践的有机组成,关注作为群体的主体差异,就是要对不同群体在公共斗争中所表现的历史差异、文化差异进行分析。如果没有在不同的从属集团之间建立联盟,实际上意味着对身份、经验、等级的复制,而这种复制促进了压迫与统治形式的合法化。在吉鲁看来,如果认为学生失去的东西是充实学生生活所必需的文化方面的特定经验和工作所需的基本技能,那么这种观点是建立在文化剥夺理论基础之上的,代表了对某种特殊生活方式和经验的赞同,而这种赞同忽视了处于"下层"学生群体的利益。事实上,差异这一概念应该提倡和谐、平等,应该尊重同一文化群体内部、不同文化群体之间的多样性,以促进不同文化群体之间的相互尊重与理解。吉鲁非常重视教师、学生对自身经验的体验,并将这种经验内化到课程内容之中,内化到师生的交往之中。

如果将学校视为文化斗争的一种形式,那么它就应该寻求创造知识的新形式,超越学科界限的藩篱,创造能够生成知识的新空间。这就意味着作为文化生产形式的教育,不仅存在于标准课本中,而且存在于传承、生产主导文化的各种社会关系中。同时,这也意味着,学生要成为边界的穿越者,打破那些使高级文化与通俗文化、理论与实践相脱离的成规,重新创造知识。在吉鲁看来,如果将统治与阶级统治等同,意味着将差异的概念简单化,将会抹杀教育不公平的多样性。在这一点上,吉鲁超越了马克思主义的权威分析。他认为,一个民主的社会应凸显声音政治学与文化的多元化,改善弱势群体、边缘群体的受教育状况。这就对激进教育家提出了新的要求,即把差异与文化的概念相联系,将学校视为文化政治学的一种形式,从而创造一种边界教育。

第二节　边界教育：知识选择与权力分配

在吉鲁批判教育哲学思想形成的历史语境中，内在地包含了知识和权力两个维度，两者相互依存，有机统一在他对边界教育的论述中。边界教育是斗争和改造实践的一种形式，它为学生提供了多种参考框架，使学生根据自身地位和主体经历来表达他们的种族情感，以一种变化的权力范围来审视其在不同文化生产场所的作用，它以无可争辩的事实证明了身份政治学和个人投入之间的联系。它不仅要抵制大学学科内部业已形成的知识与旨趣，还必须揭示那些没有被提出的问题的根本要义何在。边界意味着对现有界限的挑战和重新界定，通过审视权力在制度、知识和社会关系等不同领域的反映方式，进一步凸显政治和伦理语言的重要性。边界教育也是广义差异政治学的组成部分，它致力于民主公共哲学的发展，将差异视为公共斗争的有机组成，承认文化、权力和知识所构成的流动边界，将学校教育与民主社会的斗争紧密结合，将从属文化渗透到主流文化的形式和边界之中。

一　权力的运行机制

权力有着丰富的内涵，它既可以代表正义，也可以代表邪恶。它既可以出于善的目的被行使，也可以被用来实现恶的目的。行使权力的人可以获得正面的评价，也可能会因滥用权力而留下负面影响。权力不是既定的静止物，而是不同力量之间抗衡与斗争的结果。

在丰富生动的社会实践中，权力的物质性关系影响着人们日常生活意义的产生。权力与政治、文化等背景性因素有着紧密联系，通过文本、陈述和话语来产生作用，但又不限于此。在权力所指称的领域中，在一定程度上来说，要求权力的那部分人是以"政治人"的面貌存在的，他们期望实现权力的最大化，通过权力实现自己的政治目的。"真正的权力是为了达到理性的道德目的而运用智慧的道德技艺或伦理技能，是'应当意味着能够'的自由实践而不是'能够意味着应当'的暴力控制或武力强迫。"① 如果一种社会机构专门用来形成并分享权力时，它易被扭曲并丑化。

权力是通过文本、陈述和话语来发挥作用的，其实施需要合法性，通过合法化进行统治的权力是阶级关系的黏合剂。在马克思那里是意识形态发挥此种作用，而在布尔迪厄看来，是将权力作为符号系统时才能发挥出来的政治功能。作为一种合法化的权力，符号权力既引发了统治者的支持，也引发了被统治者的赞同。它将现存的政治经济关系合法化，促进了不平等的社会关系的代际再生产。但是，这种促进作用是单向的，也就是说，符号权力只能促进政治、经济权力的合法化，却不能被还原为政治或者经济权力。

符号系统体现了一种权力关系，包括知识、文化在内的实践与权力的利益休戚相关。"在权力与权利的关系中，权力是一个宏观性范畴，其行为主体是掌握国家强制力的统治精英；权利则是比较意义上的微观性范畴，其行为主体主要是处于日常生活的普通民众。"② 所以，在通常意义上，人们总是将权力与统治、控制、精英的概念联系在一起。比如，"如果一个被支配民族选择了融入统治精英的文化，那么要使这一选择有效，就得有强劲的政治运动，以保证种族歧视不会再成为阻碍实现权力平等的因素"③。权力与政治休戚相关，这也是吉鲁一再强调发挥教育政治功能的深层动因。

福柯认为，权力是一个尚未规定的、非主体化的生产性过程，它的目的是把人塑造成为符合一定社会规范的主体，它所关注的不是压迫性力量，而是生产性力量。④ 福柯打破了权力本质即压抑的界说，

---

① 任丑：《权力及其正当性——人权视角的伦理反思》，《哲学动态》2010年第6期。
② 陈忠：《主体性的微观走向与空间权利的城市实现——对城市权利的一种前提性反思》，《哲学动态》2014年第8期。
③ [美]乔尔·斯普林格：《脑中之轮——教育哲学导论》，贾晨阳译，北京大学出版社2005年版，第163页。
④ 刘放桐等编著：《新编现代西方哲学》，人民出版社2000年版，第436页。

突出强调了权力的生产性和规范性。正如萨义德所言："福柯似乎一直把自己和权力结盟。他像是一种不可抗拒的、不可规避的权力的抄写员。"[1] 由于福柯对殖民地的变动以及法国以外的解放模式缺乏兴趣，导致他过度关注权力的运作而忽视了抵制的过程。他将权力扩展到各个角落，在泛化权力的同时也泯灭了权力的主体性。

而在吉鲁看来，只有在权力的范围内，社会关系才能得到更充分的理解与体认。他汲取了霸权理论中的合理化成分，并将其与权力相结合，对教育的传统观点和实践主张提出了挑战，对教育哲学的发展做出了不可磨灭的贡献。知识的创造也好，机构的建立也罢，均以社会问题的解决为目的。人们也认识到，选择何种解决方法，由拥有最高权力的人来决定。在这种情况下，如何引导学生在权力的框架内体认民主社会的建构就成为教育的首要任务。学生学会批判性运用知识的过程，既是寻找消灭社会不公正方法的过程，也是权力的赋予过程。权力既是维护、完善民主社会的手段，也是学校成为民主公共机构的有力保障。

权力的力量具有双重性，既是否定的，又是肯定的。既有施与性，又有约束性，它并不总是处于支配地位。权力通过个体形成并加以运用，可以说，各种斗争因素作用的发挥都要受到现有权力关系的影响。社会的进步依赖于人们对习以为常的权力观发出批判性的质疑，而不仅仅是事实的积累和技术的进步。批判性既是研究者所拥有的武器，同时这一武器也指向研究者自身。

在布尔迪厄看来，权力不是一个孤立的研究领域，它居于社会生活的中心，只有通过合法化的途径才能够成功实施。"虽然布尔迪厄承认大量受众在当代社会中不断增长的重要性，但他仍然认为，确立最合法的文化形式还是那些受限制的文化生产场域，而且，首先是维

---

[1] [美]爱德华·W. 萨义德：《知识分子论》，单德兴译，生活·读书·新知三联书店2002年版，第126页。

护这些文化形式并把他们神圣化的大学。"① 在德里达的眼里，位于统治之域的权力只不过意味着制度或者结构化的现象，与权力相关的主体自我建构行为被隐蔽了。正统马克思主义认为权力具有压迫性这一观点是有理论局限的，因为它忽视了人们团结、反抗不平等的深层动因。阿尔都塞虽然实现了无意识与意识形态的有机连接，却仍然囿于统治的藩篱，未能对反抗和意识形态的概念进行深入的分析。

权力由人们所生产，但如果任由其塑造人们的言语和行为，就意味着人们并没有真正地拥有权力。如果离开了在权力关系中扮演的角色和能力，人就无法定位自己，也无法认识"我"是谁。权力具有丰富的内涵，它存在的中心并不是再生产与抵制之间的关系，而是运转的复杂性和身份所具有的多层化、矛盾性。权力兼具消极力量与积极力量的特征，它代表着压制，也意味着民主。权力作用于人，但它又通过人而起作用。这就意味着，权力不仅通过警察、军队、法庭这些机构来起作用，也通过技术、意识形态发挥力量。

吉鲁认为，权力是产生社会形态的一种具体实践，在这种形式中，不同的经验和主体性得以建构。权力是文化生产的一种形式，它通过一定的方式将行动与结构相联系，使公众、私人的表现在学校内部实现结构化。无论是权力被用来生产统治阶级的意识形态和结构，还是生产被压迫群体的生存法则与结构，都是不同文化的典型表现。不容乐观的是，就如同杜威的理论盛极一时却并没有在官方教育系统中得到全面接受一样，在商业文化居于主导地位的美国，吉鲁的教学内容和教学方法要想被广泛地引入校园，也是难之又难的。在美国现有的政治制度和结构体系之下，完全寄希望于学校来消除财富、权力等方面的不平等是不可能也不现实的。

吉鲁指出，权力并不只是具有绝对的意义，人们必须认识到，权

---

① ［美］戴维·斯沃茨：《文化与权力：布尔迪厄的社会学》，陶东风译，上海译文出版社2012年版，第260页。

力是催生政治和社会发生变化的强大力量之一。他坚信："左派能够开发出包括学校、课堂或者车间等有助于可能性实现的公共空间,从而使权力、知识、伦理、正义融合起来创造新的主观性、新形式的公民勇气和对未来的新希望。"① 他认为,通过学校教育所提供的主要阅读文本和次要阅读文本,学生从中获得质疑自身经历、重构知识边界的能力与思维,重新解释自身的经历、改变身份并赢得更为广阔的学习空间,以强有力的批判精神和冒险行动去改变世界。

在吉鲁看来,边界教育要关注沉默学生的声音,不能像以往的教育传统一样,只关注统治阶层学生的声音。也就是说,一种充满活力和批判的边界教育要关注不同学生的声音,将学生的经验视为差异政治学的必要组成部分,而不是厚此薄彼。在边界教育的实践中,人们所关注的是权力对自我发展、确立公民责任、产生批判性公共文化形式的重要作用,从而关涉知识的创造与批判性思维的形成。

二 知识的创造与批判性思维的形成

知识是一种文化资本,学校中那些特定的行为与言语是文化资本的外在表现。知识的产生并不意味着思维的终结,而是师生之间进行沟通、交流的中介。它是一种问题的框架,而不是终结性的理论体系。无论是对历史的审视还是对现实的观照,知识一直是教育中的永恒问题。正是通过哲学、文化、历史等领域提供的知识,我们才能通过教育更为有效地指导、纠正自身的行为,才能开展富有成效的思考与实践。

人们认识教育、理解教育是为了改造教育,这种改造需要师生以批判性的视角关注教育现实,通过共同的反思与行动获得关于现实的洞见。现实情况是,"大学面临的真正挑战和威胁不是新技术的冲击,

---

① [美]亨利·A. 吉鲁:《超越新自由主义高等教育的边界:全球青年的抵抗和美英分裂》,吴万伟译,《武汉科技大学学报》(社会科学版)2012年第3期。

而是愈演愈烈的工具性心态和商业化倾向，这足以毁掉任何形式的批判性思考"①。吉鲁一语道破了批判性思维面临的危机，指出批判性思维的培养迫在眉睫。只有当有关教育的行动与反思紧密相关时，行动才成其为人类的行动，师生也才能真正成为知识的创造者。在教育中，有关生存技能的训练是必需的，但吉鲁认为学生的学习远远不限于此，学生还必须了解知识的产生与重塑，学会从阶级和政治的角度评判知识，依据知识进行社会分析并推动社会变革。

正如美国新实用主义的代表人物理查德·罗蒂所言："一种健康的哲学不把建构知识的基础作为出发点，而是把自身看作一种哲学活动和文化对话的组成部分。知识并不是科学家和哲学家所描述的事物的本质，而是相信自己的言行建立在目前最佳认知标准之上的权利。"② 特别是处于工人阶级地位的学生，要从传统文化中习得批判性元素，以服务于自身和所属阶级。

在吉鲁看来，批判性是一种思维方式和道德责任，它将普遍的追求与特殊的现实相结合。批判性意味着一种意识的培养，即明确自己的知识立场以及在学术争鸣中的斗争策略。具有批判性、反思性的理论不仅要提供关于实践的理论，也要提供关于理论的理论。这不仅有助于理论自身的改进，而且有助于研究者摆脱狭隘的视野局限。批判性思维是吉鲁在美国学术界中独树一帜的亮点与标签，标志着他进行知识探究的策略性努力。对吉鲁而言，批判性思维与他的职业生涯紧密相连，既是他思考、表达的工具，又是建设民主社会、实现权利公正分配的工具。在吉鲁的眼里，批判性思维的培养与民主社会的构建密不可分。

吉鲁曾对美国批判性思维的现状提出批评，在他看来，批判性思考在高等教育及其他很多领域内都已无立足之地，大学已成为企业的

---

① "Interview Henry A. Giroux" War on Youth,（November 2012），http：//truthout. org.
② ［美］奥兹门、克莱威尔：《教育的哲学基础》，石中英、邓敏娜等译，中国轻工业出版社 2006 年版，第 139 页。

附庸，无法为人们提供批判性对话的空间，也没有人指导学生如何才能形成批判性思考的能力。"批判性思考的文化也在美国校园逐渐消失，所有的大学、学院都在强调以市场为基础的技能，学生既不能学习批判性思考，也不学习如何把个人遭遇与更大的公共议题结合起来。"① 对于美国社会来说，批判性思维已经成为一种累赘，公共空间与理性思考受到了新自由主义者的大肆攻击。这显然削弱了青年与公共空间的相互影响，也阻碍了高等教育在孕育批判性想象力、构建民主社会等方面的功能发挥。

吉鲁对批判性思维的强调，真实地反映了今天教育领域所面临的紧迫任务，那就是，人们需要对教育、教师、学生、政治、文化、社会形成一种更加客观而理性的把握。批判教育的侧重点不在于让学生掌握一门能够阅读的工具，而是要培养一种能够形成批判性思维与学识的能力。对于批判者来说，以批判性的思维进行交流，开展真正意义上的教育活动，最重要的是对现实进行改造。

吉鲁对教育的批判性反思与他的学术研究历程休戚相关。对布尔迪厄来说，反思性是他的知识场域策略。而对吉鲁来说，批判性则是他的知识场域策略。关系性方法、批判性思维是吉鲁批判教育哲学思想在方法论上的主要贡献，关系性方法为吉鲁处理文化、教育、政治、后现代主义等不同方面之间的关系奠定了基础，比如在文化的分类中，他超越了高雅与低俗、统治群体与被统治群体的截然对立；而批判性思维自然体现在他对教育的一系列发问与畅想中。批判性思维始终处在必然性与偶然性的张力场中，一段文化研究、哲学引证或与课堂、教育关系并列在一起，或与社会生活中的种种现实关系并列在一起，成为典型的吉鲁风格。吉鲁特别强调培养学生批判性思维的重要性，他认为批判性思维是有教育意义的学习方法，它不仅是课程考

---

① ［美］亨利·A. 吉鲁：《超越新自由主义高等教育的边界：全球青年的抵抗和美英分裂》，吴万伟译，《武汉科技大学学报》（社会科学版）2012 年第 3 期。

试的内容，也是学生未来进行自我决策和公民参与的工具。

在吉鲁的教学经历中，对批判性思维培养的体会尤为深刻。他认为，他所教过的大部分学生都将自己定位为技术人员和职员，他们对已有的形式主义和官僚话语已经习以为常，吉鲁带给他们的批判性思维使他们感到非常的新奇。吉鲁自己的学习经历和教学工作体验使他对批判性思维的培养有一种刻骨铭心的重视，他从后结构主义、解构主义解释学等多种话语和理论派别中去挖掘批判性的潜能，他所开设的课程都是研讨式、开放性的。因为，批判性思维承认任何一种激进方案都应体现历史和文化特性，正是这两种特性的存在，才构成了抵制形式的本质。

人们从不同的出发点认识、开展教育活动，形成了不同的教育观，导致了不同的教育目的及结果。以灌输为出发点的教育，也就是弗莱雷所说的"储蓄式"教育（Banking Education），这种教育否认人是历史的存在，将现实神化以掩饰一些可以解释人类在世上如何生存的事实。灌输式教育拒绝对话，将学生视为需要帮助的客体，抑制了学生的创造力与批判性。与之相对应的是，以提问为出发点的教育，最终形成的是提问式教育。在"提问式"教育中，着眼于人的历史性存在，以人的历史性为出发点，以去除神话为己任。它提倡对话，认为对话是揭示现实认知行为不可或缺的重要因素，它有助于将学生塑造成为具有批判能力的思维者和具有创造能力的改革者。学校的课程是作为知识整体而存在的，它理应反映青年获得成功所需要的最佳思维方式。但是，知识被误用了，它成为教师维持秩序的工具。在这种管制中，学生经验的独特性、个性与自身能力的增长被弱化乃至消解，丝毫无助于批判性思维的形成。

批判性思维的培养离不开对知识的表达，即对学生写作能力的培养。吉鲁认为，写作意味着主体和世界之间是以一种中介性的积极关系存在的。"这种关系对于学习的形式与内容，尤其是就批判思维的概念而言具有重要意义。人们只有通过考察批判思维的本质，才能进一步探索关于写作的新进路的意义。"① 这段话说明了写作与批判性思维之间的密切联系,写作的训练对于形成批判性思维具有至关重要的作用。但只有了解了批判性思维,才能形成关于写作的新进路。

写作不是一种工具性技能,而是思维与语言相互作用的辩证过程,是影响、改变世界的一种方式。就像鲍德温所说的,写作的目的是使世界发生改变,它对这个世界是必不可少的。只要一个人的文章哪怕仅仅把人们看待现实的方式挪动了一毫米,也意味着对世界的改变,因为世界的改变是随着人们世界观的变化而发生的。② 如此看来,写作不仅涉及跨学科的学习,更重要的是能够让学生学会批判、理性地思考与表达。

吉鲁认为,主宰写作教学的有技术统治派、模仿派、浪漫派三个派别。技术统治派以纯粹的形式主义作为教学方法,将写作视为工艺、技巧问题,没有看到写作过程能够作为媒介创造知识的作用,未能在学生的内部语言与书面语言之间建立起联系,使作为实践形式的写作沦为一种技术性操作。模仿派则认为,通过典范性作品就能让学生学会写作。但事实是一个人即使阅读了名家的作品,也不能够保证写得更好。在吉鲁看来,模仿派是单纯的复制,尽管看到了思考和写作之间的联系,但却止步于此,没有对在两者之间如何建立起有效的联系进行深入分析。浪漫派则脱离了具体的社会历史环境,忽视了课堂与日常生活的紧密联系。

吉鲁是在文化、政治的层面上去研究写作的。他将写作、学习与批判思维相联系,将写作模式视为学习的工具,认为其能够帮助学生批判性地思考什么内容构成所谓的知识,什么知识形成历史的意义。如果课堂内容和教学方式之中不包含构成学生生活的"文化"资本,

---

① [美]亨利·A. 吉鲁:《教师作为知识分子:迈向批判教育学》,朱红文译,教育科学出版社2008年版,第79页。
② [美]亨利·A. 吉鲁:《缺乏想象力的政治与权力病态》,吴万伟译,https://www.aisixiang.com/data/62036.html,2013年3月13日。

它们就会变得毫无意义。学生对教学内容的分析必须介入交流与对话的教育结构,前提是要摆脱压迫性、等级制的社会关系,形成民主化的课堂社会关系。进而通过反思性、批判性的阅读,形成富有"写作与创造愿望"的教育学。

在吉鲁看来,目前,人们对批判思维的认识忽视了两个重要的前提条件:其一,理论与事实之间的重要联系以及知识与人的利益;其二,规范和价值的不可分割性。"一方面,人的思维的性质必然被看作是绝对的,另一方面,人的思维又是在完全有限地思维着的个人中实现的。这个矛盾只有在无限的前进过程中,在至少对我们来说实际上是无止境的人类世代更迭中才能得到解决。"① 因此,不断进步的教育并不只是意味着发布一项政策、一种制度,或者形成所谓的"教育神话、教育奇迹",它必须增强学生批判性思考的能力。只有这样,学生才敢于提出疑问,进而致力于对问题的分析与解决。

三 知识与权力对现有界限的挑战

将权力与知识相结合进行分析与研究,在哲学的发展史上并不是什么新鲜事物。培根提出了"知识就是力量"的观点,将知识与权力联系起来。法兰克福学派的代表人物霍克海默和阿多诺则认为,展示真理并不是知识的唯一作用,"知识的本质就是技术,操作和行之有效的解决问题才是它的真正目标"。② 在他们看来,与其说知识就是力量,倒不如说技术就是权力。培根从人与自然的角度去分析知识与权力之间的关系,福柯则将关注的重心转移到人与人的关系上来,他认为"知识是与权力控制分不开的。任何时期的'知识型'同时就是权力机制"。③ 无论是自然科学家还是人文知识分子,都是活跃

---

① 中共中央马克思恩格斯列宁斯大林著作编译局编译:《马克思恩格斯选集》(第三卷),人民出版社1995年版,第427页。
② 刘放桐等编著:《新编现代西方哲学》,人民出版社2000年版,第467页。
③ 刘放桐等编著:《新编现代西方哲学》,人民出版社2000年版,第437页。

于权力场域之中的人,谁的知识在教育领域占据主导地位,谁的权力就会通过教育机构的种种活动而被合法化,显示了知识与权力之间的不可分割性。

知识具有语境化和不确定性的特征,它的意义在于不仅使人的心灵世界充盈,也使人拥有掌控外部世界的武器。对每一个个体来说,知识是一种谋生手段,也是认识、说明世界的工具;知识是创造真理的前提,也是寻求真理的过程。福柯提出了"知识即权力"这一论断,使得知识成为每个人作为权力中心而存在的前提。"正是不同力量之间的抗衡和博弈,造成了不稳定、不平衡、不对称的权力形态,其中变动性、异质性所形成的张力,恰恰是酝酿并爆发闪光点、生长点的契机,这就使得权力关系对于知识话语具有了生产性与建构性。"① 知识在不同权力的较量中得到发展,权力在此消彼长的过程中推动着知识的增长。

吉鲁指出,当知识与权力得到有效结合的时候,既强调了差异的重要性,又为差异开辟了更为广阔的思考空间。当然,这并不意味着教师要抛却自己的权力,而是在开放的、可以修正的语境中恰当运用权力。吉鲁认为,教育者和家长都要意识到,知识既不是中立的也不是客观的,而是具有特定旨趣、利益和假定的社会构造。"从知识中的怀疑主义,到权力政治规则中的话语性,再到自我认同中的反思性——在这些文化变迁所开启的空间中,出现了新的文化逻辑。"② 知识与权力紧密相连,展现着对未来的憧憬,这在一定程度上也体现了吉鲁对民主社会的畅想。一个民主社会的构建,必须有批判性的知识作为武器。知识不仅是构成课程内容的必备要素,而且是形成课堂社会关系的中介,它与大学内外的斗争机制相联系,构成师生共同学

---

① 姚文放:《文学理论的话语转向与福柯的话语理论》,《社会科学辑刊》2014年第3期。
② [英]杰拉德·德兰蒂:《现代性与后现代性——知识、权力与自我》,李瑞华译,商务印书馆2012年版,第5页。

习过程的组成部分。

尽管以往的激进教育对学校课程由社会构成的性质进行了富有洞察力的批评，但是，吉鲁认为其在理论上是片面的，这种片面性在处理权力、社会控制、大众斗争的方式上表现较为明显。比如，权力被界定为否定性的力量，意味着不是统治就是毫无权力可言。此外，他们对政治、文化权威的构成要素，伦理、道德的控制形式以及批判知识的构成维度等学校课程更为深层、本质的其他方面没有进行更为深入的分析。"知识越来越失去公民文化的活力，它被贬低为风格、仪式和形象问题，同时也破坏了建立可靠公共空间所需要的个人政治、道德及管理条件，而公共空间是开展辩论、集体行动和解决社会问题必需的内容。"① 最为关键的是，激进教育家忽视了被压迫群体的经验，没有在文化和课程研究的背景中重新界定知识的作用。

权力与知识的互动是一种相互构建、相互影响的过程，知识的获取与创造总是关乎政治的规划与权威的树立。"权力是一个具有文化相对性的概念，它意味着，在一种背景中形成的政治类型给予权力的重要性会不同于其他地方的政治类型所给予它的重要性。"② 这种相对性表明了权力在不同层次、不同价值的对比中得以被强调，它代表着一种价值，人们可以通过知识、学校等资源和机构，实现对权力的价值的追求。"知识与权力一般被认为属于两个截然不同的领域，遵循各自迥然不同的价值规范，然而每个时代都会有一些怀揣知识的智者走出观念世界，试图打通两个性质相左的世界的秘密通道。"③ 从而让知识与权力相结合，实现两者之间的互换，成为服务于民主社会的手段和方式。在福柯看来，身体话语也要受到权力的影响与控制，

---

① Henry A. Giroux, "Beyond the Politics of the Big Lie: The Education Deficit and the New Authoritarianism" (June 2012), https://truthout.org.

② ［美］哈罗德·D.拉斯韦尔：《权力与人格》，胡勇译，中央编译出版社2013年版，第23页。

③ 张伟：《知识人与权力的关系探微——关于"海德格尔公案"的思考》，《清华大学教育研究》2013年第6期。

成为权力的一种表征。由此，身体话语出现在政治的范畴之中，也就不足为怪了。

同福柯一样，知识、权力与主体性三者之间的关系同样也是吉鲁所关注的核心问题。吉鲁认为，权力是在实践与资源的变动中产生的，作为个人与团体在不同经历中所形成的经验，它是文化生产的一种形式。权力是生产社会形态的一种具体实践，它建构了不同的经验形式和主体性形式。"只有通过理解广泛的权力关系和联系，左派才能克服错位的具体性、孤立的斗争和已经变得狭隘和自我破坏的身份认同政治模式。"① 吉鲁将权力分配与知识之间的关系提到了一个新的高度，教师不能仅成为已有知识的传声筒，还应对知识重新进行选择、组织与分配。

在《重围之下的教育》一书中，吉鲁对福柯的权力、知识概念进行了选择性利用，构成了教师作为批判性、转化性知识分子的理论基础。在这里，知识不仅是作为客观材料而出现的，更是权力关系的重要组成部分。"知识准入课程与教育知识的选择是一致的，都是一个权力运作过程。"② 知识就存在于具体的权力关系之内，它反映了不同权力派别的经济、政治和社会利益。知识既是对话与分析的工具，又是形成一种新社会关系的基础。知识不是事实的、中性的描绘，而是师生之间联系的中介。只有当知识成为研究对象，成为人们的中介性力量时，才会有批判性的分析，才能实现知识与批判性思维的互动。

每个学科都有自己的边界与归属，教育哲学无论与哲学、教育学的渊源何等密切，它既不能等同于哲学，也不能等同于教育学，教育哲学的作用与意义是独特而无法取代的。正因为每个学科有每个学科

---

① [美]亨利·A. 吉鲁：《奥威尔式噩梦及新自由专制主义之外》，吴万伟译，http://www.counterpunch.org，2014 年 12 月 13 日。
② 蔡春：《在权力与权利之间——教育政治学导论》，北京师范大学出版社 2010 年版，第 26 期。

的边界，吉鲁才大力提倡跨越边界。在跨越边界与保持边界的张力中，批判教育哲学彰显着独特性，以它的批判性和对教育活动的敏锐感知，以独特的情怀与理想关注教育实践的改造，尽管艰难却执着前行。

吉鲁的边界教育促进了民主公共哲学的诞生，这种哲学把差异作为提高公众生活质量斗争中的一部分。多样性、多元化、斗争性是民主的公共生活得以存在的理由。他认为学生应该进行跨边界的学习，广泛涉猎与文化和社会相关的东西。他利用流行媒介——好莱坞影片，告诉学生们如何去理解自己在以欧洲传统为主流的社会中的位置，还引导他们看清楚权力、权威与社会、学校之间的广泛联系。边界教育也为学生提供了参与多种机会的重要性，使他们在理解意义的过程中将重构作为一种抵制形式置于恰切的位置。当然，最重要的是，教师需要重新反思学校与行为的规则。

将权力与知识割裂开来并非明智之举，于现实也是不可能的。"在人文学科里，所有门类知识的发展都与权力的实施密不可分……人文科学是伴随着权力的机制一同产生的，而科学则被制度化为权力。"[1] 作为重新界定激进教育理论与实践的一个概念，"边界"意味着，第一，它让人们意识到形成语言、权力、差异的认识论、政治论和文化的界线，揭示了文化批评、教育过程是跨越边界的一种形式，即要对现有的界限进行挑战并重新界定；第二，使教育者注重培养学生超越界限的能力，使学生能够以自己的方式理解他者，为不同文化资源的存在创造条件；第三，从历史和社会的角度建立人们所继承的理论和社会关系的界限。

边界教育包含着一系列重要的教育观点，它不仅承认变动的界限，而且将教育理论与社会实践相联系。学生在民主的社会中，能够

---

[1] 姚文放：《文学理论的话语转向与福柯的话语理论》，《社会科学辑刊》2014年第3期。

感受到多样性的民主实践、价值观念和社会关系。吉鲁并不是为了创造概念而创造概念，他提出边界教育的目的在于将政治、伦理的语言上升到更为重要的地位，通过理解权力与知识这一边界教育概念的核心问题，深刻认识边界教育与实践诉求的关系。边界教育是广义差异政治学的组成部分，它意味着差异，同时凸显了政治、伦理语言的重要性，通过考察反映权力的不同方式而强调政治，通过考察作为个体的主体、作为集体成员的主体之间的联系和变化而重视伦理。边界教育意味着激进的教育实践，强调学生在多样开放的语境下写作、聆听的需要，以及与他人进行交流对话的需要。它特别注重培养个体运用批判理性表达公共生活的能力，需要教师在课堂中维护学生表现出来的各种差异性。

吉鲁认为，边界教育承担的任务具有双重性，它既要创造新知识以挑战现行知识界限，又要揭示源于基本制度结构的不平等和人类苦难。概言之，由于可能性的扩大，边界教育十分重视知识与权力的关系，而非仅仅重视政治战略问题。边界教育将以不同视野解读文本、重新理解知识建立的基础当作一项重要任务。它反对集中化的课程，反对使不同学生的文化与历史边缘化的教育实践，反对单纯地传递教学结果，开展库存式教育。它所关注的教育实践，不仅把差异当作历史的建构，而且将差异嵌入了文化政治学，表明了激进教育关注一些基本问题的必要性，如主体对形成知识的重要性，学生学习投入的方式等。边界教育的重要性就在于，它提供了一种关于知识的新边界，使课程文化和社会实践突破了西方文化的主流模式，激发了教师和学生对未来的想象和希望。

在吉鲁看来，差异通过各种实践和诉求而形成，它拒绝去政治化、不公平的多元文化主义，倡导自由、平等、公平等民主的核心价值观，从而对现存的普遍权力关系形成挑战。如果人们仅停留在表达空间差异、种族差异、民族差异和文化差异的层面上是远远不够的，最为重要的是，需要在教学实践和公共斗争中充分发挥差异的作用。

边界这一范畴反映了权力在身体、心灵、历史、空间等领域的不同展现方式，正是在边界这个范畴内，人们表达了对现有统治界线的怀疑与挑战。边界意味着人们通过探究社会、制度、知识对权力的不同反映方式，强调政治和伦理的重要性。同时，边界为教育的发展创造了一种条件，引导师生跨越已有的边界，充分发挥主体性，通过对知识和权力之间联系的理解，实现对自身民主权力和身份的扩展。边界教育使人们意识到，认识且描述学科的边界，关键是要了解知识的生成。教育只有打破社会实践、文化规则以及意识形态等方面的固有界限，才能使师生在特定的历史时刻认识到社会限制自身经历和文本阅读的方式，从而突出边缘文化的重要性。

在吉鲁看来，作为主体的自我是政治化的基本场所。人们所生活的世界不是墨守成规的而是灵活多变的，这就为师生深入了解他者话语提供了机会，推动教师对自己所拥有的价值观、教学法进行辩证的批判性反思，从而突出政治的首要地位。拒绝价值中立，实际也就是在教育活动的过程中遵循主体性原则，在教育的价值领域中平等对待多样化的主体，使每一个人充分享有人之为人的权利，同时也使之承担起相应的责任。教育不仅是学校的事情，也处于政治实践的中心。声音政治学应提供基于政治的策略，发展一种民主的教育。在吉鲁看来，这种民主超越了阶级、种族、性别等因素的限制。当然，这并不意味着消除差异，而是要在差异与边界之中构建一种激进的批判教育。

第四章

吉鲁教育哲学思想的宗旨

> 思考不是现有东西的思想再生产。只要思考不中断,它就能牢牢抓住可能性。开放性的思考可以超越自身。
>
> ——阿多诺①

吉鲁批判性地吸收了相关的理论与思想,形成了其独具特色的激进教育理论。在吉鲁的思想中,始终贯穿着"批判"的主旋律,"只有当人们把握了(他们的时代的)主题时,他们才能介入现实中去,而不仅仅充当旁观者。而且,只有形成一种永久性的批判态度,人们才能克服调和的姿态"。② 传统是批判教育学的组成要素,传统之中富含很多深邃的思想,为人们开展研究提供了理论参照系。激进本身并不意味着与过去的决裂,它也是对现代性的一种延续和超越,激进的教育理论意味着肯定新事物、创造新思想、形成新观念。吉鲁认为,在改变教育不平等和社会不公正之间存在着客观的结合点,为了

---

① 转引自 Giroux, Henry A., "Thinking Dangerously in an Age of Political Betrayal", *Fast Capitalism*, Vol. 12, No. 1, 2015, pp. 23–29.
② [美] 亨利·A. 吉鲁:《教师作为知识分子:迈向批判教育学》,朱红文译,教育科学出版社2008年版,第92页。

让这些客观的结合点发挥教育联系各种政治与斗争的纽带作用，就需要在民主的话语体系中去阐释它们。改变边缘群体、弱势群体在教育与社会中受到的不平等待遇时，也需要在这样的语境中去进行，而一种激进的批判教育则会使这种民主话语得到充分的实现。

第一节 历史与意识形态的双重批判

通过对历史与意识形态的双重批判，吉鲁从以下几个方面回答了激进教育理论所关涉的主要问题：从其关注的焦点来看，他重新阐释、定位教育的内涵，建构政治的想象力，通过发出不同的声音明确自身定位。他以挑战伦理、改造政治的方式关注差异，以一种批判性和可能性相结合的语言，重新理解知识和权力。他注重打破不同学科之间的界线，创造新的知识领域，倡导一种激进的批判教育。

一 历史的维度：对20世纪美国学校发展方式的批判

20世纪的资本主义不仅是垄断的时代，更是将意识形态、文化、技术、极权等渗透到资本主义发展方方面面的时代，种族、性别、阶层构成了20世纪美国时代斗争的三大主题。"一个时代的迫切问题，有着和任何在内容上有根据的因而也是合理的问题共同的命运：主要的困难不是答案，而是问题。"[①] 在一个革命和危机的时代，主体意识凸显，葛兰西对文化霸权及它对革命的危害进行了批判。随即，马尔库塞对技术政治和极权主义进行了探究，指出资本主义工业社会中单向度人的危害。曾几何时，大学一直以象牙塔自居，成为思想自由的世外桃源、远离社会纷争的岛屿。在这里，人们能够无拘无束地研究任何观点，前提是有一种自由民主的制度存在。然而，大学的服务

---

① 中共中央马克思恩格斯列宁斯大林著作编译局编译：《马克思恩格斯全集》（第一卷），人民出版社1995年版，第203页。

职能很快发生了转变，无论是大学自身还是社会各界，都想让大学在社会的进步中发挥积极作用，成为社会发展的助推器与动力源。当然，有一部分人对大学的这种转变不屑一顾，却并不能阻挡这种变化。

20 世纪 60 年代的美国，大学也无法避免上述趋势。在吉鲁看来，大学本应该成为实现民主的公共空间，为民主政治提供所需的知识、技能和价值观。如今，这个观点已被大学是生产新自由主义臣民所必需的市场机器的观点所取代。[①] 20 世纪 70 年代，美国的教育又暴露出新的弊端，学生适应社会能力不强、受教育者难以就业的现象引起了家庭和社会的普遍担忧。教育质量问题始终是美国教育改革的难点。[②] 吉鲁表达了他对大学的美好期望，事实上，部分大学一度被各种各样的社会问题困扰，成为社会的风向标和概念性仓库，这使得美国通识教育改革步履维艰。如果人们提出了改革措施，就会使大学陷入与美国发展的对立之中。通识教育本身并不能提供一个现成的答案，但它却可以将我们的目光引向充满无数可能的未来。

吉鲁认为，教师，特别是从事通识教育、自由艺术教育的教师，需要把握学生目前的资质与禀赋，以追求人类的完美作为终极目标。无论是从专业化发展的角度来看，还是从人的未完成性来看，教师对教育、知识、生命的洞察力都会受到一定程度的遮蔽。外部因素影响了教师的教育行为，也为其评价学生的素质和能力提供了标准。因此，教师必须对学生的成长给予充分的关注，注重培养学生把握真理、识别谬误的能力。

20 世纪，科学主义与人文主义之争成为西方教育哲学发展的主线，呈现出三种转向，即由对共性、普遍性的追求转向对个性、多样性的追求，由对理性的重视转向对非理性的重视，由对主体性的无限性认识转向有限性认识。在这样一个转向过程中，教育呈现出政治

---

① ［美］亨利·吉鲁：《新自由主义政治学的失败：年轻人和高等教育的危机》，吴万伟译，《复旦教育论坛》2011 年第 5 期。

② 吴式颖主编：《外国教育史教程》，人民教育出版社 1999 年版，第 632、636 页。

化、民主化、终身化和国际化的趋势。正如马克思所指出的,判断一个变革时代不能以它自身的意识为根据,而是要从物质生活的矛盾中、从社会生产力与生产关系的冲突中去审视。对教育发展的判断,我们同样不能仅仅从经济、意识形态再生产的角度去判断,也应该从政治与文化冲突,人的个性、自由发展与标准化、统一化的冲突中去审视教育。科学技术发展的本质在于为人类创造福祉,在改造世界的过程中,对人文传统的坚守和对科学技术的追求具有同等重要的地位。

20世纪60年代的美国,整个社会充斥着暴力行为,言论家和抗战示威者的演说、游行活动随处可见。文化相对主义与虚无主义盛行,遍及西方的社会政治运动、新思潮和文化反叛把斗争的矛头指向了"二战"后人们普遍歌颂的"富裕社会"中令人窒息的文化氛围,使人感觉到严密的、压迫性的现代社会正在遭到普遍的反叛。一系列政治动荡不仅促使激进主义对现代社会结构、社会实践、文化及思维模式提出了怀疑,也对传统马克思主义的阶级斗争学说提出了新的挑战,那就是权力、统治的场所和机制具有多样性,不能仅仅归结为阶级与剥削。特别是1968年的五月风暴,对后现代理论的发展产生了深远影响。高等教育的本质被学生的反叛运动政治化,作为赢得权力、充当工具的知识,因为专业性和条块分割受到了无情的批判。如火如荼的学生运动不仅攻击大学,也将批判的触角伸向报纸、电视等颇为隐蔽的权力性机制。学生、工人所开展的各类斗争、女性主义运动、环境保护运动等,引发了后现代主义者对知识和权力的关注,逐步将关注点投向权力发生作用的渠道和领域。

吉鲁认为,从美国学校发展的历史来看,它们很少或几乎没有对自己所采取的教育目的、教育方法进行批评与自我批评。"第二次世界大战期间及战后一二十年内被批评和压抑的实用主义与马克思主义教育哲学重新回归美国学术的主流"[①],这两种哲学流派虽一度因为

---

① 石中英:《20世纪美国教育哲学的发展》,《比较教育研究》2002年第6期。

较明显的政治倾向性而几乎没有立足之地，但终因自身的合理性因素又重新回归到美国教育哲学的大本营之中。

美国关于教育改革的争论，更多反映的是语言、表现和文化的评价与冲突。在这个评价与冲突的过程中，进步主义的中立性使其迷失了前进的方向。学校的非中立性存在是一个既定事实，而进步主义的缺陷就在于无视这种事实的存在。20世纪70—80年代的美国，新技术、新的文化形式以及时空经验形式开始出现，资本主义重新调整，政治发生激烈变动，这表明在经济和文化领域都已经发生了一系列剧烈的变化。① 这些变化不可避免地波及教育领域，影响了教育政策的制定。

20世纪80年代是美国保守主义全面复兴的时期，在保守主义的教育政策中，有以权力与权威关系为主的官僚控制模式、以教师专业支配力量为主的专业控制模式、以统治阶级价值观为主的政治控制模式、以市场观念为导向的市场控制模式以及通过社会文化符号表达权力的价值控制模式，这五种模式在公共学校均取得了较为明显的成功。② 上述模式反映了保守主义以不同形式加强对教育领域的统治，确保自身统治权力和利益的实现。在吉鲁看来，保守主义者丝毫不关心学生与周围环境之间的调节关系，不关心学生与学生之间、学生与学校之间的互动。也就是说，他们没有运用声音政治学来帮助学生形成自己的见解。

官僚控制是一种等级权威结构，运用政府权力维护、传播代表社会主流、精英阶层的核心知识与共同文化。专业控制是保守主义试图以专业主义的意识形态实现对教师的官方、集权控制，而将教师的专业自主性弃之一旁。政治控制作为一种外部控制力，通过与官僚控制

---

① ［美］道格拉斯·凯尔纳、斯蒂文·贝斯特：《后现代理论——批判性的质疑》，张志斌译，中央编译出版社2011年版，第57页。
② 陈露茜：《保守主义时代美国公共教育中的五类控制模式分析》，《教育研究》2014年第2期。

的结合，实现对学校的掌控。保守主义运用自由市场掌控知识的传递方式，从而将市场控制与政治化紧密结合起来。价值控制模式是五种模式中最为关键和根本的一种模式，因为它关系到对整个社会观念和目标的认同。保守主义者通过几种控制方式的合力，泯灭了价值观、知识与文化的差异性，强化了自身权力并使之合法化。① 保守主义试图通过在全社会范围内进行斗争以实现自身的全面复兴与现代化，除了要在经济领域占据领导地位，更要在教育领域充当先锋。保守主义攻击大众文化，认为真正的文化来自传统，知识是神圣而不容置疑的，应该用统治阶级的文化取代人民的文化。在这里，通俗文化的斗争性、多变性都被忽略了。保守主义者曾对进步主义者发起攻击，他们并没有意识到，一个逃避公共责任的社会并没有真正意义上的民主，它的民主正处于危机之中。

新保守主义者对有色人种、女权主义者、少数民族的任何政治观点及理论主张都不发表看法，认为社会和学界围绕文学、文化、伦理、政治等问题的争论是对西方文明的一种威胁。新保守主义者对文化、文学、伦理和政治等基本地位的辩论，实际上是西方文明和权威危机的展现。新保守主义从狭隘的经济视角和个人利益出发，以其特有的保守主义情怀和价值观去看待公共教育，导致他们没有充分认识到公共教育所面临的瓶颈问题和失败之处。在吉鲁看来，无论是新保守主义还是保守主义，他们都缺乏关于民主的概念，对公民培养的重要性视而不见。新保守主义者对有关种族研究、激进学术以及威胁其权力关系事物的拒斥反映了其特殊的高等教育观，那就是大学应该成为保卫西方传统家长制和欧洲中心论的先锋者，这一看法消解了教育、社会正义和批判公民之间的联系。在保守主义的旗帜下，"差异"这一术语被用来为种族关系、父权制、阶级剥削等问题进行辩

---

① 陈露茜：《保守主义时代美国公共教育中的五类控制模式分析》，《教育研究》2014年第2期。

护，从而成为排除其他群体的识别性标签。

自由主义者则认为，学校是相对中立的结构。自由主义教育观的实施，并没有让学生对民主有深刻的体会，未能有效地激发他们对创造更为公正、平等社会秩序的激情与渴望，从而拒斥激进而彻底的社会变革。在自由主义者的领域里，他们采取双重维度来理解差异问题，一方面，差异被置于文化多样性的概念中加以理解并运用，例如，他们认为，种族也是差异的一种表现形式；另一方面，文化差异被自由主义置于边缘地带，也就是说，在自由主义的世界里，白人、中产阶级才是据以评判理性与道德的衡量标准，差异实际上被视为不存在。"自由主义认为一个受过教育的公民应当在社会事务和社会问题上有着普遍的利益，在处理普遍利益上，个人能够公正无私地解决它们。"① 自由主义对公共领域和私人领域的划分，是为了保障私人领域自由及其权利的不可侵犯性，

20世纪80年代的美国属于社会保守主义和黩武政治的时代，90年代则是新自由主义展现印记的时期，市场力量在全球盛行，私有化、自由化充斥着每一个角落。新自由主义支持者极力反对政府在微观、宏观两个层面对市场的控制，"本体"已然失去稳定性和吸引力，在商品的买与卖中显示着不确定性。新自由主义通过实施财政紧缩政策，采取了大量具有惩罚性的措施。在美国甚至是世界上的其他许多地方，新自由主义者将对高等教育的进攻与对社会国家、工人、工会的进攻相结合，他们竭尽全力限制、围剿不以市场驱动为导向的公共空间。

吉鲁认为，新自由主义是掠夺性资本主义的最新阶段，它在意识形态、管理模式、公共教学法政策等方面都剥夺了学生的想象力，威胁着高等教育的存在。作为意识形态，它将获利视为民主的核心，坚

---

① [美] 杰拉尔德·古特克：《哲学与意识形态视野中的教育》，陈晓端译，北京师范大学出版社2008年版，第213页。

信市场是解决一切问题的万能钥匙且形塑着所有社会关系。作为管理模式，它尊崇优胜劣汰的法则，无视伦理问题与社会成本的存在。作为公共教学法，它基于市场理性审视人生的各个维度，以赌场资本主义的形式为激烈竞争的文化进行辩护。① 总之，新自由主义在美国的意识形态中居于主导地位，它正在带领美国走向灾难和奴役的道路，给美国的社会和教育都带来了一定程度的损害。

如果说保守主义者一直热衷于聚焦意识形态问题而试图影响公众对学校教育的关注，那么激进教育家在这一点上颇为"超凡脱俗"。这倒并不是说激进教育家完全置公共教育于不顾，而是他们与新保守主义者关注的焦点不同，他们在意的是"谁有机会接受公共教育的问题"。激进教育家在重视批判的同时，没有很好地完成构建教育理论、指导教育实践的任务。这就使得本来具有较为广阔发展空间的批判附着了较强的片面性，认为权力要么是统治的同义语，要么就意味着毫无力量。与此同时，课程与学校生活的积极方面也被忽视了。比如，尽管激进教育家对学校课程的性质进行了富有洞察力的分析，却没有深入地探究这一判断的实质性内涵究竟是什么。他们陷入了科学主义的遗产与意识形态还原主义的泥淖中。他们从方法和实证的角度来赞美理论，却将希望与可能性的逻辑排除在理论和政治参与的基础之外。

吉鲁认为，与传统的教育学相比，激进的批判教育不是隐匿了知识与权力之间的关系，而是将这个问题凸现出来，并对传统的教育意识形态，即认为学校是传递客观知识的保守观点提出挑战。教育本身具有复杂的联系，它的复杂性就在于对教学、身份的建构，在于促进民主社会关系的形成以及如何应对社会挑战等方面。激进的批判教育学者认为，应辨识不同知识形式背后所隐含着的特定利益的意识形态理论，关注隐性课程与主流社会的文化。吉鲁通过教育致力于追求人

---

① ［美］亨利·A. 吉鲁、维多利亚·哈珀：《新自由主义、民主与作为公共空间的大学——亨利·吉鲁采访记》，吴万伟译，https://www.aisixiang.com/data/74209.html，2014年4月23日。

自身的解放，从而实现社会和人类发展之希望。其目的在于让没有希望的人产生希望，让处于贫穷、边缘的群体走出被漠视的困境，让那些失去社会敏感性、无力对不平等、不公正采取反抗行动的人重新拥有社会责任感，有勇气去抵制走向民主过程中的种种阻力。

在吉鲁看来，激进教育理论借鉴马克思主义传统的有关论述，有效地揭示了学校和社会中的阶级不平等现象，已经具备了独特的政治意义。它们之所以失败，是源于对马克思主义论述的过度依赖。经典马克思主义认为学校中的知识或者是为了满足经济部门的生产需要而存在，或者是承载着特殊阶级利益的表现。学校教育冲突不仅通过阶级斗争也通过其他斗争形式表现出来，激进的霸权概念所涉及的内容远远比阶级这一概念更为广泛。

吉鲁认为，以往激进教育理论的缺陷在于，一是将霸权作为阶级统治的代名词。部分激进教育家将学校视为经济系统的反映和产生阶级的主要场所，认为教育过程与产品的社会关系具有同一性，理性仅仅是在阶级关系再生产的意义上来讨论。二是将意识简化为统治逻辑或探究方法，以揭示统治如何为确立资本主义理性发挥作用。意识作为一种统治形式，作为一个特定团体为自身社会地位而斗争的表现形式，对理解学校的社会、文化再生产具有至关重要的作用。三是激进教育家缺乏与批判教育运动和其他团体人员的有机联系。这在激进教育家的理论与作品中，在与其他进步社会团体的联系中都有所表现。其理论作品或集中于学校意识，或集中于正在发生的事情，从而将理论沦为一种改变性的技术工具或即时配方。四是对教师作为知识分子研究的缺失。以往的激进教育理论没有从阶级、性别、种族经验、组织观点等方面来分析教师角色，没有将学校教育视为经济、意识和文化实践的组成部分。①

---

① Henry A. Giroux, "Marxism and Schooling, the Limits of Radical Discourse", *Educational Theory*, Vol. 34, No. 2, 1984.

美国各州经济发展差距较大，不同阶层之间贫富悬殊，种族歧视难以消除，这一切使得教育机会均等的实现困难重重。公立学校作为再生产资本主义生产关系的强大工具，只是为工人阶级成员和其他被压迫群体提供了极为有限的个体流动机会。所以，人们应在更广泛的关系网络中理解学校这一概念，这些关系允许把学校作为历史和社会的结构，作为与社会发生密切联系的形式来进行分析。而以往的激进教育学倡导理论的方法性与实证性，反对教育的乌托邦情结，以一种绝望的情绪式还原主义强调阶级在斗争中的决定性地位。其片面性在于将权力视为否定性力量，忽视了学校生产对立性知识和社会实践新形式的作用。

吉鲁指出，一些批判教育学者时刻对经验念念不忘，沉溺于自己的言辞和经历之中，他们无法超越基于经验和两极对立矛盾之上的不同观念，将本体从权力、行为、历史、文化、意识形态等纷繁复杂的关系中剥离开来，从而将本体简化了。这就导致了他们一方面试图建立脱离实际的教育学模式，将对生活经历的体悟异化为言语表达。他们误读了弗莱雷的对话式教学理念，反对将文化政治、批判性民主与阅历相联系，在运用的过程中仅仅将其简化为方法，建立了一种以自我为中心的教育学模式，将对话沦为治疗参与者发牢骚的方式。对话本身并不是目的，如果将对话仅仅视为交谈，那就会扼杀学生的求知欲和好奇心，进一步拉大理论与实践的距离。

吉鲁构建激进批判教育的思路是，辩证地对待支配性的意识形态，充分重视学生经验的历史性和社会性，同时对未来民主社会所需的课程形成明确认识。在吉鲁看来，一种激进的批判教育是基于问题而开始的，比如，未来要建设什么样的社会，应该培养什么样的公民，如何使差异、平等的理念与自由、公正保持一致。这都是批判教育所应关注的问题。处于弱势、边缘状态的群体除了习惯于自身所受到歧视以外，一无所得。具有工人阶级背景的学生接受技术技能的训练，具有中产阶级背景的学生去接受更为高级的训练。于是，在课程设置和讲授过程中无形就将学生分流了。对学生的分流使学生身在教育之中，实际却远离教育，降低了他们的自我期望，阻碍了其社会价值的实现。

二　意识形态的维度：对教育实践中不同价值观的批判

意识形态本身是一个较为复杂的概念，不同学者有着不同的看法和观点。"意识形态在整个社会科学中是最难以把握的概念。因为它探究的是我们最基本观念的基础和正确性，因此，它是一个基本内涵存在争议的概念，也就是说，它是一个定义（因此其应用）存在激烈争论的概念。"① 批判教育者非常关注西方马克思主义者关于意识形态的论述，如葛兰西注重意识形态斗争的观点对其产生了一定的影响。如果说批判反映了吉鲁批判教育哲学思想的自律规定性，那么意识形态则反映了吉鲁批判教育哲学思想的社会历史本质，是其思想他律规定性的表现。

18世纪末，法国哲学家德斯蒂·德·特拉希第一次提出了意识形态的概念。在随后的漫长岁月中，意识形态被赋予了不同的内涵和所指。在启蒙运动时期，意识形态反映资产阶级的诉求，代表资产阶级的思想体系。从一般意义上来看，意识形态是关于人类和社会本质的理念、信仰和意见，为人们应当如何生活、如何组建社会提供理论上的框架。它是用以界定观念、观察事物的一种方式。它既包含常识，也反映不同哲学流派的倾向与意蕴。意识形态既是人们生活经验得以形成的媒介，也是其产生的结果。

美国著名的人类学家格尔茨认为，"流于偏见、过于简单化、情绪化的语言以及迎合公众的意见等几乎成了当代意识形态的主要特征。不仅如此，人们还常常把意识形态与仇恨、欲望、忧虑或害怕等

---

① ［英］大卫·麦克里兰：《意识形态》，孔兆政等译，吉林人民出版社2005年版，第1页。

压力下的心理扭曲联系在一起。在一些西方学者看来，意识形态既是二元的，又是孤立的、教条的和专制的"。① 可以说，这一领域是诸多矛盾的集合体，当它在一些人眼里是什么的同时，它在另一些人眼里就可能不是什么。比如，有人认为它是主观的，也有人认为它是客观的。有人认为它是统治阶级意志的体现，也有人认为它存在于被压迫者的精神结构之中。

马克思认为，意识形态属于上层建筑领域，它由经济基础决定并对其具有反作用。在阶级社会中，居于统治地位的思想观点体现的是统治阶级的意识形态。意识形态是统治阶级所建构的虚假性思想体系，目的是为它的统治披上正当性、合法性的外衣。就马克思主义传统本身来看，对意识形态也没有形成统一性的认识。在大部分传统的马克思主义者看来，意识形态与统治的关系才是最为主要的，它形成了反映特定群体需求的话语模式。

吉鲁认为，"在马克思主义传统看来，关于将意识形态看作是统治的全部模式还是构建代理人的一种理论，两者之间是存在中心张力的。每个观点都有其理论缺陷，而且单独拿出每个理论来为激进教育家提供意识形态的批判理论时，都是力不从心的"。② 吉鲁进一步指出，如果想将意识形态理论构建成批判学校教育理论的基础，就必须对代理人、斗争和批判这些概念做出认真严肃的理论分析。在此基础上分析这一概念的局限性，以保持其价值和独特的适用范围。

结构主义者阿尔都塞认为，意识形态作为一种意识结构，是人现实意识产生的前提并对其有规划作用。它不是现实本身，自然也不存在真实性或者虚假性一说。他认为，甚至正是在近代资本主义意识形态的建构下，人才成其为人。"意识形态是具有独特逻辑和独特结构

---

① ［美］克利福德·格尔茨：《文化的解释》，韩莉译，译林出版社 2008 年版，第 236 页。
② Henry A. Giroux, *Theory and Resistance in Education: Towards a Pedagogy for the Opposition*, MA: Bergin and Garvey, 1983, p. 142.

的表象体系，它在特定的社会中历史地存在，并作为历史而起作用。种种事实表明，没有这些特殊的社会形态和意识形态的种种表象体系，人类社会就不能生存下去。"① 阿尔都塞将意识形态置于科学的对立面，认为意识形态以"无意识"的方式控制、支配着人的思想与行为。威廉斯虽然部分地赞同了阿尔都塞对意识形态的看法，但他认为阿尔都塞的意识形态观点具有单向性。威廉斯既看到了作为一种实践的意识形态的物质性，也看到了它的精神性，这在一定程度上打破了已有看法的局限，有助于推动人们从意识形态的角度来分析社会中的种种问题，开始将意识形态这一概念从抽象的思想体系转向丰富的日常经验和生动的话语实践中进行研究。

在卢卡奇和阿尔都塞那里，意识形态是物化的，无论它是一种价值观念，还是一种思想意识，都反映在资本主义国家的社会、管理、政治、文化等行为之中。在伊格尔顿这里，意识形态则从科学、总体性转向知识的解放，意味着权力的运作。"意识形态与其说是'语言'问题，不如说是'话语'问题，它是各种物质利益斗争的场所，在斗争的过程中，社会权力得到了维持和再生。意识形态理论研究的根本目的在于使人们摆脱各种形式的压迫和剥削，获得真正的自由和解放。"② 这充分说明了意识形态之于权力斗争和实现自由的重要性，其意义在于明确它支持统治关系的方式，进而打破权力的不对称性。

葛兰西认为，常识蕴含着世界更为理性的观点，人们可以凭借它获取关于自身的意识。意识并不意味着被蒙蔽，而是意味着人们可以获得关于自身的意识。无论是在何种形式的课程之中，意识形态都不能被去具体化。它既是传统马克思主义者的意识领域，也是阿尔都塞等结构主义者的无意识范畴。吉鲁认为，阿尔都塞将意识形态视为物质性的存在是有问题的，这既会使意识形态失去其本质意义，也混淆

---

① ［法］路易·阿尔都塞：《保卫马克思》，顾良译，商务印书馆1984年版，第201页。
② 朱彦振：《伊格尔顿意识形态观探析》，《哲学动态》2010年第4期。

了意识斗争与物质斗争的区别。吉鲁在这里特别指出要注意意识形态与文化的物质性之间的区分,意识形态反映了人类的行为、话语和生活经验,它在影响物质实践形式的同时,也被丰富多样的物质文本物化了。"意识形态具有连接生产、消费、意义和行为代表的特质。它属于意义范畴之内,对意义来说是一种活跃性品质,是意义指向思想、行为的生产、消费和表现,它既会扭曲也会照亮现实世界的本质。"① 它具有精神层面的特征,同时兼具心理和行为两方面的功效。吉鲁特别重视意识形态在权力、话语等方面的社会功能。他不仅关注意识形态的认识论维度,而且关注意识形态的社会学维度。他同意法兰克福学派及葛兰西等人的理论,即文化通过意识形态霸权实现对支配性信念与态度系统的再生产与分配。

意识形态不仅是个人情感的外在表现,而且是历史、文化和政治的实践,如同格尔茨所说的:"所有意识形态都跟政治有关,而政治自然是一种权力的斗争与博弈。"② 新马克思主义者安德森认为,当代资本主义社会正以强有力的意识形态统治欺骗着大众,"所有意识形态的结构,毫无例外都是对社会形态和其中个人之间真正关系的颠倒,总是把个人当作是社会的想象的'臣民',以此来保证他们作为社会的盲目支持者或牺牲品而真正隶属于这个社会秩序"。③ 事实上,从意识形态的生产和输出的复杂性来看,社会斗争既与阶级斗争密切相关,也与民族、性别、地区、文化等社会问题密切相关。④

在吉鲁看来,意识形态是一种促动机制,它也是通过对经验的历练和建构而形成的,与权力、意义、文化具有密切联系。同时,意识

---

① Henry A. Giroux, *Theory and Resistance in Education: Towards a Pedagogy for the Opposition*, MA: Bergin and Garvey, 1983, p. 143.
② 杨生平:《作为文化体系的意识形态——格尔茨的文化意识形态探析》,《哲学动态》2014年第4期。
③ [英]佩里·安德森:《西方马克思主义者探讨》,高铦等译,人民出版社1981年版,第108页。
④ [加]雷蒙德·艾伦·蒙罗、[美]卡洛斯·阿尔伯特·托雷斯:《社会理论与教育——社会与文化再生产理论批判》,宇文利译,上海人民出版社2012年版,第96页。

形态通过想象、举止和语言表达予以展现。意识形态与主体的密切相关性，形成了主体带有目的特别是政治目的而行动的希望。吉鲁所说的意识形态产生于各种类型的知识、社会实践和文化经验之中，从存在方式来看是指一种动态的结构。从它所产生的作用来看，意识形态是师生交流的媒介，是教师理解自身经验、发现教育世界的工具，也是理解一所学校如何维持、发展的媒介。对意识形态运作方式的理解，有助于教师理解关于知识、人性、价值、社会生活与课堂教学内容的融合。

吉鲁认为，意识形态是通过语言表达、举止和想象来展现的，不但与人们思考的方式和内容有关，也与人们感受、形成愿望的方式和内容有关，它与私人领域和公共领域都有着极为复杂的关联性。对激进教育来说，需要一个更加辩证的意识形态概念。吉鲁进一步指出，意识形态与特定的组织和运动有关，人们需要分析学校维持、生产意识形态的方式。[①] 这种分析将会有助于人们明确接受或者抵制某种特定意识形态。如果人们无法对社会现象进行分析和表达，新的文盲就会随之产生。"这是个糟糕的时代，到处是贪婪；混杂、庸俗主宰着大众文化；整整一代的（有色人种）青年，受到质量低劣的学校教育、贫困、失望以及失业的折磨和压制。20世纪90年代，殖民主义在美国和其他发达工业国家的城市中俯拾即是。"[②] 吉鲁认为，不仅实证主义的思想在美国非常盛行，而且麦卡锡主义也有复辟的趋势，麦卡锡主义意味着很多具有消极意义的词汇，比如无视人权、反对民主等，这对教育的发展是极为不利的。

在吉鲁看来，美国大规模的文化工业在一定程度上剥夺了人们对批判性术语的使用，弱化了人们进行批判性思考的能力。特别是视觉

---

① Henry A. Giroux, "Hegemony, Resistance, and the Paradox of Educational Reform", *Interchange*, Vol. 12, No. 2–3, 1981, pp. 3–26.
② ［美］亨利·A. 吉罗克斯：《跨越边界：文化工作者与教育政治学》，刘惠珍等译，华东师范大学出版社2002年版，第5页。

文化的冲击，侵占了人的休闲领域，使人的心灵日趋工业化，限制了人们的思想力量。当学校一味顺应统治阶级的意识形态并以此主导学校的选择时，就会导致民主社会中的一个突出问题，那就是真正的民主和学术自由其实并不存在。只有当意识形态与批判和斗争结合在一起的时候，它的批判潜力才能够得到充分的发挥。可以说，意识形态与斗争之间的联系直接说明了知识与权力之间密不可分的关系。意识形态不仅形成、维持了统治社会的权力，也催生了具有相对独立性的思想与实践，其意义不仅在于阐明阶级利益和斗争。

为此，吉鲁对以威廉斯、汤普森为代表的文化主义范式和以阿尔都塞为代表的结构主义范式进行了批判。文化主义范式的研究以正统马克思主义文化还原论的主张为逻辑起点，对其进行了批判性分析。他们认为，正统马克思主义的经济基础与上层建筑关系的理论无疑将历史置入了自动化的轨道，文化在自动形成的同时，也加剧了高雅文化与大众文化的分野。他们在理论的层面上没有将激进教育理论与意识形态、文化之间的关系进行深入挖掘，不能对物质实践、经济等因素如何形塑个体、集体经验给予充分的理论说明。概言之，文化主义将批判意识和历史意识作为重要的研究领域，为批判性马克思主义的发展提供了一定的理论基础，最终目的是将抽象的东西具体化，减少存在于生活情景中的理论分类，将被统治阶级的生活经验作为马克思主义统治理论的主题回归，为批判性马克思主义的发展提供理论保障。

如果说文化主义的传统是回归主题，那么结构主义的传统就是适应主题。尽管拉康、阿尔都塞等众多的结构主义者观点各异，但他们有一个共同之处，那就是都强调结构对形成文化形式外表的物质实践力量的重要性。政治、思想意识、经济等都是社会整体的诸多单独结构，结构与结构之间具有相对独立性，且都对历史产生了独特的影响。此外，结构主义者倡导阶级斗争的概念而不是阶级主体作为历史代理人的概念。在他们看来，意识形态是基于社会实践的物质性存在，以教育、法律、历史和社会学的形式体现出来，而不是一种观念的形式。特别是在阿尔都塞那里，意识形态作为社会的基本组成部分，它既是物质实践得以进行的媒介，也是物质实践的最终结果，个体也处于意识形态的影响和构建之中。

吉鲁认为，尽管文化主义、结构主义对意识形态的发展做出了一定的贡献，但它们也都有着各自的理论缺陷。文化主义在强调意识和经验核心地位的同时，没有将人类参与形成的历史演进路径置于应有的地位，忽视了一些具有决定性意义的结构。它们试图平等对待阶级与文化之间的关系，从而抹杀了阶级与文化的复杂性。循环往复的文化主义虽指出文化有助于恢复代理人的生活经验，但却降低了物质实践的重要性。

在结构主义者看来，人类主体的概念本质上具有跨越历史性，特征上具有普遍性。这种普遍性泯灭了人类主体的自我创造和调节，这一观点与实证主义是一致的。结构主义者对于代理人的批判正好反映出他们没有对统治、调解和反抗做出有力的理论解释，他们所建构的统治概念在关注资本和制度逻辑的同时却忽视了人的主观能动性，没有建立起关于冲突和反抗的理论。吉鲁认为，阿尔都塞没有看到人类与思想霸权进行斗争的可能，他对主流意识形态统治的坚持，无疑削弱了被统治阶级的主体地位。

总之，在吉鲁看来，"结构主义与文化主义都在代理人和结构之间存在着往复循环的二元论"。① 虽然与过去相比，理论形式更加成熟，但其根本逻辑依然存在，最终结构和代理人都从他们的辩证关系中彻底消失了，被置于还原论的范畴内，剥离了他们真正的批判潜力。归根结底，两者都缺乏激进思想的参与，当意识形态与学校中居于主导地位的价值观相结合时，就会使体现资本家利益的规则与逻辑

---

① Henry A. Giroux, *Theory and Resistance in Education: Towards a Pedagogy for the Opposition*, MA: Bergin and Garvey, 1983, p. 139.

得到大众的广泛接受与认可,从而限制其他制度的存在与相对自主性。

学生接受教育并不是为了现在的目的,而是为整个人类创造更美好的未来,是为了人性的升华而接受教育。伟大的思想是提高理智素养的积极因素,有研究的自由,才有创造的可能。对一个民主的学校来说,教师要有维护真理的勇气,学校要有坚守某些品质的免疫力,对各种社会力量给予明智的理解。自由不能与权力以及学校内的权威、标准和纪律相脱离,而应与这些因素密切联系。教师的责任不是摆脱权威,而是代表自我和社会运用权威。

吉鲁指出,结构—功能模式过度强调社会的一致性以及学生对这种一致性的遵从,学生的创造能力被忽视或受到人为的压制。新社会学将学生视为具有固定身份的行动者,注重学生在课程开发中的参与度,要求教师质疑和批判课程的陈旧内容。但是,新社会学的缺点在于没有提出推动社会变革的有效理论,也没有提出衡量不同类型课堂价值的标准,使其失去了理论构想的色彩。它既不能揭示社会和政治机构在意识形态和霸权形成过程中究竟发挥了何种作用,也不能有效揭示知识与课堂意义的多样性。

吉鲁认为,较之结构—功能的方法与观点,新马克思主义的优势在于它与正义观念紧密联系,超越了新社会学的功能主义和主观唯心主义立场,将宏观因素与课堂研究等微观因素相结合。然而,新马克思主义没有详细阐述不同类型的知识与课堂及社会的关系。教育,不仅是知识的传递、教学过程的展开,而且是将人的行为观念进行规范并予以社会化的过程。学校因其承担的社会政治功能,不可能使教育成为一个中立性的实施过程。

在对结构主义和文化主义的批判中,吉鲁总结出了意识形态的特征,一是功能上的多重性,其功能在心理和行为两个方面都有所展现;二是诸多领域的意义性,它既关系到思想和行为的产生,也关系到人们对思想和行为的消费;三是存在方式的多样性,意识形态既在理论的层面立足，也在日常生活和实践行为方面有所体现。"意识形态的批判潜力仅仅当它与斗争和批判的概念结合在一起时才变得十足清晰。当它们联系起来时，才能解释权力、意义和利益之间的重要关系。"① 总之，在吉鲁看来，作为诸多关系的联结点，意识形态与无意识、常识、批判性意识处于一种彼此关联的存在状态，体现了它对意义的生产、表达和创造。

第二节 激进的批判教育：差异与边界的有机结合

吉鲁的差异教育、边界教育使他的观点独具特色，在众多的批判教育观点中独树一帜。而他激进的批判教育则统领着差异教育与边界教育的发展，体现了两者的最终旨归。批判教育不仅要颠覆权力关系，创造被统治者所禁止的社会实践，而且要重建一种社会想象，为人类解放创造新的空间。对批判教育来说，历史不是简单的"原音重现"，也不是一场独白。它揭示了教育被边缘化、被贬值的现实，提出的问题具有长远的目的性和意义性，使人们重新思考大学功能的发挥与民主社会建构之间的关系。它是一种关于历史的建构，强调知识能够促进而不是颠覆民主社会的形成。它特别关注知识、权力、愿望和经验形成的方式，涉及作为文化工作者的教师的自觉性努力以及特殊的社会关系是如何生产知识与主观性的。

一 批判教育的产生与发展

产生于 20 世纪 70 年代的批判教育，有着不同的社会背景与理论来源，思想复杂，观点各异。但多以批判理论为基础，围绕教育理

---

① Henry A. Giroux, *Theory and Resistance in Education: Towards a Pedagogy for the Opposition*, MA: Bergin and Garvey, 1983, p. 144.

论、课程等重要问题，致力于对传统教育的批判与解放，为教育理论与实践的发展注入了新的生命力。从流派上来看，学界一般将其分为创新性和保守性两派，前者以英美批判教育学者为代表，后者以德国批判教育学者为代表。批判理论以"话语的世界"为聚焦点，认为人与自身、与他者以及与周围环境的联系都受到实践的影响。生活的世界，也是人们形成自我意识、社会、文化关系意识的文本世界，人们可以对它解释、分析、重构或者创造。毕竟，"生活世界是理论世界的问题之源和存在之源，因而也必然是理论世界的意义之源。它表明了理论世界存在的意义和存在的目的"。[①] 批判理论质疑主流理论和总体理论，主张理论、意见的多元化，将权力与意义问题延伸至日常生活领域，对政治学所涉及的客观与经验问题重新进行描述、分析。

　　批判理论学者认为，斗争应该在学校内进行以改变教育，提醒人们争取自己在社会中的福利。批判理论家们试图通过语言的解放实现群体的解放，推动了批判教育的产生与发展。批判教育的核心是批判资本主义社会的学校教育，倡导更富解放性的教育模式。批判教育特别强调，教育者既要怀疑知识的普遍性、客观性，也要注重知识的超越性、批判性和对话性，凸显了知识的时间维度和意识形态维度。"二战"后，批判运动深入各个学科领域，自然也影响到了教育学科的发展，直接推动了德国批判教育学的诞生。"二战"后的德国，抗议纳粹的运动引发了理论的批判，作为西方马克思主义重要流派之一的法兰克福学派登上了历史的舞台，阿多诺、霍克海默、马尔库塞、哈贝马斯皆卷入了教育的论争之中，成为德国批判教育学发展的外在动力。从德国教育学发展的内在因素来看，精神科学教育学的现代发展和经典教化理想的失落，也促进了批判教育学的产生。

　　德国批判教育学的解放、理性等概念，深受法兰克福学派的影

---

① 丁立群：《理论哲学与实践哲学：孰为第一哲学?》，《哲学研究》2012年第1期。

响,但德国的批判教育学家同时也声明:"批判教育学不接受任何未经检验的理论,批判教育学不会简单地把自己与社会科学的批判思潮和法兰克福学派联系起来。"① 德国的批判教育学家对国家持一种不信任的态度,认为资本主义的绩效原则和要求是一种压迫和剥削,权威意味着压迫和不自主。他们认为批判教育的目的就是要形塑具有解放性的个体人格,特别是要培养成年人的批判理性能力和交往对话能力。从批判教育学的发展历程来看,无论是在德国还是在美国,它都不是一个统一的学派,而是由思想观点各异的多个流派组成,与马克思主义、批判理论有着无法分割的渊源关系,特别强调教育的政治、文化维度。

在美国,具有不同倾向的批判教育理论的分野始于 20 世纪 60 年代末期,一方是带有浓厚唯心主义色彩、专注于构建教育知识的新教育社会学学派,另一方是带有唯物主义色彩、主张经济基础影响教育功能发挥的结构主义倾向学派。70 年代,以阿普尔和吉鲁为代表的激进教育理论在融合上述两种观点的基础上,将教育的主体性、结构性、历史性联系在一起。阿普尔指出,资本占有者等上层阶级力争使自己的文化为其他阶级所接受,这种文化是一种以"意识形态"为核心的霸权。尽管最初阿普尔受结构主义葛兰西学派的观点影响较大,吉鲁受法兰克福学派的影响更大一些,但这并不妨碍后来他们在某些重要观点上达成共识。他们对批判教育的认识基于经验,同时也基于他们自身的理性思维能力对以往理论的批判性选择与借鉴。

吉鲁认为,批判是一种社会、政治要素,解放的兴趣从否定的态度中产生,批判的标准则存在于交往之中。弗莱雷在《被压迫者教育学》一书中就指出,应以互动、对话、参与式的教学取代灌输式教学,要赋权给被压迫者,以创造更加民主、正义的社会秩序。吉鲁等

---

① 彭正梅:《解放和教育——德国批判教育学研究》,华东师范大学出版社 2008 年版,第 7 页。

人将弗莱雷的观点与法兰克福学派等人的批判理论相联系，进一步发展了激进的批判教育。

批判教育源于教育实然状态和理想状态之间的断裂，它以主动建构的方式展现自我，所提出的问题对人类的发展具有重大意义，这些问题是人类争取自身解放斗争的重要组成部分。其发展的中心是要揭示教育作为一种文化的实践属性，使教育在不对称的权力关系中创造知识。批判教育不仅是要颠覆权力关系，开展统治者所禁止的社会活动。更重要的是，它要重建一种社会想象，为建立社会性的新模式、重建人类的解放和自由的意义创造新空间。

在吉鲁看来，批判教育的使命是通过改造广泛的社会秩序，从而营造更加公正和合理的民主社会，更充分地发展学生的权能，使学生能够介入自我的形成过程，并改变自我介入的压迫性特征。就此而言，批判教育为人类能力的多样性提供了一种可能，扩大了学生可能具有的社会身份范围。从教育和政治方面尊重学生的多样性，为发展有助于社会改革的公共语言提供对象。这就要求批判教育家必须为学生创造条件，参与作为抵制形式的文化重构。其任务在于从意识形态的角度把握多元教育理论，向教育话语提出挑战，揭示在多元文化教育中起作用的政治利益。其核心目标是生产知识，为行使权力的公民们开辟一个公共区域。如果认同这一目标，就意味着批判教育家们必须真实地关注教育与地域、家庭、收入、性别等社会问题之间的关系。而在通常情况下，这些问题却常常被认为与课堂教学无关。

吉鲁进一步指出，批判教育的形成与发展，应建立在对知识和学校实践持有辩证观念的基础之上，贯穿在解放性课程的建构过程之中。批判教育对待支配性意识形态的态度是批判性运用，而不是完全拒绝。它对批判性的社会主义民主需要什么类型的课程有着清醒的认识，那就是将大众经验作为分析的对象并参与其中，把具有历史性、社会具体性的学生经验作为批判性课堂教学的出发点。吉鲁对从属阶层的知识和记忆并不是简单的一边倒并将其理想化，而是认为它们同样需要评价和革新。

麦克劳伦曾将吉鲁多年来思考、研究的问题总结如下：人们将自身建构成变革的社会能动者的道德变量是什么；教育者怎样才能认识到在教育的名义下实行着事实的不公正；如何才能把与阶级、种族、性别和权力密切相关的系列难题与教育的质量和卓越结合起来；知识、权力、主体性关系的范围是什么；在解放性教育的旗帜下，什么样的多样性已经失去了表达的权力；教育工作者怎样才能把学校教育理论与一种身体和理想的教育学联系起来。①

美国的传统教育存在两大弊端：一是教育与社会的脱离，二是教育与学生的脱离，依据社会传统制定教育目的，不适合学生的理解和需要，未能有效激发学生求知的本性。如果说杜威的教育哲学正好围绕这两大重要问题力争革除积弊，将生活和经验视为教育的灵魂，实现教育中心从"教师"向"学生"的转移，振兴了美国教育，其理论对教育的意义不亚于天文学史上的哥白尼学说。那么，吉鲁则将教育与政治、文化结合起来，与广大师生权能的发展结合起来，同样在教育领域产生了极其重要的影响。教育的真谛何在？那就是，不但要使每一代人能够适应当前的环境，而且能够在未来适应日新月异、急剧变化的广阔世界与民主社会。

教育不是对前人业已形成的文化亦步亦趋和重复再现，理想学校亦不是纯粹书本知识的容器，而是能够让学生感到快乐生活的园地，能够有助于学生自我价值的实现。只有让学生在校期间能够享受到充分而合理的自由，在他们今后的成长中，学生才能够正确地理解并运用自由，从而为民主社会的形成奠定坚实的基础。

在吉鲁看来，美国的现实状况是，右翼倾向渗透到美国社会的每一个角落和每一个美国人生活的方方面面，政治不再具有民主的意

---

① [美]亨利·A. 吉鲁：《教师作为知识分子：迈向批判教育学》，朱红文译，教育科学出版社2008年版，英文版序V。

味，而是代表着战争的延续。战争造就了沉默、驯服的文化和知识分子，以及被动的消费者。由于统治者代表着右翼军事集团、新保守主义者、企业集团的利益，国外战争的发动导致了国内战争以另外的方式继续存在，那就是企业开始反对社会，社会开始反对批判性的教育。极具讽刺意义的是，反对社会、国家与民主的战争在某种意义上与反对高等教育的战争走在了同一条轨道上。显而易见的是，政府机构不断缩减对高等教育的投资，同时以市场价值观为导向左右着大学的发展，这对民主社会的构建来说，显然不是什么福音。

在政策上，美国的大学越来越倾向于减少终身教授的岗位，削弱教师的利益。随着工作负担的加重，教师的工资不是越来越高而是相反，他们不再拥有必需的办公空间和设备，失去了参加学术交流的经费支持。在学术上，教师不再享有充分的自由，很多批判家因为政治取向的不同受到了右翼团体的限制或者解雇，这就迫使那些站在讲堂上的教师谨言慎行。[1]

右翼联盟的存在改变了美国人民所处的生活环境，地域、种族、阶级、性别的差异已不复存在，个体利益凌驾于公共利益之上。吉鲁指出，高等教育受到了右翼保守派以及企业家的全面攻击，它正在成为企业力量的一个核心因素，高等教育作为民主社会之公共空间的功能正在被削弱。[2] 人们逐渐基于市场价值导向来审视大学里的一切，大学校长扮演的是首席执行官的角色，筹集资金的多少、与企业捐款者是否建立了紧密联系，成为衡量其管理水平高低的主要标准。教师不再是授业解惑者，而是成为追逐利润的企业家。学生不再是传承、创造知识的接班人，而是消费者。针对美国社会、文化和教育中存在的种种问题，吉鲁表达了他对上述问题的忧思，美国人民到底需要一

---

[1] ［美］亨利·A. 吉鲁：《新自由主义政治学的失败：年轻人和高等教育的危机》，吴万伟译，《复旦教育论坛》2011年第5期。

[2] ［美］亨利·A. 吉鲁：《新自由主义政治学的失败：年轻人和高等教育的危机》，吴万伟译，《复旦教育论坛》2011年第5期。

个什么样的社会？采取何种措施才能有效阻止企业针对社会、社会针对批判性教育的战争？

如果教育只致力于物质与技术的发展，不再关注人自身的发展和生命质量的提升，如果一个涉及价值和人类目的的问题在教育上被简化为技术的问题。那么，教育就会偏离它应有的轨道。作为批判教育运动的支持者，吉鲁坚信教育在影响政治关系、社会关系中的重要作用。正如他自己所言："我的教育学的核心，一定不能简化为服务于社会改造的特定意识形态的灌输。我的直接目标是，使学生批判地思考他们的生活。"① 从中可以看出，在吉鲁这里，如果教育只带来一种特定的结果，那它就会成为恐怖主义的变体。对学生来说，应该让他们自主选择课程内容，自由表达对某种特定意识形态的接受与否，而不是从外部强加于他们。

二 追求解放与希望

解放意味着扩展、保持个体发展自我的兴趣，目的是抵制不合理的统治，并从各种类型的压制中解放出来。这些压制不仅包括物质方面的，还包括在偏见和意识形态方面的控制。一旦个体意识到了挑战，理解了可能的应对方式，个体就有可能为了改变客观环境而采取建设性行动，即使不能完全消除压制与统治，至少也可以减少它们，从而将批判意识导向批判行动，即实践。解放意味着通过理论与实践的结合，将个体和社会团体从种种剥削和压迫中解放出来。从批判理论的角度来看，解放意味着对僵化社会关系的驱逐。它既是批判性思想和政治行动相互结合的过程，也是一个学习的历程。解放的观点并不鲜见，布尔迪厄也曾提出，应该把人从社会统治的支配中解放出来。弗莱雷认为，培养为自身解放而斗争的人是被压迫者教育学的根

---

① ［美］亨利·A.吉鲁：《教师作为知识分子：迈向批判教育学》，朱红文译，教育科学出版社2008年版，第128页。

基，只有通过彻底的行动与统治文化进行斗争，才能使作为压迫者的统治阶级消失。通过人性化教育的实施，使人们意识到自身存在的路径，以一种兼顾自身和他人需求的方式去发展自己的能力。这就意味着在解放过程的每一个阶段，被压迫者都要使自己更加人性化，要从重获尊严的角度进行斗争，使政治行动与教育行动真正结合起来，勇于承担并完成自身的历史使命。正如吉鲁所指出的："'解放'的后现代教育能对自己的选择负责，这种教育是对教育自身和民主的一种变革。在这种变革中，课程要包括边缘知识和不同观点的讨论，要认真分析传统知识的内容，并要清楚地知道它是如何形成人们对种族、性别等的不同观点。"①

在"保存文化与知识"的名义下，人们拥有的制度既不能获得真正的知识，也不能获得真正的文化。在弗莱雷看来，对丧失人性的人和使人丧失人性的人来说，都意味着非人性化。被压迫教育学是使人非人性化的一种手段，它使教育成为一种存储行为，否认了教育与知识的互动，阻碍了人们创造力的发挥和改革精神的确立。它以一种畸形的教育压迫生命，利用被压迫者业已存在的依赖性去强化这种依赖性，使人们离开了真正意义上的探究与实践，阻碍了人成为真正的人。只有通过对世界的反思与行动，通过对教育实践的改变，才能实现改变世界的目的。

吉鲁充分地汲取了弗莱雷的上述观点，他意识到，如果将统治全部简化为阶级统治的形式，将会抹杀苦难的多样性。而且在现实中，各种相互对立的社会关系是不同社会群体发动组织斗争的前提，有些压迫形式确实不能归属于阶级压迫这一类型。他认为，评价一个社会是否发展的首要标准在于，看这个社会是不是"自我存在"，这就意味着要超越以"人均收入"为基础的衡量标准。除了"自我存在"

---

① ［美］奥兹门、克莱威尔：《教育的哲学基础》，石中英、邓敏娜等译，中国轻工业出版社2006年版，第341页。

这一标准，其他的标准只是意味着现代化而不是发展。社会要实现发展的目标，必须进行一场探索性、创造性的运动，而这场运动应在具体的空间和现实的时间里进行，其决定权必须掌握在探索者手里。正如弗莱雷所指出的，"应该教导学生实践关于实践的思考，做到这一点的方法之一，是在任何可能的时候，就其与更广泛的社会经济总体的关系来检视和评估每一种学习经验"①，特别是学生自身的经验，应被作为差异的民主政治学进行分析。

希望的实践就是批判的实践，它主要通过民主的教育来予以体现。在吉鲁的批判教育哲学思想中，希望具有一种启蒙的意义，当这种意义被内化到一个人的心理结构之中时，就充分彰显了意义自身的"意义"，从而不断增强人们实现教育理想的可能性。希望是更广泛的文化政治的组成部分，它反对封闭的武器，使权威成为促进社会转变的现实力量。希望有助于深化社会正义，推进全球性民主。如果没有希望，也就没有未来。吉鲁认为，希望很重要，但并不是人们应该拥有的全部。人们还必须知道，如何确立希望，如何实现希望，怎样才能制定实现希望的有效策略，怎样才能通过开展政治斗争实现希望。

希望承载了吉鲁对教育的理想期待，在吉鲁的批判教育哲学世界里，希望是一种具有革新性的力量，而不是一种口号式的标语。对教育来说，希望既是一种过程性的教学状态，也是一项可以验证的结果。既是一种继承，也是一种改变。希望既是个体的价值取向，也是更广泛意义上的政治组成要素。既是一种使命，也是一种信念。人们需要将批判的要素与对教育的美好希望结合起来，因为希望不仅代表个人的倾向，对追求民主的教育事业来说，也具有根本性的意义。希望为教育的发展提供了依据和方向，它不仅涉及历史，也以深邃的视

---

① [美]亨利·A. 吉鲁:《教师作为知识分子：迈向批判教育学》，朱红文译，教育科学出版社2008年版，第49页。

野指向未来，它关注的是历史让人明智之处，留下的是人们关于理想教育的未来想象。

教育的重要性，要求教育研究者和教育工作者不能仅仅关注学生如何学习的问题，更要关注教育者如何从所表达的内容中建构意识形态和政治。教育实际上就是一项具有内在合理性的乌托邦工程，人们需要明确的是，构建一个更为美好的教育世界是现实的，也是可能的。多少年来，教育带着很多弊端与问题艰难前行。教育给予我们的一大益处就是，不论它有什么样的问题，总是又蕴含着很多的希望。"希望不只是一种政治，它也是一种教学的和执行性的实践，为使人们能够了解他们作为伦理的能动者和公民的潜能提供基础。""希望是反对封闭的重要武器资源。有教养的希望赋予政治以多样性，为不同意见开辟空间，使权威成为需要说明的东西，在促进社会转变方面成为一种现实的力量。"① 从上述论述中，我们可以看出，吉鲁将希望作为政治的组成部分，它是教学的实践，也是培养具有批判性思维公民的基础和促进社会转变的现实力量。

正如个体的世界由社会所建构，同样，社会也是能够被个体批判和改造的。"在社会发展的一切阶段上，教育对社会的进步都曾有过贡献。人类历史上最伟大的个人与集体的成就都是和教育分不开的。"② 教育作为社会的组成部分，也存在着可以实现的诸多可能性。个体对自我和社会变化的追求不以绝对范畴的真理而存在，相反，它以相对真理的形式存在，会随着具体条件的变化而变化，具有境况性。批判教育不存在最终的答案，因为它总是处在生成的过程之中。作为教育者，应该形成一个积极的联合共同体，将自身所从事的工作政治化，将学校的政治作用扩展到其他的公共性领域。当一些激进教

---

① [美]亨利·A.吉鲁：《教师作为知识分子：迈向批判教育学》，朱红文译，教育科学出版社 2008 年版，Ⅶ。
② 联合国教科文组织国际教育发展委员会编著：《学会生存——教育世界的今天和明天》，华东师范大学比较教育研究所译，译文出版社 1979 年版，第 28 页。

育者未能以针对性的政策和观点与新保守主义教育政策相抗衡时，就为批判教育重新思考公共教育提供了难得的契机。

吉鲁将解放与希望以一种表现的批判教育展现出来，表现的批判教育认为人们生活在视觉文化之中，这样，批判教育就需要理解意识形态和实践之间存在的联系。它涉及以下两个重要问题，一是质疑权威的观念，二是以自身经验为起点，发出自己的声音，其核心就是以多种方式进行质疑，在特定权力与知识关系中生产文化并将其合法化。从这个角度来看，批判教育是文化政治和社会记忆的一种形式，它所说明的既有认识论的问题，也包括权力、伦理与政治问题。

吉鲁指出，从表现的批判教育来看，人们应该给予教育更多的关注，重新阐释教育。因为教育不仅是一个学科的集合体和代名词，它还包括权力、历史、自我认同、集体能动性、斗争可能性等各种问题，要求教育者必须有建构政治想象力的敏锐性，同时将伦理视为批判教育的核心，尤其需要关注不同的道德话语。正是这些道德话语的存在，为学生提供了丰富多彩的意义世界，有助于学生更广泛地了解社会的多样性，从而建立起一种对他人、对社会的责任感，形成学生的自我认同，并将人们从被压迫的状态中解放出来。表现的批判教育站在被压迫者的一方，反对实证主义、历史虚无主义和非政治化的教育，认为教育要质疑知识的客观性和批判性，而不是让知识游离于人类社会发展过程之外，无视知识的时间性和意识形态性。

吉鲁认为，激进的批判教育必须对社会及教育的发展保持敏感度。对吉鲁来说，发展一种新的教育实践理论，必须要对业已存在的、理所应当的现象进行批判质疑。在他看来，学校远不止是一种教育场所，从一定意义上讲，将学校视为文化场所与将其视为教育场所具有同等重要的地位，甚至前者更为重要。事实上，吉鲁在教育、文化研究领域中所做的一切努力皆以推进民主社会进程为目标。想象固然能够推动美好理想的阐发，但它毕竟无法代替目标的实现。而吉鲁对教育与民主社会的希望不仅仅是乌托邦意义上的想象，他也重视学校作为公共领域所扮演的角色与使命。在吉鲁这里，教育的乌托邦图景与实践策略得到了有效的结合与转化。

在吉鲁看来，激进教育与批判教育在一定程度上具有相同的意义，激进教育不仅仅指称学科体系与知识体系，它首先是作为一种特殊的教育实践而存在，其特殊就表现在人们可以质疑现有种种制度和假设，这一看法体现了吉鲁教育理论所具有的强烈批判色彩。在激进的批判教育中，教育者可以对理性的任何概念提出疑问，在不断否定理性的过程中揭示真理，以积极主动的建构方式为自己和学生创造思考的新空间。"科学与知识的增长永远始于问题，终于问题——愈来愈深化的问题，愈来愈能启发大量新问题的问题。"[①] 具有可行性的激进教育既要对人类机构的形成过程进行辩证分析，也要从历史的角度对学校内外的再生产和改革进行探讨。如此，才能更深刻地理解不同阶级关于学校具体问题的分歧与矛盾。

在批判教育的视野中，知识应有助于推动民主社会的形成，充分体认边缘群体的知识形式与社会实践。这也就暗含了批判教育的另一个主张：话语应包含特殊性、具体性和偶然性，它所指导的教育实践必然要体现伦理的态度，必然使一个民主的社会充满了团结、同情和关心。同时要重新审视教育、学校的概念和内涵，从挑战伦理、政治的角度关注差异，运用竞争与团结、交流与对话共在的语言，使不同的话语为学生提供不同的伦理参照，从而实现教育的解放与希望。

第三节 教育与学校的新诠释

在社会的实际发展历程中，人们注意到教育并没有充分促进社会的公平，而是成为促进社会差别和对立的根源所在。因此，吉鲁指

---

① ［奥］波普尔：《科学知识进化论——波普尔科学哲学选集》，纪树立编译，生活·读书·新知三联书店1987年版，第184页。

出，对教育这一特殊的政治性活动和学校这一特殊的公共空间，不能仅仅用唯科学的方式探究，还要运用批判性的思维去审视，以解释教育现象背后种种复杂的利益关系与权力纷争，使师生充分发出自己的声音，致力于教育的公平、公正与整个社会的解放。

一 作为文化生产形式的教育

对于"教育到底是什么"的追问至今仍在进行，围绕这一根本性的追问，出现了教育是一种工具、是一种生活、是一种活动等不同观点。在教育的过程中，伴随着知识与权力、民主与权威、自由与约束、平等与交往等诸多关系。按照萨义德的阐述，观念和理论从一种文化向另一种文化迁移是一个十分有趣的现象，这种迁移反映了处于特定历史时期和文化背景的理论置于另一时期和环境中的可能变化。在这一过程中，理论和观念的移植、转移、流通以及交换的所有解释会异常复杂。[①] 所以，对于教育是社会的过程、教育是社会的功能等诸如此类的论述，必须结合所处社会的性质去理解。

吉鲁认为，教育在承认不同符号形式代表不同意义的同时，也体现了相互对抗、不平等的权力关系，如果仅从文化、政治、经济任何一个单一的维度去理解教育，都是失之偏颇的。我们不能说教育是社会进步、人类发展的唯一终极力量。同样，我们亦不能否认教育是实现上述目标的重要力量之一。任何一个社会，如果没有教育，文化、科学技术都不会得到充分的发展，也无法赢得应有的国际地位和尊重。教育不仅是政治、伦理、文化认同的实践，也是兼具社会性与历史性的活动。

20 世纪 40 年代，战后资本主义特别是美国资本主义获得了稳定的发展。这一时期，西方马克思主义者将批判的利剑直击资本主义及其文化理念，以大众文化批判为基点延伸到对西方文化根源的批判。

---

① Edward Said, *Traveling Theory in The Edward Said Reader*, Vintage Books, 2000, p. 195.

"美国仍被视为一个没文化的国家,一个真正文化废弃物的聚集地,它只想从一种在思想和行动上致力于肤浅的世界主义的体制中追寻舒适的自我保护。"① 传统主义者认为学校传授的是文化中的高雅部分,学校的任务就是在从属阶级和大众文化中完成对高雅文化的复制。而左派教育家不认同这种观点,他们认为处于被压迫状态的群体文化应该得到拯救和扩展,被压迫群体的经验必须得到重视。

吉鲁对高雅文化与大众文化持一种辩证的态度,他提倡重视从属性文化,但又不是重视得无以复加,全盘接受,而是非常客观,充分考虑到了两种不同类型文化之间的平衡与各自的优点。他指出:"无论是批判主流文化还是使从属性文化(工人阶级、黑人、妇女)具有一种声音,这都不能发展一种用来探讨主流与从属文化的批判性方法和教育学。"② 在吉鲁看来,要想实现重视大众文化、通过高雅文化影响大众文化的目的,就需要在肯定大众文化的同时,对其进行批判性的质疑,在发现大众文化力量的同时,也能充分认识它们的缺点。吉鲁的这种看法深受现代主义、后现代主义对文化的分歧与争论的影响。

现代主义视野下的文化是在严格的边界中形成的,在这种形成模式下,种族、阶级、性别的划分都披上了合法化的外衣,存在的多样性和丰富性、重新定位的可能性都被棱角分明、僵化固定的边界抹杀了。正是在此种意义上,后现代主义试图冲破现代主义所确定的藩篱,凸显种种丰富的可能性,提出了许许多多的新问题,如高级文化和低级文化的问题,文化、权力与政治的问题,特别是对霸权概念、种族中心论、种族优越论提出了强有力的挑战。阿多诺认为:"'精英文化'被当作身份的象征,成了粉饰社会现实的工具,变成一种特

---

① [美]艾伦·布卢姆:《美国精神的封闭》,战旭英译,译林出版社2011年版,第153页。
② [美]亨利·A.吉鲁:《教师作为知识分子:迈向批判教育学》,朱红文译,教育科学出版社2008年版,第184页。

权和残缺的教育,沦为统治的工具。"① 后现代主义认为将精英文化和通俗文化严格区分开来是不合理的,也应该对通俗文化和日常生活进行认真的思考,从而为边缘文化政治学的发展提供可能。

精英文化与通俗文化的区分源于历史和政治的建构,从文化产生和发展的过程来看,其创造需要多种形式的构成和交流。通俗文化促进了人们文化投入方式的多元性,这意味着,人们不能以简单的方式对待通俗文化,因为它是容纳多样化政治的场所,而多样意味着愉悦、同意和无私投入的辩证组合。吉鲁指出,葛兰西对通俗文化概念进行了再界定,凸显了通俗文化的重要性,意味着一个研究文化的新起点。葛兰西的贡献在于创建了有关文化、权力、霸权的理论,这一理论的重要性在于它使人们摆脱了对通俗文化的两种极端性看法,即要么认为通俗文化是被人们普遍接受的,要么认为通俗文化只不过是统治阶级的没落体现。吉鲁认为,通俗文化必须成为官方课程的重要学习对象,成为学生日常生活的合理内容和形成学生主体地位的重要力量。正是在这个意义上,吉鲁致力于要将通俗文化、大众文化引入课堂教学,强调对边缘群体、弱势群体文化的重视。

"哲学就是对通常信以为真的基本问题提出质疑,人类的每一个实践领域都有自己的哲学,都需要对其基本概念、原理和方法提出质疑。"② 教育哲学亦如此,正是从这一角度出发,从批判教育哲学的视角来审视,吉鲁认为通俗文化与意义和情感投入的范畴休戚与共。为此,吉鲁指出,教师必须重视意义、情感的投入与产出之间的联系,进而延伸出学生如何理解意义的产生,如何认识自身、未来等问题,重新思考欲望的产生与调节在学生创造特殊文化与知识等方面是如何发挥作用的。不仅要从日常生活的形式去解读意识形态,更应该

---

① 严奇岩:《西方马克思主义与批判教育学》,《上海交通大学学报》(哲学社会科学版) 2005 年第 6 期。
② [美] 布莱恩·麦基:《哲学的故事》,季桂保译,生活·读书·新知三联书店 2002 年版,第 6 页。

从实践的角度去探索，把对通俗文化的分析纳入学习过程之中，让学生在分析话语的过程中重构文化的意义。

在吉鲁眼里，文化是在一种非对称的权力关系中生存并发展起来的，是一个在想象中可以将其还原的过程。文化研究需要的不是作为转化性知识分子的教师在现有学术与政治系统中的妥协，而是一种反霸权的实践。它提倡能够彰显知识分子政治角色的课程内容，以提供给学生批判性的工具，重新审视人类用以进行解放事业的知识和技能。文化不仅是由经济基础决定的，也是政治的反映。学校的主导文化具有一定的倾向性，不能满足所有学生的需求，特别是受压迫阶级学生的需求。

任何政治的可行性、社会能动作用的发挥，都需要以一种质疑的文化为基础，充分挖掘人类的潜能，不断对社会提出怀疑。吉鲁认为，把文化的概念政治化突破了人们对文化的传统思维定式，一方面有助于使文化摆脱艺术、诗歌、戏剧和高雅文学的狭义范畴，另一方面有助于将文化概念改造成为一个实质性的论战领域。

吉鲁对文化的重新定义和再分析，为其深入探究文化和教育的辩证关系奠定了理论基础，成为构建一种更为激进的教育的起点。这就意味着，教育的发展不能仅仅从学科的意义上去衡量，更应该在权力、政治、自我认同所孕育的可能性中去衡量。如同他对教育政治化的热切期盼一样，吉鲁也特别提倡将文化政治化。文化不是社会的普遍性表达，也不是超越物质与意义的空洞存在。所以，应从权力的角度、从占据统治地位的社会形态来审视文化。

在吉鲁看来，作为文化生产形式的教育，为学生提供了一种进行批判性创造、思考的学习氛围。在这种氛围中，学生所获得的不仅是给定的文化价值，而且能够对自己的生存状况进行持续性分析。吉鲁强调，如果人们认为在不久的将来，大学的学科结构和机制将会完全消失，这是一种错误看法。但是，如果将文化研究完全置于大学的学科结构和机制之中，也可能是一个错误。比较明智的选择是应该将学科视为"边缘性"的存在，不是让师生围着学科转，而是让学科以师生的兴趣为中心。为实现反学科实践的目标而进行激进的社会变革，将文化研究转化为文化批判，使文化研究成为一种公共领域。

教育的作用不仅为质疑集权主义提供了理论依据，更重要的是，它以可能性的语言推动了实际运动的开展，以此推进民主社会的构建。一直以来，吉鲁都是在政治和文化的背景下去思考教育，他将教育视为文化生产形式的一种，主要目标就是要增强学生的批判性、政治性意识。激进的批判教育必须明白自己的局限，如果将教育作为文化生产的一种形式，就不能将教学视为一种工具性技能的培训，它应该彰显而不是遮蔽权力、历史、伦理和身份认同的问题。按照霍克海默的说法，理论研究必须引导教学方式发挥对社会变革的促进作用。作为公共领域，教育转向文化政治既有内在因素的需要，也有外在因素的直接推动力。吉鲁顺应时势，成为推动教育走向文化政治的弄潮儿。在他看来，将文化当作发展身份政治学、共同体和教育的有用资源，是批判教育家的重要任务之一。

作为文化生产的形式，批判教育为理解不同权力范围内的实践如何塑造文本和文化提供了批判框架。吉鲁认为，制度化了的言谈、举止、交往等具体方式都是文化的体现，学校不仅是教学场所，也是习得主流社会文化的场所。激进教育的所有关注都与文化的话语休戚相关，虽然文化无法成为一种完全意义上的特殊意识形态或立场，但它确实提供了一个场域，在这个场域中，能够重新界定文化的边界，建构新的社会关系。正是在这样一个变化和激进的领域中，学校被视为一个批判性的民主机构，成为抵制和希望话语的所在地。

二 作为批判性民主机构的学校

学校不是孤立的存在，而是社会的有机组成部分，是存在特定规则和社会关系的场所。学校以及学校中的知识都是有价值倾向的，这一点不容忽视。学校特别是大学，不只是对主流社会关系和利益的简单复制再生产，它们与意识形态有着密切关联，在一定程度上总是体现着意识形态和政治的旨趣。

吉鲁确信，学校体现了由文化和权力所构成的、具有复杂关系的意识形态和物质存在。一个民主的学校既要了解自身与周围具体环境的关系，也要与时俱进。同时，学校也应认真理解学生，将教学活动永远面向学生的实际背景开放，永远保持一种谦虚谨慎的态度。也就是说，一种辩证的理论只有描述那些把各种社会现象联系起来，并把它们同占据主导地位的社会组织模式联系起来的中介环节，才是有意义的。

吉鲁认为，传统的美国教育理论将学校的目的功利化了。为此，吉鲁提出了"学校角色之问"，即从发扬美利坚民族的历史遗产、为全体人民创造一个公正民主的社会这样的历史使命来看，学校已经扮演了什么样的角色？未来还将扮演什么样的角色？吉鲁摒弃了学校仅仅作为社会再生产的概念，特别强调学校作为文化再生产和政治斗争场所的功能，突出了学校教育中不同政治、经济及意识形态的利益，并对其做出全面的理论解释。

吉鲁对20世纪90年代美国教育中的本质主义与精英主义提出批评，在他看来，学校已成为不同政治主张、不同意识形态进行博弈的角斗场。成为精英阶层和劳动阶层的分流器，其传递知识的主要目的是巩固美国精英分子的主流文化及其霸权地位，从而维护美国的政治、经济在世界中的垄断地位。吉鲁指出，学校不仅是再生产文化的场所，而且是创造文化的场所。学校应该为解放处于被压迫状态的人做出相应的努力，在一个公正民主的社会中实现对群体和个人的授权。学校的课程既然包含着意识形态的内容，就不可避免地服务于现有不平等的关系结构以及不公正的权力。从这个角度来看，学校是争夺权力与意义的场所。作为具有特殊意义的公共领域，学校应该开展争取自由、解放、权利等多种形式的斗争，以推动激进民主社会的形成。

在吉鲁看来，学校是一个竞技场，存在着斗争和各种无法预测的可能性。学校不是工作场所的延伸,也不是国家市场和竞争的冲锋者,而是各种批判性探索的构成,其中,民主的社会关系应该成为人们生活经验的组成部分。民主的学校意味着教与学的双向互动,而不是教师只负责教、学生只负责学的单向性行为场所。学校通过提供必要的意识形态、知识、课程等条件,发挥其培养具有批判性和道德勇气公民的功能。学校是一个充满矛盾斗争的场所,一方面通过它所生产的知识和人才促进社会的发展,另一方面又保留了属于自己的空间,在这一特殊的空间内,学生可以自由地讨论、学习,以获得实现个人解放和社会正义所必需的知识与技能。

学校与社会是相互影响、相互制约的关系,学校不仅影响着社会,也被社会所决定。学校与社会的政治、经济、文化紧密联系在一起,它包含了种种不同的表达与实践,这些表达与实践既可能促进学生的发展,也可能阻碍学生的发展。难道教育真的像柯林斯、鲍尔斯、金蒂斯等教育理论家们所指出的,文凭的目的与其说是认知的成绩,不如说是遮蔽了个性。

大学虽然在事实上作为公共机构而存在,人们却很少将其视为公共领域的一部分。当大学走出象牙塔的神坛,意味着它已远远不是孤立于社会之外,而是与社会的关系越来越密切。哈贝马斯认为:"公共领域乃是社会与国家之间的中介领域。在公共领域中,公众依据公共性原则将自身组织成公共意见的持有者。"[1] 作为由社会建构的公共领域,学校体现了包含权力、文化等复杂关系网络中的意识形态和物质,在知识、权力和话语的交叉过程中形成了具有道德和社会规则的历史实践。不论将学校作为推进民主社会形成的机构,还是传承、创新文化的重镇,它都是一个不断变化、不断发展的系统,它既有自己的发展过程,也需要在他者中界定自身。

---

[1] [美]道格拉斯·凯尔纳、斯蒂文·贝斯特:《后现代理论——批判性的质疑》,张志斌译,中央编译出版社2011年版,第261页。

一个好的学校，绝不仅仅是达到学生"按时上课""按时完成学习任务""注意听讲"等诸如此类的目标。它应在给予不同性别、不同阶级、不同种族平等机会的同时，重新审视权力与知识之间的关系，清醒地认识权力的运作机制和主体性的形成。大学正是在适应与超越的博弈之间得以发展的，它代表着从更广泛的文化中经选择与排除后而形成的知识形式和语言习惯，这意味着学校不是中立的场所，自然，教师也不可能采取中性的立场。

学校作为一种集体组织与积极干预、斗争的场所，总是关涉价值选择。这也是吉鲁一直倡导边界教育、差异教育的宗旨所在。在激进教育家的眼里，学校是一种社会形式，而个人能力与社会形式呈现出一种双向互动的关系。如果一种教育哲学只是让人们适应已有的社会形式，而不是批判、质疑，这种教育哲学无疑是不合时宜的。所以，作为激进的批判教育家，如果只是在学校的各种关系中去解释意识形态是远远不够的，还必须分析学生所发出的声音和生活经验，并为学生创造发出声音的条件。在吉鲁看来，如果人们认为大学或者公共教育中所从事的工作不是特别重要的政治工作，这是一种错误且狭隘的看法。

吉鲁特别反对这样一种观点：将学生学习和课堂教学视为一种独立于权力、历史和社会之外的中性过程。这就对一些传统教育观念提出了有力的挑战，突出了其批判教育哲学思想的伦理特征。"伯恩斯坦表意性秩序的意义就在于传递一种品行、性格与态度的表达，一种每位学生和教师都应有的道德秩序，它将整个学校结合成一个个独特的道德集合体，是学校共有价值的来源和社会共识的主要机制。"[①]在伦理学的视界中，道德教育具有至关重要的地位。吉鲁强调边缘群体、弱势群体的重要性，注重从道德的角度对待文化的差异性、多元

---

① 谢维和：《伯恩斯坦的"表意性秩序"理论及启示——一种关于学校德育管理的理论》，《教育研究》2014年第2期。

性，注重培养学生基于差异之上形成的个人和社会认同。教育既探索人类认识他人及周围环境的方式与体验，也探索人类认识自身的过程。一所积极有为、民主进步的学校必须重新思考主体与教育、教育与社会的关系，在此基础上重新定义对社会的理解，这种理解将会带来对教育教学关系的新认识。因为，"民主需要公民维护民主的正常运行，同样民主也只有在建设性的文化背景下才能够得以存在，这种文化能够培养出愿意进行批判性思考、展开丰富想象并为自己行动负责的个体"。[①] 在吉鲁看来，学校不是一个简单的教学场所，而应包容并教给学生不同的生活方式。作为推进民主进程的公共领域，学校必须培养青年在道德、政治和公民义务等方面的责任，发挥民主连接文化工作者和教育实践的桥梁作用，让教师、学生和广大的文化工作者意识到，民主不仅具有政治的意义，它也是形成对抗政治学的一种生活方式。

　　吉鲁批判性地吸纳了社会理论中的新观点，他对新保守主义的分析、美国进步教育运动弊端的论述、进步论者的批评、保守派和自由派教育家的批判，无不显示了他的批判性思考。他所构建的激进教育理论的中心问题是要让教师、学生意识到充满变化的希望是可能的，意味着将文化资本转化为教育资本和政治资本，意味着重视学生的生活经历和个人体验。换言之，任何形式的激进教育在变得有意义之前都要接受批判。在吉鲁看来，如果一种激进的教育没有进行深入的政治分析和斗争，失败是注定的结局。激进教育本质是一种跨学科的实践，课堂教学的动态发展只有在与国家理论、资本积累理论和再生产理论、制度机构理论的结合中，才能被透彻的理解和接受。吉鲁认为激进是批判的同义词，激进的立场实际也就是批判的立场。批判意味着回顾历史，意味着对中立价值观的质疑。发展批判的教育，需要有

---

① Henry A. Giroux, "Beyond the Politics of the Big Lie: The Education Deficit and the New Authoritarianism" (June 2012), https://truthout.org.

批判的语言，需要质疑已有的预设假定。按照吉鲁的理解，如果人们认为教育实践的意义在于，它能够形成一种发展权能的语言，并且用这种语言去批判性地争取民主的社会关系和人类自由的斗争，那就能够在具体的教学实践中实现这种转化。总之，在他看来，教育是教师、文化工作者、学生都可以参与的实践，同时也是实践所支持的文化政治学，它兼具政治与文化的双重效用。学校不仅是产生社会结构和矛盾冲突的场所，也是学生进行抵制活动的场所。无论尘世如何纷扰，大学毕竟是在沉思默想中创造知识、传承文明的宁静港湾，它可以卷入社会发展的滚滚洪流，应时势之所需、经济之所求服务。但是，学校也要有自己的坚守和传统。在吉鲁看来，青年需要教育，教育也应该特别注重青年的发展。教育不仅是充分发挥青年人能动性、自主性的前提条件，也是保障民主化长久存在的坚实根基。学校既是优质文化资源的汇聚地，也是实现公正民主的强劲力量。

第五章

吉鲁教育哲学思想的践行

> 如果学习对我们而言不是负担,如果阅读不再是义务,如果正相反,学习和阅读成为改进我们世界所需的知识、快乐的来源,我们早就可以说,我们的教育质量更可期待。
>
> ——保罗·弗莱雷[①]

美国的教育现实和吉鲁自己的教育理想激发了他关于教师作为转化性知识分子的思考,作为转化性知识分子的教师应该承担什么样的历史使命与时代责任,他们与政治、文化应该保持什么样的关系,吉鲁关于教师角色的定位对上述问题进行了探索与分析。在具体的教育实践中,要想更充分地说明教育实践是由多重过程构成的,就要明确教育、社会、知识是怎样彼此相连的。在上述复杂的关联中,教师与课程是这一系列关联中必不可少的中介环节。正是在这个意义上,我们主要从教师角色和批判性课程建设这两个方面来审视吉鲁批判教育哲学思想的践行。

---

① [巴西]保罗·弗莱雷:《被压迫者教育学》,顾建新等译,华东师范大学出版社2001年版,第29页。

第一节　教师的知识分子角色

吉鲁认为，人们不能只从专业发展的单一视角和狭隘语言来审视教师角色，而应在更为广泛的社会实践和公共斗争中来对待它。作为专业的知识生产者、传播者和创造者，教师在教育这一领域发挥着核心作用。由于职业的特点，教师在大多数情况下被归结为专家。但在吉鲁的研究中，教师角色显然不是既定的、唯一的，而是多种角色的集合体。因为教育不仅仅是一种活动、一种职能、一种专业、一种职业，更关乎整个人类和社会的命运。对教师来说，传道授业解惑不仅是技能，更是一种艺术。教师作为知识分子的有生力量，思考人类的命运，承担批判的使命，进行知识的创新。

关于知识分子的形象总是与具体的历史条件联系在一起，不同学者有不同的看法。萨特确立的是总体性的知识分子形象，福柯认为特殊知识分子的政治活动仅限于专业领域，布尔迪厄则认为知识分子应该跨越更多的领域。曼海姆将知识分子视为自由漂流的存在体。在希尔斯看来，知识分子对有关本质的问题非常敏感并善于反思，而葛兰西则将知识分子视为有组织观念的人和公共仲裁者。

教师作为知识分子，究竟应该是一个什么样的角色，应该以什么样的面貌呈现，已有研究不乏对教师理想角色的期待与描绘。反思教师作为知识分子角色的演变历程，必须把握历史、现实、未来这三个时间节点。如此，我们才能深刻地体会每一种角色转变的时代背景与现实意义。在教育漫长的发展历程中，教师角色几经转换。本书从教师的"知识分子"形象入手，着眼于葛兰西、弗莱雷、布尔迪厄的知识分子观对吉鲁的影响，进一步探讨吉鲁关于教师角色的观点。

一　有组织观念的知识分子

葛兰西的"有机知识分子"这一概念作为通行译法在学术界已使

用了很长时间，有研究者根据葛兰西的《狱中札记》所蕴含的社会学、文化学语境汇总，认为应将"organic intellectual"译为"有组织观念的知识分子"，而不是译为"有机的知识分子。"① 合下文葛兰西对知识分子概念的界定以及已有研究对"organic intellectual"的理解与阐释，我们认为，将其译为"有组织观念的知识分子"，更符合葛兰西对这个词语的使用。

19 世纪，科学技术的发展给社会带来了巨大的变化，学科的专业化和社会分工的专门化日趋明显，在葛兰西看来，人们需要重新定位知识分子的角色与使命。作为"直接将知识分子问题作为一个理论问题来谈论的第一个马克思主义者，葛兰西作品更重大的理论含义——至少当他谈及知识分子作用时——是在两个极端（知识分子/大众集团）中建立一座辩证的桥梁"。② 相对于传统知识分子的概念，葛兰西的知识分子概念具有如下特征，"一是具有专业特征并渗透在经济生活的各个层面。二是通过专业分工承担起组织整个社会的职能，并使社会成为一个整体。三是知识分子要作为建设者、组织者和劝说者积极地参与实践来改造世界，上述作用的发挥主要是通过霸权来实现的"③。由此也可以看出，"organic"一词译为"有组织观念的"更为恰当。如果知识分子没有自觉意识，不具备组织能力和领导能力，就无法形成坚强而又富有战斗力的组织群体。

吉鲁的这段话，再次印证了这一译法的合理性，他指出："公共领域不仅有助于产生自由的语言，也使次级团体对有朝一日能够培养出它们自己的知识分子保持希望；用葛兰西的话来说，这意味着要培养'有机知识分子'，他们搭建了学术机构与日常生活中的具体问题

---

① 俞吾金：《究竟如何理解并翻译葛兰西的重要术语：organic intellectual》，《哲学动态》2010 年第 2 期。
② ［美］卡尔·博格斯：《知识分子与现代性的危机》，李俊等译，江苏人民出版社 2002 年版，第 68 页。
③ 仰海峰：《西方马克思主义的逻辑》，北京大学出版社 2010 年版，第 116—117 页。

和劳作之间得以沟通的桥梁。这样的知识分子可以提供为建立大众教育机构筹备资金所必要的道德和政治技巧,并提供可供选择的文化和信念。"① 在这段话中,译者采用的是通行的译法。结合吉鲁使用这一概念的语境来看,采用"有组织观念的知识分子"这一译法确实较为准确。对一个知识分子来说,如果想在一个次级团体中培养出属于自己的知识分子,在学术机构与日常生活中发挥桥梁与纽带作用,是需要具有"组织观念"的。否则,便无法发挥上述作用。鉴于此,本文对葛兰西的"organic intellectual"这一概念,均采用"有组织观念的知识分子"这一译法。

葛兰西指出,知识分子在社会中具有特殊的作用,他将知识分子分为两类,一类是传统的知识分子,另一类是有组织观念的知识分子。传统的知识分子所从事的是重复性的工作,代代如此,而对有组织观念的知识分子来说,通常与企业和阶级的利益休戚与共,并被企业和阶级用来获取更多的权力和统治。"葛兰西对知识分子与霸权关系的讨论,不仅在马克思主义传统中实现了知识分子政治历史地位的自觉,而且开启了当代知识分子讨论的先河。"② 在葛兰西看来,知识分子主要集中在上层建筑领域,他们行使着管理国家机器和文化领导权的职能。无产阶级只有培养自己的"有组织观念的知识分子",才能摆脱受剥削和压迫的命运。③

葛兰西认为,具备组织观念的知识分子有保守派和激进派之分,前者作为现状的代言人,认同权力的统治关系,为统治阶级提供不同形式的道德和知识领导能力,为其进行经济、政治和伦理统治提供理论基础。在葛兰西看来,保守的有组织观念的知识分子存在于发达工

---

① [美]亨利·A. 吉鲁:《教师作为知识分子:迈向批判教育学》,朱红文译,教育科学出版社2008年版,第159页。
② 仰海峰:《西方马克思主义的逻辑》,北京大学出版社2010年版,第121页。
③ 武汉大学马克思主义哲学研究所:《马克思主义哲学研究》,湖北人民出版社2010年版,第282页。

业社会的所有层面中。而激进的有组织观念的知识分子试图为工人阶级提供道德和知识，增强工人阶级的领导能力，以参与集体斗争。

吉鲁则认为，转化性知识分子不限于上述场所，而是来源于很多群体之中，他们不仅提升了群体在教育、政治、道德等方面的能力，而且与这些群体并肩作战，共同斗争。教师的任务就是组织文化再生产，以科学的政治策略参与到社会斗争中去，体现学校作为公共领域的民主性。

在对知识分子的看法方面，吉鲁同意葛兰西的观点，认为重新阐述知识分子在大学内外的角色是影响文化研究观念解放事业的中心，需从政治方面来看待知识分子。"知识分子不只是有学问的人，或者是思想的创造者与传播者；知识分子也是思想和社会实践的仲裁者、授权者和创造者；他们发挥着一种在本质上具有显著政治性的功能。"① 吉鲁在"转化性知识分子"这一核心概念的统领下，对教师角色进行了多方位扩展，赋予了教师极其丰富的多重定位，如文化工作者、学者、实践者、边界穿越者等，吉鲁对教师使命的重视与期待由此可见一斑。

曾几何时，知识分子就是象牙塔的代名词，而后又被卷入社会发展的潮流之中，为特定的集团或者阶级代言。知识分子要么是处于孤立状态，要么是在结盟之中，要么是介于两者之间。吉鲁认为，在公共领域中，教师不仅能够创造自由的语言，也蕴含着被压迫群体培养自己知识分子的希望，也就是葛兰西所说的"有组织观念的知识分子"。正是他们，架起了学术机构与日常生活具体问题之间联系的桥梁。

吉鲁认为，葛兰西的上述分析对系统地开展文化研究是有帮助的。但他所提出的转化性知识分子不同于葛兰西激进的有组织观念的

---

① ［美］亨利·A. 吉鲁：《教师作为知识分子：迈向批判教育学》，朱红文译，教育科学出版社2008年版，第180页。

知识分子概念，转化性知识分子以对压迫状态的转化性批判作为行动的出发点，为处于这样状态的群体提供多方面的领导能力，并与之一起战斗，以对抗不合理的社会实践。

吉鲁明确指出，"有组织观念的"作为表示性质的定语，并不适用于那些把工人阶级作为唯一革命行动者看待的知识分子。从这个意义上来说，吉鲁将"有组织观念的知识分子"的概念扩大化了。转化性知识分子这一概念的提出，直击美国20世纪80年代高等教育中激进知识分子的悖谬地位。在吉鲁看来，作为知识分子的教师，需要在生产支配性文化过程中发挥根本作用的高等教育机构内从事自己的工作。同时，知识分子自身的激进性，又需要教师通过为学生提供不同形式的对立性话语、批判性社会实践来限定自己的政治领地，尽管这在事实上与高等教育所支持的大学和社会霸权角色是背道而驰的。①

二 解放者和符号生产者的知识分子

吉鲁与弗莱雷都认为教师是具备改革能力的知识分子，扮演着特殊的政治角色和社会角色，他们不仅是文化工作者，也是学者和实践者。

弗莱雷的作为解放者的知识分子具有丰富的内涵。首先，它意味着一种新型师生关系的建构。作为解放性知识分子的教师，不能将自己的思想硬性灌输给学生，而应通过对话和交流实现共同进步，形成民主平等、互惠互利的师生关系。在他看来，教师和学生的角色是互换的。为此，他还提出了教师学生和学生教师的概念来进一步说明这种关系。这一概念充分体现了教师角色的解放性，即教师应努力成长为一个民主型的教师，而不是权威型或者灌输型的教师。"教书包括严肃的智力活动，是包含具体任务、具体战斗性（就鼓舞学生而言）

---

① ［美］亨利·A.吉鲁：《教师作为知识分子：迈向批判教育学》，朱红文译，教育科学出版社2008年版，第181页。

和具体要求的一种职业。"① 有爱心的教师要以正确的思维方式、合理的教学方法，让学生自由地去体验学习这一认识活动，从而为创造新知识提供可能性与条件。

其次，它意味着教师要不断地学习、反思，过一种"反省的教学人生"。无论是弗莱雷，还是吉鲁，都认为教师个人的努力是影响社会变化的重中之重，教师可以是艺术家，可以是政治家，但永远不应该成为技师。教师要成为一个善于反思的人，勇于在教学方面有所创新，开发有意义的课程，自觉主动地实现专业层面上的发展。教师要不断获取新的知识，认识到知识是社会与历史的产物，是在教育、文化、政治、经济的种种关系内产生的。

再次，它要引导学生学会求知。弗莱雷强调对获取知识方法的理解，教学的过程，既包括教学活动，又包括学习活动。无论是教师还是学生，都是教学过程的参与者。教师的教，意味着他要对知识进行一种批判工作。学生的学，意味着他要对获取的知识进行另一种意义上的批判。这就需要教师对知识始终持有强烈的好奇心，并引导学生也这样去做。

最后，它要体现教育的政治性。作为解放者的知识分子，必须洞悉教育的政治特征，明确自己要知道的东西，也要知道自己不想知道的东西。弗莱雷认为，统治阶层绝不会在教育过程中来揭示自己运用权力所导致的社会矛盾，这就要求教师不仅是知识分子，还必须对自己赖以存在的民族文化和历史环境有深刻感知，去预见带有解放性的未来。教师理应意识到，教育对政治性的忽视，就是当前迫切需要解决的问题。解决这一问题，需要教师成为政治行动者，充分发挥自身所承担的政治功能。

弗莱雷的上述观点影响了吉鲁对教师角色的看法。吉鲁对转化性

---

① 张琨：《教育即解放——弗莱雷教育思想研究》，福建教育出版社2008年版，第93页。

知识分子的界说则推动了教师教育的变革，影响了知识分子特别是教师对教育的理解，促进了教师向批判性教育工作者和公共知识分子的转变。"那些权威主义者自认为是知识的垄断者，他们把自己的观点强加给学生，阻碍了学生探究和创造的能力，将教学的指导性变成了操纵性。这种教育在本质上是反对话的、反自由的。"[1] 鉴于此，弗莱雷认为，教师的现有存在是不完美的，应通过解放的教育行动引导师生不断完善生命。

吉鲁特别认同弗莱雷的这一看法，"马克思主义知识分子不是发展关于根植于被压迫者一起倾听和学习的具体经验之中的那些实践的理论，相反，他们是为实践而发展理论，为变革而发展技术工具，忽视了对激进的社会变革的环境下被压迫者日常生活的动力以及面临问题进行辩证反思的必要性"。[2] 为此，他们都试图扩大知识分子的范围，认为所有的男人、女人都是知识分子，都可以通过理解、解释赋予世界以意义，从而行使作为知识分子的权力。被压迫者需要培养自己的转化性知识分子，这些知识分子以有组织的形式帮助被压迫者，为成就激进的社会事业而创造条件。一方面，凸显了知识分子在政治方面的价值和重要性。另一方面，表明了知识分子能够帮助被压迫者进行多样化的自我教育，从而突出政治斗争的教育本质和大众的中心地位。强调知识分子的政治功能和重要性，特别是强调政治斗争的教育本质，是吉鲁和弗莱雷在知识分子方面的共同立场。

布尔迪厄认为，特定场域内的符号系统发挥着认知、交往和社会分化的功能。统治阶级为实现对学校教育的统治，通过开设霸权式的课程来维护自身的文化地位，进而巩固社会地位。作为符号生产者、传递者的知识分子，此时便运用符号暴力实现统治阶级的目的。符号

---

[1] 张琨：《教育即解放——弗莱雷教育思想研究》，福建教育出版社 2008 年版，第 101 页。

[2] ［美］亨利·A. 吉鲁：《教师作为知识分子：迈向批判教育学》，朱红文译，教育科学出版社 2008 年版，第 141 页。

系统具有不同的知识模式和表现形式，反映了人们理解世界的不同方式。符号资本作为一种权力的表现形式，作为一种更高级、更先进的资本形式，它没有被看作权力，而是意味着承认、依从、忠诚或者其他服务。符号生产者就是由不同个体组成的知识分子共同体，能够逐步形成、发展并传播特定阶层的文化，社会秩序的合法化就是通过知识分子生产符号来实现的。

在吉鲁看来，知识分子在生产文化符号的同时也再生产了分层的秩序，在掩盖社会阶级关系的同时也强化了这种关系。如果知识分子不加批判地将自己的场域利益等同于他们所代表的集体利益，事实上是一种错误的政治意识。而布尔迪厄塑造的正是处于边缘化地位的知识分子。布尔迪厄认为，知识分子容易将模型与现实相混淆，他们所拥有的专业意识形态强调普遍性、中立性与客观性，而他们自己却常常被这种专业意识形态所蒙蔽，为树立绝对观点的优先权地位而进行斗争。从上述的反思过程来看，布尔迪厄认为，"学术视野本质上是政治性的，包含着对权力的追求"[①]。作为符号生产者的知识分子，是具有反思性认识的个体。布尔迪厄运用社会策略的有关理论和观点，解释了个体如何占有符号资本的方式。在他看来，是社会策略促使人们确定有意识的选择并信仰成真，同时无意识地确定并利用这些信仰。这使得知识分子所从事的活动出现如下结果，那就是知识分子所从事工作的价值比他们原本所认为的价值还要更大。

吉鲁在批判布尔迪厄文化再生产理论的同时，也受到了布尔迪厄符号生产者、传递者这一概念的启发。他站在一个总体性、全局性的高度去审视教师角色的发展，而不限于教育做出居高临下的选择与判断。符号生产及文化资本的存在，使得人们社会地位的确立与改变成为可能，为吉鲁从文化政治、边界的角度研究教师角色提供了理论方

---

① ［美］戴维·斯沃茨：《文化与权力：布尔迪厄的社会学》，陶东风译，上海译文出版社2012年版，第310页。

面的批判与借鉴。

知识分子本身就是悖论性的存在，在海德格尔看来，伴随科学堕落的是学者的消失。马尔库塞则认为在极度发达的工业社会，技术成为人的上帝，知识分子也只不过是单向度的人。在哈贝马斯那里，知识分子生命的价值和意义则失去了存在的基础。如果一个社会失去了赖以生存的价值系统和精神结构，那么这个社会也就离摇摇欲坠之日不远了。在吉鲁看来，民主就是这个社会的精神结构和价值系统，而他所建构的批判教育则是民主的精神结构与价值系统。作为文化工作者和边界穿越者的转化性知识分子——教师，是建立上述两种精神结构与价值系统的主力军。

三 文化工作者与边界穿越者的转化性知识分子

吉鲁认为，对教育和作为公共知识分子的教师的攻击，始于里根—布什时代并一直延续至今。美国学者卡尔·博格斯甚至说，专业知识分子并没有延缓失业、大量预算赤字、军事主义（在美国）和生态破坏等危机的发展。在理性主义影响下的现代知识分子堕落非常明显，他们在阻止民主参与的同时也窄化了公共领域。①

1968年法国"五月风暴"发生后，从事专门、具体行业的技术人员、专家、学者取代普遍性知识分子而登上历史舞台，成为福柯笔下的特殊性知识分子。"在福柯的微观权力视野下，当代科学知识分子早已转化为微观权力系统中的一个网节点，他们不再是只关心'国家大事、为民代言'的普遍性知识分子，而是仅仅将自己的注意力放在日常生活琐事上的特殊性知识分子。"② 在后现代的征程中，特殊性知识分子在改变斗争策略的同时，也将自己融入权力系统中，成为

---

① ［美］卡尔·博格斯：《知识分子与现代性的危机》，李俊等译，江苏人民出版社2002年版，第126、179页。
② 徐俊：《知识、权力与当代知识分子的角色定位——简析米歇尔·福柯微观权力视野下的后现代科学知识观》，《南京理工大学学报》（社会科学版）2007年第2期。

权力系统的一部分,进而将知识转化为权力。以解决在文化领域中所凸显的社会矛盾,特别是满足了社会弱势群体争夺生存权、发展权、表达权和平等权的迫切需要。

福柯认为,知识分子从事专业性工作,不是为了改变他人的政治意愿,而是持续不断地对那些不言自明的公理发出质疑。从这个意义上来说,福柯的特殊型知识分子等同于利奥塔所说的具体知识分子。在福柯看来,知识分子不但不能作为真理的代表而发挥作用,而且会陷入有关真理地位、真理究竟发挥何种作用的斗争之中。

知识分子注定是要献身于真理和价值的,他们拥有附着于自身个性特征的符号资本,这种符号资本有助于知识分子将权力关系合法化。在一个存在冲突与斗争的社会中,如果说布尔迪厄所关注的是团结和建构的维持方式,那么吉鲁所关注的则是如何建立以教师为中心的共同体,这个共同体应该吸纳哪些人员加入等问题。从教师本人来说,并不缺乏重塑教育世界的能力,因为教育实践的存在为教师能动性的发挥提供了基础,而教师的集体斗争则增强了这种能力。在共同体的建构中,吉鲁倡导的是一种合作而非竞争、有意识而非无意识的团结奋斗关系。

关于文化生产者所指涉的范围,无论是布尔迪厄还是吉鲁,都认为艺术家、作家、记者、教师均属于此范畴。吉鲁特别指出,他非常同意布尔迪厄的观点,即"'为知识分子的可能性和必要性辩护'具有重大的政治重要性。知识分子首先要批判现有秩序,如果没有真正批判的力量,就不可能有真正的民主"。[①] 教育者通过与其他文化工作者的联合参与斗争,通过身临其境的体验与行动,使人们重新思考民主的价值与意义、民主的实践形式以及主体地位的体现,从而彰显知识分子存在的必要性。

---

① [美]亨利·A. 吉鲁:《独裁主义的幽灵和左派的未来——亨利·吉鲁论民主的危机》,吴万伟译,https://www.ce-china.cn/ce_china/vip_doc/9107968.html,2014年6月5日。

吉鲁将文化工作者纳入教育的范围之内，引起了美国很多艺术家的兴趣。通常情况下，教师因所在学科领域的不同而体现出不同的社会形象。比如，在政治学、经济学领域从事相关工作的教师，易被贴上生产服务于政治权力、经济权力的标签，而在人文社会科学领域工作的教师，则易被贴上为知识而知识的标签。

吉鲁强调，教师作为知识分子具有批判的独特性和自由性，而这种批判权力的获得，只有摆脱了政治与文化的某种强制才成为可能。摆脱这种强制并不意味着脱离政治与文化，而是在入乎其内的基础上出乎其中。这既强调了教师作为知识分子的独立性，又强调了教师的入世程度。教育者要清晰地说明自己的目的，以便设定目标，将公共教育定义为更广泛的民主事业的一部分。教师在从事专业研究的同时，还要具备参与公共生活的道德和伦理力量，以自己的名义参与政治。当然，富有变革精神的教育工作者的范围，并不限于在学校工作的人，认识到这一点，对于正确理解吉鲁眼中的教师角色极为关键。

吉鲁对教师角色的定位，是在确定政治宣言基础上的一种调解和干预，目的是提醒教师时刻把握变化的政治条件。同时，他倡导教育者与其他的文化工作者加强联系，形成合力以拓展民主公共生活的可能性。"人们是自己的观念、思想等的生产者，但这里所说的人们是现实的、从事活动的人们，他们受生产力的发展以及与这种发展相适应的交往的制约。意识在任何时候都只能是被意识到了的存在，而人们的存在就是他们的实际生活过程。"① 受特定历史条件、思想观念等客观情况的限制，人们对某一问题的认识水平往往会呈现曲折前进的趋势。吉鲁对教师角色的多重界定，说明单一的角色界定会忽略教师在某一方面作用的发挥而阻碍教育的进步，误导教育教学活动的开展。

---

① 中共中央马克思恩格斯列宁斯大林著作编译局编译：《马克思恩格斯全集》（第三卷），人民出版社1960年版，第29页。

多重角色赋予了教师多重使命,那就是不仅要创造恰当的社会意识形态和社会实践,而且还要将教学视作一种解放性实践,帮助学生理解知识如何为意识和政治利益服务,将学生培养成为批判性的、负责任的公民。同时,形成一种与平等、公正相联系的公共话语,进而将学校建设为民主的公共领域,复兴由共享的进步价值所构成的社区。教师应在加深学生对知识理解的基础上,让他们获得对自身和世界的深入理解。在吉鲁看来,现实情况是,很多教师只关注工作效率本身的高低,却毫不关心工作背后所隐含的价值,无视工作对人类自身和世界发展的意义,这显然是新自由主义功利性的表现,是不可取的。

教师需要深刻认识到教育工作的尊严和重要性,这是教师致力于教育事业并为之奋斗的基本前提。教育是社会生活不可分割的组成部分,是整个社会顺畅运行的基础。作为教育实践中的行动者,教师必须扮演学者的身份。无论是来自哪一阶层的教师,除了书本知识和课堂交往之外,教师还有很多其他的知识可以教给学生,在其他的交往形式中也会对学生产生深刻影响。没有教育工作者的民主干预,就不会有进步的教育,也不会有进步的民主。如果教师不能为实现民主而努力,那么,他将无法得到学生的尊重。

吉鲁坚持,作为公共知识分子、文化工作者的教师,应充分意识到教育改革是公共生活的重要组成部分。然而,现实情况是什么呢?吉鲁尖锐地指出:"一些教授没有兴趣去建设一个更加公正的世界或者帮助学生更好地认识权力的运行方式以及传播有力量、有道德、有责任的话语意味着什么;还有一些教授不仅反对政治,而且对人类日趋严重的痛苦与困境保持冷漠无情,其学术研究常常与重大社会议题没有任何关系。"[①] 转化性知识分子不是要放弃学术,而是要使学术政治化,成为民主政治的代言人而不是政治的傀儡和附

---

① Victoria Harper, "Interview-Henry A. Giroux: Neoliberalism, Democracy and the university as a Public Sphere", (April 2014), http://truthout.org.

庸。作为知识分子的教师自然是"精英文化"的拥有者、引领者，同时，也应成为大众文化的教化者。文化工作不但需要知识分子认识到个人定位的特殊性，也要承担起公共知识分子的使命与责任。教师应该和其他文化工作者一样，充分参与到教育实践和民主社会关系的创造中。

吉鲁结合美国教育实践和改变青年人生存现状的迫切需要，主张教师要成为转化性知识分子，这也是他实现课程政治化、以政治育人的必经之途，也正因如此，他的这一观点得到了很多人的回应。作为抵制性知识分子（the resisting intellectual）的教师，应该在公共事务中发出自己的声音，否则就会使主流文化的消极影响愈发严重。"大学教授要学会冒险，鼓励学生成为具有批判视野和社会责任感的全球性公民，应该有组织地与新自由主义的学科体制和管理模式进行斗争，运用学科知识、理论知识研究重大社会问题。"[①] 教师要从事特殊道德实践与社会实践，建构自身的历史与意识形态，从政治和文化的角度来理解"他者性"的问题，并据此形成新的教学关系和开放性对话。

将教师视为转化性知识分子，为教师考察自身经历与过去、如何建构学校经验等提供了一个出发点。转化性知识分子的身份联结着诸多关系的过去与未来，如与社会形式的联系、与文化的联系等。这一概念对教师来说，不仅意味着任务的转变，也为教育者提供了一个政治参照。

在吉鲁看来，作为转化性知识分子的教师需要完成以下两个方面的任务：其一，从学校内部来看，将发展学生的权能作为教育的第一要务，赋予学生以各种形式的知识和技能，使学生更好迎接未来社会的挑战，并为建立一个民主、公正的社会而奋斗。其二，从社会方面来看，应注重教育的转化，建构更具批判性的教育和一个更有利于人

---

① Interview-Henry A. Giroux. War on Youth, (November 2012), http://truthout.org.

发展的世界。教师要把反思和行动结合起来，成为一个批判的行动者，而不是空洞无力的说教者，在社会关系的生产和合法化过程中发挥批判性作用，在涉及意识形态冲突而发展起来的诸多公共领域中扮演积极的角色。教师不仅要努力使自己获得优异的学术成就，引导、示范学生进步，还要发展属于自己的一套话语和假设，引导学生批判性地观察、改变社会。

吉鲁对教师任务所做的规定，指出了教师树立批判知识观的途径、建设隐性课程的方法以及对学生批判意识的培养。教师除了具备专业素质、政治素质、批判性素质和未来意识以外，还必须清楚地知道权力是如何通过文本、陈述和话语等形式发生作用的，学校是以何种方式复制了什么样的政治制度和经济关系。这样，教师才能帮助学生进一步理解社会权力是如何在理论、实践的层面上支配学校运行的。作为具备政治意识的知识分子，教师应该使教育具有政治性，同时，政治也必须进入教育过程。为此，吉鲁认为，学校教育的目的就是提供一定的意识形态和物质基础，将学术上的反思与实践相结合，培养具有批判能力和道德勇气的公民，并使其在民主社会中发挥积极的作用。

教师到底是应该做"仰望星空、独立于世"的学者，还是要活跃于公共领域之中，履行公共知识分子的责任，在吉鲁看来，这两者的角色不能截然分开。吉鲁在吸纳有关思想家的观点时，总是不断地解构其边界，并赋予其新颖的观点与见解。与其大力提倡的"边界教育"一以贯之，吉鲁提出教师要能够决定时间、空间等构成学校日常生活的方式和要素，积极与其他教师开展合作研究，共同分享智慧的灵感。教育与民主斗争的复杂性，要求教师必须突破界限，主动运用多样性、差异性的语言进行斗争，与其他文化工作者结成联盟。只有当教师从现代主义、后现代主义和后现代女性主义中吸取那些极具批判力的要素时，才能够产生后现代的教育实践。

将教师视为转化性知识分子，意味着政治功能在教育领域中更为广泛地发挥。这一角色的定位，为教师提供了参与政治的一个参照系，一个追溯过去、考察现在、畅想未来的逻辑起点。同时，也为教师在课堂中所使用的语言提供了一个基本的构成原则。作为转化性知识分子的教师应该树立为公众写作的意识，以强有力的语言方式将观念予以表达，从而推动社会变革。如果说可能性语言描绘了知识分子改变教育、改变世界的理想蓝图，那么批判性语言则是实现这一蓝图的理想手段。

吉鲁认为，目前存在的问题就是，在传统的大学院系结构之中，不可能在一些特定问题上形成积极开展斗争的旨趣，必须通过转化性知识分子从事更为激进的实践，通过他们共同的努力才能实现这一目的。当公共知识分子承诺要实现激进教育计划、重建民主的公共生活时，就必须以合作和共同体的形式来实现这种承诺。在一个真正的共同体中，对知识的共同信仰与追求使人们凝聚到一起，尊重学问，探索真理。因为大学是存在抵制和斗争的地方，能够生产出对立性的话语和实践，体现了大学与社会之间的政治化关系。作为大学教授的角色与作为公共知识分子的责任无法分离，学者要有自己的社会良心，要有研究学术、追赶学术前沿的锐气和勇气。在一个学术共同体中，团结的氛围、集体的力量有助于形成尊重生命发展、鼓励自由创造的新社会。

在吉鲁看来，作为个体的学者并没有发挥出其应有的作用，他十分赞同保罗·皮科因的观点，"现代社会所产生的是一个被异化的、只顾自己的和没有文化的专家队伍，他们只在狭窄界定的领域内是有知识的。这种技术型的知识分子，而不是关心总体的知识分子，正在跳跃式地成长，从而操纵日益复杂的带有官僚主义和工业性质的机器"。① 这样的知识分子的存在只具有部分合理性。当他们面对事关

---

① ［美］亨利·A. 吉鲁：《教师作为知识分子：迈向批判教育学》，朱红文译，教育科学出版社 2008 年版，第 172 页。

社会、政治等总体性问题时，便难以完成作为知识分子所应具有的使命。

吉鲁认为，对教师来说，应该形成一种有利于培养后现代公民的话语，这一话语是多元性、政治性相结合的语言，是能为作家、教师、艺术家等不同文化工作者共享的语言。从这个角度出发，作为创造后现代公民话语的主力军，教师应努力做到以一种批判性语言质疑现有公共形式的语言，揭示社会的不平等。同时应以一种想象的语言去构建民主的可能性，这既是对批判工作的延伸，也是抵制统治阶级文化对文化差异的规定。在此基础上，需要作为文化工作者的教师以自己的思考和表达重新书写有关文化工作的政治实践和教育实践。

总体而言，吉鲁认为转化性知识分子这一概念应该包含以下几种含义：第一，转化性知识分子意味着一种劳动方式。这种劳动方式代表着行动与思维的密切关联，质疑割裂设想与行动、忽视特殊经验的工具性教育。第二，转化性知识分子的身份为教师提供了批判性的参照系，为教育功能的充分发挥创造了前提条件。第三，转化性知识分子需运用批判性话语分析文化形式影响学校的方式以及师生体验这些形式的方法。这意味着教育者应该对文化的生产方式和管理方式有深刻的理解，从而分析文化生产在学校不对称权力关系中的组织形式，并为参与社会斗争而制定政治对策，维护学校作为民主公共领域的地位。

第二节　转化性知识分子的形成路径

在吉鲁看来，深入理解教师是转化性知识分子这一定位的内涵，有助于教师把自己的精力和情感投入工作，明确自己的理论取向并将其付诸实践，同时允许人们对他们的观点进行评判，在课程体系、学校政策、教育哲学的形成过程中发挥其应有的作用。最重要的是，"转化性"意味着教师要能够使用权力，并且将这种权力延伸到公共生活以及各种各样的生活关系当中，促使学生形成教育过程政治化的观念。对教师以及其他的文化工作者来说，一定要明确差异政治的观点，并把差异与创建新型、民主的政治相结合，从而激发知识分子关于道德和政治的想象。因为这种想象承担着恢复、开拓民主公共生活的义务。转化性知识分子的形成需要教师解放记忆、反抗文本，形成对话性的师生交往，实现教师教育的文化政治转向以及审视理论与实践的二元张力。

一 解放记忆与反抗文本

文化认同和政治认同由多种因素构成并阐发，是对传统和社会记忆的恢复，是为了重新解读历史，改造业已形成的权力与身份。在吉鲁看来，无论是教师还是管理人员，都需要进一步拓展学校教育的功能，对与权力、政治等问题有关的论争进行彻底的考察。[①]为此，教师必须具备理论家和实践者的双重角色，基于社会的宏观背景分析学校与学生、解放与压迫之间的关系，正视理论及意识形态等问题，才能更好地解放记忆与反抗文本。

吉鲁提出，为改善教师工作状况，必须研究的两个重大问题：一是要考察教师工作无产阶级化的意识形态与物质因素。在这里，我们要特别注意的是，吉鲁所说的"教师工作无产阶级化"是有特定含义的，是指"将教师的地位等同于学校科层体系中的专业技术人员的倾向，使教师的职能变成管理与执行课程计划，而不是发展课程或批判性地使用课程，以适应具体的教学任务"。[②]二是必须将学校定位为维系、发展批判性民主的机构，能够培养有思想、有积极性的公民。教师培训也要用构成学校教育的有关意识形态与物质实践的批判

---

① ［美］亨利·A.吉鲁：《教师作为知识分子：迈向批判教育学》，朱红文译，教育科学出版社 2008 年版，第 19 页。

② ［美］亨利·A.吉鲁：《教师作为知识分子：迈向批判教育学》，朱红文译，教育科学出版社 2008 年版，第 148 页。

性分析取代管理与效率的语言。否则，将会导致教师不会反思、只会执行，学生不会主动质疑、只会被动接受的局面。一旦教师的工作被简化为执行，教师必然要远离思考和反省的过程，就会使教育智慧衰减，将学习与教学变成单调乏味的例行公事。

吉鲁认为，将教师视为转化性知识分子，有助于人们把教师的工作视为一种关于智力和知识的劳动，从而将教学与纯粹工具性、技术性的劳动区分开来。进一步厘清教师在生产各种政治、经济、社会利益并使其合法化的过程中所扮演的角色，使教师作为知识分子发挥作用时所必须的意识形态与物质条件更加明晰。

在分析上述问题的基础上，吉鲁明确了将教师视为转化性知识分子对教育、教师、学生发展的意义。如何使意义得到更为有效的发挥，吉鲁认为，一方面，要"解放记忆"。解放记忆意味着教师要认识、体验公众和个人遭受的苦难，对苦难的成因要给予理解和同情。教师应通过移情、共情将遭受压迫与苦难的主体及其所处的现实纳入关注的视野，理解人类曾经存在的现实，警惕相似情况出现的历史条件，明确需要改变的社会现实。

在吉鲁看来，记忆不仅代表遥远的过去，而且给未来增添了无穷的力量。解放记忆代表着宣言和希望，这说明人们在接受磨难的同时也在抗争。而抗争总是与各种各样的知识和理解形式相关，这些形式是人们反抗压迫、开展抗争的前提条件，实践的可能性也是这种反抗所必须认真加以考虑的。[①] 从吉鲁关于解放记忆的论述中，我们可以看出，解放记忆是将知识与抗争联系起来的纽带。直面历史、分析历史发生的缘由及其价值，这件事本身就会使人们获得解放。积极面对苦难和压迫的人们能够重塑历史，这就意味着，"教育者可以通过联合把学校里所进行工作的本质政治化，而且能够将课堂的政治作用扩

[①] ［美］亨利·A. 吉鲁：《教师作为知识分子：迈向批判教育学》，朱红文译，教育科学出版社2008年版，第7页。

展到其他公共领域"。① 其意义不仅在于阐释过去,更是在激发历史活力的基础上创造具有可能性的未来。

与解放记忆相对应,教师还要"记得"并"反抗文本"。在这里,"记得"不是单纯的记忆动词,而是意味着从历史中有所鉴别和选择,依据另一种可能性的视域来促进社会的发展,形成一种更好的生活方式。这就需要重新定义"文化政治"(cultural politics)这一概念。对于如何定义文化政治,吉鲁给出的建议是,教师要从知识的角度,特别是建构课堂教学与学生声音方面来定义文化政治。吉鲁在不同的文章中反复强调:"批判教育学应当创造一种新语言、新知识和一个超越学科界限的规范性和分析性遭遇的领地,它'必须被改造为一种文化政治和一种反记忆'。"② 激进教育对于文化政治来说,不仅意味着形式,也意味着具体的做法。

反抗文本对教师提出了多重要求,教师既要在学校权力的不对称关系中,明确如何选择课程、确定课程目标、开展教学实践等问题,也要形成政治策略,在教学过程中去创建一种新型的师生关系。此外,教师要积极投身于激进的、参与式的政治行动。

在吉鲁看来,作为转化性知识分子的教师,只有处于社会生活的总体关系之中,才能通过"解放记忆"与"反抗文本"充分体现自身的特征,进而以创造性的活动来改变现行的社会病症与支配性结构。教师应时刻保持一种警觉的状态,以关心人类苦难的普世情怀,献身于理性探究和对真理的追求,而不是被一些模棱两可、似是而非的观点所左右。

二 形成对话性的师生关系

对教育革命性未来的畅想关系到对教育问题的提出,在弗莱雷看

---

① [美] 亨利·A. 吉鲁:《教师作为知识分子:迈向批判教育学》,朱红文译,教育科学出版社 2008 年版,第 207 页。

② Henry A. Giroux, *Postmodernism, Feminism, and Cultural Politics, Redrawing Educationl Boundaries*, New York: State University of New York Press, 1991, p. 50.

来，这意味教育对人类自身的发展提出了新的要求，那就是教育应帮助人类在有目标的历史运动中成为自我超越的生物。他特别提倡将"爱"贯穿于研究、学习和认识的过程中，力争实现认识与情感的统一。这就意味着他不仅将教学视为一种政治行动，也视为一种爱和洞察的行动。

吉鲁认为，只有具备了同情心和爱心的教师所实施的教学才是民主的教学。如果没有爱心，教师的教学行为就会失去意义。也只有这样的教学，才能将学生从被压迫中解放出来并给予他们权利。教学关乎教育的实施效果，好的教学才能够有效激发师生的求知热情，将他们引入对知识的热情探索和追寻之中。吉鲁在这里所要表达的中心意思是，教育固然离不开教学内容，但教学内容远远不是教育的全部。

那么，还有什么会在教学过程中占据至关重要的地位呢？师生关系无疑是教学关系中发生频率最高、最常见的一种主要关系，它同时也是教学过程中最为根本、极其复杂的一种关系。在吉鲁看来，作为一名教育工作者，同时也是一名学习者的教师，如果能形成反思教学关系、教学行为的习惯，那就拥有了一种优秀的品质。事实上，学生对理想的教学关系模式都有自己的看法。他们需要的是民主、相互尊重的教学关系，他们既反对放任主义的不负责任，也反对专制主义下的盲目服从。专制型的教师总是以谈话发起者的角色出现，于是，学生便成为沉默者，被湮没在教师的言论之中。而民主型教师则始终以交流引导者的身份出现，他们与学生的对话总是充满快乐与无限的可能性。

如同一千个读者的眼中有一千个哈姆雷特，当不同的人面对同一种理论时，也会有不同的理解和运用。弗莱雷所提倡的对话关系为巴西、美国的教育领域注入了新鲜的活力，但即便是他的追随者，也在某些方面误解了弗莱雷的教育理论。在弗莱雷的思想世界里，对话不仅仅是一种教学方法，其根本目的是要建立一种基于理解的学习和认识过程，是对共同经历的体悟和加工。在对话的师生关系模式下，教既是传授知识的一种行为，也是运用理解与沟通而开展的创造性活动。如果教师能够将课堂所教内容与日常生活相结合，那么这种体验就会更为深刻。学生的学习也不再是存储式的学习，而是在发现学习材料与相关对象的联系过程中，加深对学习材料的理解与认识，从而激发自身的创造力。学习对学生而言不再是被动的负担，而是一种积极主动的行为，从要我学变成我要学，学习和阅读成为学生增长知识、实现人生价值的有效途径。

弗莱雷的上述观点也影响了吉鲁对师生关系的看法。吉鲁指出，在对话的师生关系中，学习是一种合作的过程。教师与学生一起努力，一起进行批判性的思考，一起致力于自身的人性化。教师与学生不仅是师生关系，也是彼此亲密的合作伙伴。教师作为教育者，学生作为受教育者的角色是互换的。教师应尊重学生的文化差异，与学生共同成长。在教学工作中，教学态度与能力同等重要，为此，教师要以充满自豪感和愉悦感的精神状态投入教学工作当中。教师有了责任心和兴趣，加之科学充分的准备，才能使教学成为一种充实而可靠的存在。教学也是一种交流的体验，教师与学生在交流中倾听、理解对方的观点和想法，使学习走出孤立的象牙塔，走向提问式教育以避免灌输式教育的弊端。

在灌输式的教育中，人只不过是世界的一个存在物而已，与周围的环境和他人并不存在联系。每个人相对于他人来说，只是一个旁观者、被动接受者，是无意识的存在，而不是一个积极主动的参与者、创造者。教育者机械地向学生讲授他所认知的客体，而这个客体只为教师所拥有，并没有内化为学生所认知的客体，也没有引起师生的批判性思考。在传递、保存知识的名号下，学生却不能获得真正意义上的知识与文化。而在提问式教育中，师生的批判意识得到了充分培养。批判意识注重对发现的检验和修正，善于吸纳新事物与旧事物的合理性，有助于师生深刻地理解以前未曾知道的世界，从而对现存压迫体制进行反思和变革。

然而，阿罗诺维茨却指出："北美方法的拜物教使弗莱雷的哲学理念紧随波及所有人文和社会科学的趋势，被同化成了北美盛行的教育强迫症，证明知识的方法，学校中的授课——即将知识传递给毫无准备的学生。"① 不同学生在认知、语言、气质方面所反映的特性，是文化资本的一种体现。只有认同学生所拥有的文化资本，允许学生教师之间进行开放式的交流，才能有效防止课堂中沉默文化的出现。对话关系也反映了教师应具备的谦虚品质，即没有任何人是全知全能的，也没有任何一个人完全无知，"聆听所有与我们相遇的人，而不论他们的智力水平如何，是人类的义务，这反映了我们对民主而不是精英统治的认同"。② 吉鲁的批判教育哲学思想中体现了弗莱雷的对话教学思想，认为对话在阐明社会关系、使社会关系民主化的过程中具有非常重要的作用。通过对话，可以遏制以支配、顺从、权威为特征的教育关系。

如果一个人在儿童时期接受的是灌输教育，怎么能够期望培养出具有批判性思维的成人？在相对保守的意识形态引导下，传统教育漠视或者说无视知识与权力、文化与政治之间的关系。在传统教育的视野中，人们没有注意到学校所承担的社会和文化再生产机构这一角色，与此同时，师生之间的交互主体性也被忽略了。

具有压迫性、等级性的师生关系阻碍了师生之间的交流和对话，打破这种关系，需要广泛运用批判教学法。在吉鲁看来，这是消除社会不平等的最好方法，也是通往民主社会的最近途径。吉鲁提倡同伴—领导者的学习模式，要求学生以同伴和领导者的角色出现，通过评价他人和自身的工作发挥服务性作用。教师应鼓励学生进行批判性的反思与阅读，激发他们创造的愿望，以解决传统课堂模式中孤立

---

① ［巴西］保罗·弗莱雷：《被压迫者教育学》，顾建新等译，华东师范大学出版社2001年版，第4页。
② ［巴西］保罗·弗莱雷：《被压迫者教育学》，顾建新等译，华东师范大学出版社2001年版，第72页。

的、互不依赖的学习方式，让学生学会理解经验转化的可能性。

在对传统教师角色及师生关系进行反思与批判的基础上，吉鲁认为，应建立以平等对话为基础的新型师生观。吉鲁紧紧围绕培养学生的政治和批判意识阐述他的教育观点，让学生认识到知识不仅是一种政治——社会现象，也代表着一种关系网络。教师应该让学生明白，学校与社会、政治之间存在着无法脱离的联系，教育的过程不仅是传递知识的过程，也是树立并形成政治意识的过程，这就需要强化教师的政治意识，将教师教育作为文化政治工程来打造。

三 教师教育的文化政治转向

师者，作为教育的基本构成要素，永远是固本之业，这一特殊群体对于一个民族、一个国家发展的作用是任何其他力量都无法代替的。美国在 20 世纪 80 年代的教育改革中，第一次提出了以测验的方式来提高教师能力，试图通过提高大学毕业生的要求来提升未来师资质量。① 继 1983 年名为《国家处于危机之中：教育改革势在必行》的报告出台之后，2004 年，美国又出台了一份名为《教学处于危机之中：教学改革势在必行》的报告，这一"危机与改革的续集"意味着美国教育发展的着眼点已从宏观层次转向中观层次，改革的重心已向提高教师质量转移。美国从国家发展战略的角度来审视教学改革的重要性和必要性，认为如果不突出教学的重要性、如果没有高质量的教师，将会导致美国领导地位的削弱。为此，美国各州都开始制订教师教育计划，通过开展教师教育研究、提高教师录用标准、改善教师待遇等多项措施提高教师队伍的整体质量。

教师教育涉及教师角色的发挥，在吉鲁看来，教师培训如何开展，与这一群体所处的文化背景以及文化背景对其行为方式、价值取

---

① ［美］L. 迪安·韦布：《美国教育史：一场伟大的美国实验》，陈露茜、李朝阳译，安徽教育出版社 2010 年版，第 438 页。

向的影响密不可分。教师教育语言的非政治性，使教师局限于对教学方法的学习，既不能充分发挥公共知识分子的作用，也不能对学校和社会进行全面而详尽的分析。

在后现代主义政治的发展历程中，不乏对不同群体受支配状态的表达，也不乏对联盟政治、新社会运动的强调。那么，在教育中，联盟建立的方式何在，参与新社会运动的性质何在？后现代主义政治家们并未给出完全而明确的答案，吉鲁注意到了这个问题。他强调教师要与其他知识分子建立真正的共同体，以寻求真理；强调教育要以一种积极的姿态参与社会政治运动，发挥公共教育、高等教育作为公共空间的责任与使命，推进民主社会的建设进程。

吉鲁意在倡导教师教育机构与其他团体的合作，使教师不仅实现学校工作与政治的结合，同时将教育的政治功能发挥到其他领域。然而，在吉鲁看来："在集体的文化生产中（论文由多个作者署名，并不意味着集体创作），真正的社会互动真是太少了（因而快乐也太少了）！"① 吉鲁以一个强有力的感叹号结束了他对集体创作的看法，一针见血地指出了合作研究中存在的问题。大学之间不是没有合作，而是缺乏真正意义上的合作。

杜威在解放教师智力方面做出了积极的贡献。他认为，一个群体之中所进行的教育，有助于使其成员社会化。但这种社会化的质量和价值，取决于群体的习惯和目的。而社会化价值的设定既不能凭空捏造，也不能是对现实的简单重复，它应该建立在实际存在的社会基础之上。对一个真正的共同体来说，彼此的交往基于共同的兴趣，大家都有交往、讲授、聆听的迫切需求和欲望。单向性的讲解只限于对事物的叙述和重复，接受者也仅停留在记忆内容的层面。如果说杜威解放了教师的智力，那么吉鲁不仅达到了这一目的，还进一步提出了教

---

① ［美］亨利·A. 吉鲁：《教师作为知识分子：迈向批判教育学》，朱红文译，教育科学出版社2008年版，第168页。

师发挥智力的有效途径及最终目的。

吉鲁指出,学者和知识分子应致力于创造有利于共同工作的环境和氛围,不论是在教学写作方面,还是在研究调查方面①,以确保合作效益的有效发挥。现状却是,"在高等教育变得越来越职业化的时候,美国终身教职序列的教师规模显著减少,进一步削弱了教师作为利益相关者的地位"。② 使得教师沦为学术界的打工者,降低了他们的职业安全感,根本无心致力于批判教育事业的发展。

吉鲁认为,为了充分发挥师生在教育教学中的作用,真正实现教学相长,在作为知识圣殿的大学中,要构筑教师共同体、学生共同体以及师生共同体。文化政治的重要任务之一是,通过实施具有可能性的激进批判教育,详细阐明边缘群体、受支配群体、被压迫群体所面临的束缚与现状,承认每一种受压迫形式都有自己的认识方式、都有自己的真理。因为,文化是一个社会群体体验、理解"被给定"生活环境与状况的独特方式,每个个体都是在已有的文化框架中形成自己的目的与意向的。大学应是竞争精神与文化非常活跃的地方,正是竞争精神与文化的存在,才有助于教师批判性话语和解放性理想的形成。

吉鲁进一步指出,教师教育中存在的批判性空间微乎其微,不论是公共性还是个体性的,不论是在政治方面,还是在文化方面,几乎少有涉及。"教师教育机构将自己界定为服务型的机构。它们受教学技术的逻辑驱使,并且接受国家的委任以提供必不可少的技术和管理方面的知识。它们担负各种社区所认为的必要教育功能,学生们在这些社区中进行实习或获得做实际工作的经验。"③ 吉鲁认为,在教师

---

① [美]亨利·A. 吉鲁:《教师作为知识分子:迈向批判教育学》,朱红文译,教育科学出版社 2008 年版,第 139 页。
② [美]亨利·A. 吉鲁:《超越新自由主义高等教育的边界:全球青年的抵抗和美英分裂》,吴万伟译,《武汉科技大学学报》(社会科学版) 2012 年第 3 期。
③ [美]亨利·A. 吉鲁:《教师作为知识分子:迈向批判教育学》,朱红文译,教育科学出版社 2008 年版,第 162 页。

教育中，特别是权力、意识形态和文化本质等问题没有得到应有的重视，教育理论只不过是可测性学习和方法论实践的产物，社会理论也没有真正进入教师教育的内容之中。所以，不仅大学要成为公共领域，教师教育机构也要成为公共领域。

由于教师教育机构既不能为教师提供关于学校教育基本目标的正确理解，也不能为初涉职业生涯的教师提供一种极具批判性力量的话语，这直接导致了北美教育的惨败。时代的发展变化对教师角色提出了新的要求，过去，教师只要做到传道授业解惑即可。而今，还需兼具高尚的道德、社会责任等。如果教师教育仅停留在专业化发展的层面上，不能说对教育的发展无益，但是好也好得有限。"知识分子面对的主要选择是，是选择和胜利者与统治者的稳定结合在一起，还是选择更艰难的途径——认为那种稳定是一种危急状态，威胁着较不幸的人使其面临完全灭绝的危险，并考虑到屈从的经验以及被遗忘的声音和人们的记忆。"① 吉鲁来说会选择后者，以确保公共生活的民主秩序得以维持，确保教师树立解放性权威。

在吉鲁看来，教师作为一个特殊的群体，具有形成权威的独特优势，他们具有强大的辩论力量，从而在意义系统中占据有利位置。对于教师教育来说，仅仅发展一种语言是远远不够的，这种语言还必须将权力与政治视为核心问题，必须能够致力于权能的发展和转化。教师教育应在职业认知和职业尊重方面有所体现，如果仅侧重于教学理论、教学方法上的培训，则无助于转化性知识分子的产生。

吉鲁认为，教师教育应该成为一种政治工程、一种文化政治。作为转化性知识分子的教师，不仅要注重自身角色的转化，还要充分认识理论与实践的关系，这是教师成为转化性知识分子的首要关注点。"教育研究者往往通过教师教育为中介来实现自己的学术智慧，通过

---

① [美]爱德华·W. 萨义德：《知识分子论》，单德兴译，生活·读书·新知三联书店2002年版，第35页。

教师教育，教育理论研究者与教育实际工作者'两张皮'的难题也得以化解，更重要的是，通过教师教育，教育研究智慧的下移与教育之间的上行也有了实质的交汇点。"① 通过对方法的探求，使学校教育更富于批判性，从而实现教育自身的解放。

四 重新审视理论与实践的二元张力

理论的意义在于，"一是具有改变世界对于人的实用关系之重大作用，二是设定并论证社会理想，亦即赋予生活以意义的作用，三是通过形塑主体而对于诸主体之整合作用"。② 体系化的理论内部具有严密的逻辑自洽性和一致性，理论来源于实践，但却不能简单地还原为实践。

吉鲁充分认识到，理论经过提升、完善后，可以转化为具有批判性的政治和文化行动。理论要尽可能地从抽象向具体转化，目的就是在理论的世界内实现更高程度的具体。而实践的意义在于，将理论引入现实的生活，以便人们能够更充分地理解所处环境的复杂性和多样性。

受后现代主义的影响，为了进一步突出政治的重要性，吉鲁转而将自己的兴趣和思考倾注到文化研究领域。在他看来，文化研究具有较为明显的政治特征，而且特别关注理论与实践的关系。"理论本身无所谓好坏，其意义和效率扎根于讲究实用性和通俗性的政治以及它是否能够被灵活地用来表达思想框架，并被用来加强自我反思和社会责任感的工具。"③ 在吉鲁看来，教师教育缺乏将学校与民主的批判概念联系起来的语言。在理论与应用之间常常会发生混乱的关系，理

---

① 王兆璟：《意识自觉与观念解放——改革开放以来教育科学研究的观念史分析》，《教育研究》2014 年第 2 期。
② 王南湜：《理论智慧的实践意义》，《南京师大学报》（社会科学版）2013 年第 1 期。
③ Giroux, Henry A., "Thinking Dangerously in an Age of Political Betrayal", *Fast Capitalism*, Vol. 12, No. 1, 2015, pp. 23–29.

论可能很快就会被抛进令学术尴尬的垃圾箱。这种混乱也在一定程度上误导了教师，阻碍了教师作为公共知识分子作用的发挥。理论应该与直接的课堂教学实践相联系，这就需要人们对教育实际是什么、教育正在做什么进行考察和反思。"没有变革意向的解释是空洞的；没有解释的变革是盲目的，解释与变革、理论与实践不是两个分离的要素，而是可以结合起来的；它们是以这样一种方式而相互关联着的，知识因为实践而变得充满创造力，而实践又得到知识的指导；理论与实践一旦不再分离，都将改变它们自己的本性。"[1]吉鲁的这段话充分说明了理论与实践之间的关系，指出人们要在理论与实践的联系之中，在批判性语言与可能性语言的结合之中，来分析学校是如何创造新的主体与主体性的。

理论与实践应该有一定的距离，理论不是支配实践，而是要尽可能地把握实践，以便批判地理解处于特定时空的实践类型。作为话语形式的产物，理论产生于具体的环境和经验之中，将理解与可能性作为自身的核心要素，批判地考察所处的环境，而后进入实践当中。"研究是一项艰难的任务，它需要一种系统的批判态度和智力训练，而这些只有通过实践才能获得。"[2]吉鲁认为，就研究的起因和目的来说，教育是为了"选择生活"。而研究视野的未来性不仅提醒了人们现在是什么，更重要的是，表明了人们可能成为什么。

教育哲学的研究应该将教育实践的内在需求和教育理论的发展加以统一，在理论上构建教育发展的未来图景，在实践中将图景变为现实，实现教育理想与教育实践的和谐共进。实践是教育哲学不可缺少的内核，它既体现在现实教育问题的解决上，也体现在对教育价值的追求上。对于"教育实践到底是什么"这一问题的回答，也就是对

---

[1] [美]亨利·A. 吉鲁：《教师作为知识分子：迈向批判教育学》，朱红文译，教育科学出版社2008年版，第64页。

[2] [美]亨利·A. 吉鲁：《教师作为知识分子：迈向批判教育学》，朱红文译，教育科学出版社2008年版，第106页。

教育的可能性如何转化为现实性的回答，如果我们认为答案暗含在课堂活动本身的实践性之中，只考虑工具性的行动而忽视行动的后果，那就低估了教育理论与教育实践之间的转化关系。

布尔迪厄强调总体性的实践概念，他认为实践本质上就是功利性的，同时也是一种被错误理解的资本和权力形式。而马克思认为实践智慧是通过其政治活动得以呈现的，"实践智慧始终将自己的关切点放在政治和道德行为上，对群体生活的首要关切体现在政治意识，也就是社会公正、民主的关切上，同时也意味着，通过公民教育使每个公民成为独立的道德实践主体"。① 马克思通过种种政治活动，对生活于其中的社会制度进行批判、解构、重建。吉鲁关于理论与实践、教育与政治的论述，既体现了布尔迪厄实践概念的总体性，也体现了马克思基于政治和道德行为的实践智慧。他对理论与实践关系的反思，有助于人们更清晰地理解具体的教育实践是如何与特定时空中的经济、政治等问题发生关联的，以便为开展批判性的思考与行动奠定基础。

教育哲学的实践智慧既体现在对教育实践的现实关怀上，又体现在对教育理论的批判反思上。理论的批判反思是教育哲学的形而上维度，理论对实践的关怀则是教育哲学的形而下维度。如果一所学校教育的学生不能对社会现状进行批判性的反思和改造，而是一味地适应社会，那说明这所学校是一所保守的学校，它所进行的教育是失败的教育。在吉鲁的眼里，无论是公共教育还是高等教育，其核心目的都是能够让学生拥有敢于质疑、提出观点并参与社会事务的权力与能力。

吉鲁认为，理论的基本架构是特定历史境况的产物，尽管人们无法明确地对它的主观成分和客观成分加以区分，但理论的创造过程可

---

① 俞吾金：《从实用理性走向实践智慧》，《杭州师范大学学报》（社会科学版）2014年第3期。

以是辩证思考过程的结晶。"理论和语言是斗争和可能性的场地,为经验提供意义,为行动指明方向。理论总是资源,其价值在于批判性地参与和改造世界,是更广泛意义上的自由和正义工程的组成部分。"①理论不仅有助于人们对既定的事实进行选择,也有助于现实的再现。只有在分析问题的背景下,理论才会更加彰显自身的意义。

吉鲁还从另外一个维度体现了他在理论与实践关系研究方面做出的贡献,那就是他对理论的定位。在吉鲁看来,理论先于实践,与实践有一定的距离。理论与实践的冲突是理论自身本质性的必然体现,它内在于理论的结构之中。研读理论有助于人们把握实践,批判性地理解处于特定时空之中的不同实践类型。"教育研究应是理论理性和实践理性的统一,但长期以来,教育研究在理论的层面仅回答'是'的问题,而不能满足实践者对'应该'与'做'——也就是实践理性的迫切需求。为此,教育研究应从理论理性上升到实践理性。"②最重要的是,人们应该将理论视为不同具体社会场所话语形式的结晶,它不是专家、学者的垄断性产品,它既可以产生于传播、生产、创造知识的主要机构——大学,也可能来自农村、企业等其他社会场所。

实践活动是人们评价某一行为的载体,它具有目的性、自觉性和反思性,每一种类型的实践活动都从理论之中获得不同程度的启迪。对于教师而言,他们的优秀品质和进步是在实践中逐步形成的。教师不仅要开展教学实践,还要对教学实践进行反思与评价,充分认识内在于实践之中的理论,将实践视为发展理论的手段和途径。无论理论阐释得多么正确,它都不可能凌驾于由实践所产生的知识之上,也不

---

① [美]亨利·A.吉鲁:《反思作为自由实践的教育——保罗·弗莱雷谈批判教育学的前景》,吴万伟译,https://www.gongfa.net.cn/html/gongfapinglun/20101112/1492.html,2010年11月12日。

② 李太平、刘燕楠:《教育研究的转向:从理论理性到实践理性——兼谈教育理论与教育实践的关系》,《教育研究》2014年第3期。

可能彻底脱离由实践所提供的创生环境。同时，人们也必须清醒地意识到，身处理论环境之中，即便对未知的问题存有疑问，也要与实践活动保持一定的距离。这并不是刻意彰显理论的清高，保持距离是为了缩短距离，是为了更清晰地理解实践存在的理由，是为了更清楚地观察理论是如何在具体实践中得到建构的。

吉鲁所使用的可能性语言拒绝空洞的瞻望和单纯的怀旧，他从不同角度深刻分析了理论的重要作用，"理论是一种概念框架，协调着人与更广泛的社会现实的客观本质之间的关系。它具有过滤装置的作用，人们通过理论获得信息、选择事实、研究问题，并形成具有针对性的方案"。① 吉鲁认为，理论关系到批判性思维的形成，它为人们分析问题提供理论依据和概念工具，有助于人们对资料进行整理、选择和分类，有助于人们进一步思考理论和实践的关系。

吉鲁提出了理论研究的新范畴，抵制教师的单边权威性，认为学校应培养学生成为敢于批判、敢于冒险的公民，任何阻止这一目的实现的意识形态和社会实践都必须被摒弃。"今后讨论教育哲学，应首先讨论什么是实践活动，而非什么是哲学。唯有重新确立实践概念之传统角色，教育哲学方能好好地发挥其促进统整教育实践活动之功能，以对抗现在日益堕化之文化趋势。"② 同时，"热衷于实践而不要理论的人好像一个水手上了一只没有舵和罗盘的船，拿不稳该往哪里航行。实践永远应当建立在正确的理论上"。③ 吉鲁对理论与实践所做的研究，打破了人们关于学校教育与社会关系的普遍公认观念，即社会是内部协调、各种因素之间有序运行的统一整体，形成了关于学校、教育本质的独特见解。在此基础上，他对隐性课程与显性课程的

---

① [美]亨利·A. 吉鲁:《教师作为知识分子：迈向批判教育学》，朱红文译，教育科学出版社2008年版，第60页。
② Wendy Kohli, *Critical Conversation in philosophy of Education*, Routledge, 1995, p.235.
③ 朱德生、冒从虎、雷永生:《西方认识论史纲》，江苏人民出版社1983年版，第110页。

存在也提出了自己的观点和看法。

第三节 隐性课程与显性课程相得益彰

每一种教育哲学都有它所要达成的道德、能力等方面的培养目标，从而影响课程的设置。消除自由教育与机械训练之间的二元论，设置有助于使思想成为个人自由实践的指导性课程，是民主社会面临教育问题的核心所在。学校作为实施教育的主要机构，它不仅生产、创造知识，更影响着教育者、受教育者的世界观、人生观、价值观。接受自由艺术是少数人的特权，还是多数公民的普遍权利？显性课程与隐性课程能否和谐共存？如何才能使批判教育思想真正得以实践？这些问题激发了人们对教育功能的重新思考与定位以及它与民主的公众生活之间的联系，这就不可避免地涉及课程问题。

一 隐性课程存在的必要性

吉鲁认为，美国的课程改革注重"技术理性"，使观念与执行成为互不相交的两条平行线，课程与评价标准成为管理与控制的代名词。隐性课程成为显性课程发挥作用的助推器，维护了统治阶级的实际利益，加剧了权力关系的不对称。如果说显性课程代表了官方的正式科目与所需技能，那么隐性课程则以潜移默化的方式将价值观念、行为举止、思想认识等渗透到学生的学习中，使阶级、性别、种族等方面的不平等和歧视周而复始。

在吉鲁看来，隐性课程有助于增强学生对差异的敏感性，人们应关注隐性课程代表的是谁的利益以及它在学校教育中得以合法化的方式。与显性课程一样，隐性课程所要面对的问题是权力行使与话语之间的关系。隐性课程不可能只有一种形式，它所传递的信息反映了不对称的权力关系与权力话语。隐性课程应特别重视那些处于社会底层学生的生活经验与个人经历，通过跨越边界的课程内容抵消知识分层的消极影响，使学生形成完整的知识体系，充分挖掘自身的发展潜力。

对竞争与奋斗的重视是美国学校教育的重中之重，自我利益的实现被置于至高无上的地位，自私自利几乎充斥于隐性课程的每个角落，导致多数的课堂过程无助于学生形成一种关于共同体的意识。传统研究认为学校是教学的场所，侧重关注教育在维持现存社会中所扮演的角色，即学校如何生产稳定和团结。而自由主义研究则将焦点集中于学校教育实际和隐性课程内容，课堂意义的生产与协商，支配师生互动的内容、形式及原则，作为社会知识的典型以及代表性教育知识的选择。

自由主义研究者批判了以技术理性、实证主义理性为指导的教学模式，通过分析意图、意识、人际关系在建构意义和课堂经历中的重要性，最终得出的结论是：隐性课程并不意味着压制和教师的单边影响。但是，他们未能对社会的政治、经济因素是如何在学校中产生压迫的问题进行分析，也没有对社会中的意识形态和结构限制是如何压制批判性思维和建设性对话的问题给出回答。激进研究者虽关注了学校教育进程是怎样再生产和维持阶级之间的操纵、剥削和不平等关系等问题，却未能对隐性课程进行深入的剖析。

在吉鲁看来，隐性课程的研究应进入到改造层面，实现价值观念与技术理性的统一与融合，通过隐性课程质量的提升带动教育质量的突破。如果隐性课程目标与正规课程目标相左，就会阻碍学生的学习。在这种情况下，需要改变隐性课程的结构与特点，尽力消除隐性课程的不利影响。

吉鲁认为，传统的隐性课程比正规课程给予了学生更多的影响，可以通过改革隐性课程内容将学生培养成为积极能动的主体，而不仅仅是接纳知识的容器。如果教师和学生都能意识到隐性课程的运行方式，清楚地认识到隐性课程的消极影响，师生就会努力去改变这些消极影响，使隐性课程充分发挥其价值和作用，推动学生进行批判性学习，形成自己的参考框架和知识图式。然而，在吉鲁看来，很多课程以客观性的名义将带有支配性的规范、价值和视角普遍化了，使教育学成为"纯洁"理解的教育学。这样的教育学所培养的学生不是批判的思想者，而是无力进行批判的纯粹接受者。吉鲁认为："对社会科学教育变革的认真探讨，可能必须以考察存在于学校隐性课程和正式课程之间的冲突为开端。"① 在吉鲁看来，社会科学是实现自我批判与进步的政治领域，它在本质上是历史的、政治的，研究者所在知识场域的位置以及所在学科的理论边界是社会科学理论存在的前提。如果人们忽略了存在于隐性课程中的社会科学课程，那么对社会科学课程的开发可能会变得没有任何意义。碎片化、孤立的人际关系是隐性课程特征的消极体现，这样的课程教学需要被民主的社会过程和价值观念取代，以便能够充分考虑目标、教学、内容和结构之间的作用。通过一种理论原则的贯彻，重建新的社会秩序，为真正的人性化教育提供基础。隐性课程的性质和功能应得到重视而不是忽视，学校教育必须重视通过课堂教学、课外交往悄然传递给学生的信息和价值。否则，与隐性课程相伴而生的关于性别歧视、种族主义等负面信息就被忽略了。

吉鲁认为，隐性课程由群体、赞扬、权力这三个关键词组成，这些存在于隐性课程中的价值观念对学生产生了潜移默化的影响。教师角色的真正意义就在于，通过权威再生产出社会关系的网络和价值观念，使隐性课程的性质在评价系统中得以清楚地展现。在吉鲁看来，学校职能的发挥不能仅仅从那些公布于众的信息中去查找，更要在复杂的社会关系中来确定。人们需要关注隐性课程与正规课程之间的冲突，发挥隐性课程的独特作用。隐性课程在很大程度上影响着学生个体经验的形成，为此，吉鲁提出要消除隐性课程中不民主的问题，改

---

① ［美］亨利·A. 吉鲁：《教师作为知识分子：迈向批判教育学》，朱红文译，教育科学出版社2008年版，第31页。

革隐性课程内容，使其与社会实际生活紧密联系。总之，吉鲁认为，忽视隐性课程的存在是有风险的，传统的隐性课程比正规课程给予了学生更多的影响，它的存在并不是阻碍了教育改革，相反，它为推动教育改革提供了契机。

二　批判性课程的构建

在传统课程模式中，理论、知识和客观性本身都没有得到正确的理解，导致权力与统治等重要问题未能得到应有的关注。理论要么被工具主义导向所支配，要么被忽视，要么囿于狭隘的经验而坐井观天、自说自话，这就使知识本身既不能发挥道德方面的作用，也不能发挥其在政治方面的功能。知识被认为是属于客观领域的产物，因其客观而外在于个体，这种对客观性的单纯强调导致了知识与个体交流的断裂与隔离。同时掩盖了学术研究的价值倾向性，将价值与事实、社会调查与道德关怀割裂开来，实际上造成了学术研究中偏见与迷信的盛行。

在传统课程模式下，合理性不再与历史相关，而是体现了因循守旧的政治路线。学生处于被动的地位，在基于预测和控制而不是批判性的模式下进行学习与探究。课程的设计者没有意识到除了预测、控制、效率以外的目的，最终导致了政治、伦理的失败。

在后现代主义的影响下，知识不再是权威手中的工具，它激发了人们对差异的敏感程度，对异质事物的包容能力。从语言中寻找新的意义成为后现代知识的原则，而不是专家们统一的意见。后现代主义者主张设置动态、循环、开放的课程，极力反对封闭式的目标模式课程设计，通过对学校课程本质的思考，讨论知识及其合法性。相对于现在教育所提倡的发展学生的综合素质来看，仅仅培养学生的道德和政治素质是失之偏颇的。

吉鲁认为，课程的设置要有助于促进学生的理性活动，注重培养学生的责任意识。课程要体现教育的社会责任，它应该形成这样一种环境，即所涉及的问题都与学生的生活存在密切关联，传递和创造的知识都有助于发展学生对社会的见识和兴趣。特别是阅读、写作类的课程，即便是所谓的中性课程，也在一定程度上反映了一个国家特定的政治目标，以培养与自己的基本原则、发展需要相一致的公民。这并不是要美化从属集团文化的教育实践，或者简单地排斥完全湮没在西方传统之中的课程，而是意味着批判地去考察学校课程是如何建构主流文化和从属文化的。

吉鲁对批判性课程进行了新阐释，认为课程是学生参与其中的多样化叙事，它应从文化中心走向文化边缘，通过知识的实践性与意识形态性，帮助人们形成对社会的批判性理解。吉鲁在这里强调课程的作用，不是仅仅出于工具性或实用性的观点，而是意在说明，要想让学生重视学习，必须让学生感受到学习的内容是有意义的。当人们思考、应对21世纪的教育所出现的变化时，必须认真对待课程的内容。

任何课程内容中都存在着由特定世界观所赋予的价值取向，大部分学生并不是根据社会建构的教育法则进行思考，而是融入了自己的思维框架。思考的过程就是一种思维实践的过程，在这个过程中，师生都被提供了一种既定的特殊范式，展示了课堂教学的理论基础。在吉鲁看来，学校应该开设批判性课程，这一类型的课程或许会赢得全体公民的共同支持。批判性课程作为文化政治的一种形式，本身具有这样的信念，即教师通过教学能力发挥作为知识分子的作用，通过批判性话语的运用，反映具体的经验、政治与文化以形成激进的教育学。课程要与解放联系起来，通过知识与技能的提升，为提高所有人的生活质量创造条件。课程将知识与权力相联系，主要体现在以下三个方面：一是对已有知识的质疑；二是将关于学校教育和社会方面的所有知识主张作为更广泛的文化组成要素加以分析；三是将知识视为大学与社会斗争过程的组成部分。

吉鲁认为，在教育领域中，不能只有实用主义课程大行其道，也应该开设使生活情境问题化、体现现实挑战性和思维批判性的课程。

而传统的主导课程忽视批判性的反思和对人的理解,没有认识到课程的核心问题是要关注权力、知识和意识形态之间的关系。人们对传统课程内容的缺陷要么是迟钝的默认,要么是麻木的无视。由于教师将鲜活的现实静态化、孤立化、僵化,使之远离了学生的生活经历,机械式的讲解使本来富有生机的经验变得死气沉沉,使本应充满精神与灵魂的内容成为空洞无趣的灌输。"这种讲解教育的显著特征是冠冕堂皇的言辞,而不是其改造力量。'四乘四等于十六,帕腊州的州府是贝伦。'学生把这些语句记录在案,把它们背下来,并加以重复。他们根本不明白四乘四到底意味着什么,也不知道'州府'在'帕腊州的州府是贝伦'这个句子中的真正意义是什么,也就是说,他不懂得贝伦对帕腊州意味着什么,而帕腊州对巴西又意味着什么。"① 这个例子深刻地揭示了教育中存在的弊端,可谓一语中的,切中要害。

吉鲁特别指出,课程就是意识形态中的学习,把课程理论和实践与激进的社会理论相联系,但这并不意味着,"学生应该学会一种特定的学说,比方说,马克思主义的话语。相反,我们在这个语境中使用的激进概念,要比任何一种版本的马克思主义或者任何其他政治学说都更加宽泛,也更具基本性"。② 科学合理的课程理论应实现理论与实践的紧密结合,将各种类型的斗争与自我权能、社会权能的发展紧密结合,为提高个人和全体人类的生活质量创造条件。

按照吉鲁的分析,课程宏观目标的内容应包括导向性知识和生产性知识。生产性知识与手段和科学技术密切相关,导向性知识则与研究方式、生活质量、人生的思考密切相关。吉鲁对课程宏观目标、微观目标的区分,为师生超越既定学科、课程范围所限定的学习观念提

---

① [巴西]保罗·弗莱雷:《被压迫者教育学》,顾建新等译,华东师范大学出版社2001年版,第24页。
② [美]亨利·A.吉鲁:《教师作为知识分子:迈向批判教育学》,朱红文译,教育科学出版社2008年版,第135页。

供了选择，使教师能够运用多种目标探究学生的课堂经验与居于主导地位的社会政治力量之间的关系。另外，可以使教师在行为主义与人文主义目标之间做出更有效的选择，将学习的不同形式与社会所建构的规范和价值相联系，逐渐形成有助于促进学生经验发展的课程目标，这些目标清晰地阐明了学生所学与日常生活之间相互作用的政治丰富性和社会复杂性。

吉鲁认为，批判性课程是文化政治这一实践形式的中心内容，其目的是培养积极进取的公民，促使公民为民主社会的形成而开展合作性斗争。吉鲁提倡围绕性别、民族、种族、阶层认同选择并组织课程内容，突破传统课程的教条束缚，改善边缘群体、弱势群体的不利地位与生存状态。吉鲁认为，课程理论应考虑人类活动本性与社会文化状况之间的辩证法，将学生视为具有自我意识的主观能动者。在认识到课程与学生上述特点的前提下，教育必须增强学生认识社会、认识文化的主动性，使学生拥有一种历史意识，积极参与并推动社会的变革。

吉鲁认为，通过课程再生产出占支配地位阶级的认知、学习、言语和书写习惯，它们被掩盖在客观公正的外衣下，体现了占支配地位的文化。为此，应允许学生对课程质疑、争辩。当然，任何事物都具有两面性，人们学到的知识也有利于改变他们的认知，并帮助他们有效地抵制霸权。

吉鲁同意西方马克思主义关于课程的一个观点，那就是在课程内容、课程组织以及课程方式方面或多或少都会受到社会存在、社会意识的间接影响。吉鲁认为，批判性课程的设置，必须考虑人类活动本性与社会文化状况之间的关系，教育要将学生培养为具有自我意识、历史意识的主观能动者，提高他们对社会、文化现状的认识水平，成为社会发展的推动者而不是旁观者。批判性课程的发展本质上既是社会的产物，也是政治的产物；既是历史的过程，也是历史的结果，所谓的课程价值无涉只是一种伪装。如果人们已经看到课程所承载的意义与价值，就必须以一种能够说明社会意义、与更广泛的社会因素联系起来的理解方式来设置课程，注重课程内容的情境性、批判性、历史性和个性化。形成合理的课程新模式，不仅是技术上的任务，还是一场深刻的社会斗争。从这个意义上来说，批判性课程是使政治转化为教育行为的理论话语。为此，人们应以培养学生的道德和领导能力为目标，引入批判性话语进行课程设置。批判性课程是知识、价值和技能具体形式的表达，它的组织原则是把学生教育成积极的、负责任的公民。通过批判性、可能性语言的具体化，将社会理论转化为培养合格公民的实践形式。

三 批判性与可能性相结合的语言

语言是斗争的工具，清晰明白的语言，既有利于观点的表达，也易于人们理解和接受。语言与权力是不可分割的，语言的问题实际上是包含了权力在内的意识形态问题。语言以它特有的方式形成某一特殊群体的合法化意识形态，通过调节所在群体内部以及群体与社会之间的关系发挥自身的作用。语言的转向，即是由传统哲学关心绝对知识、绝对真理转向分析人们讨论、描述事物的概念和思想方式。语言不仅是表达现存事实的媒介，也是建立新范畴、创造新理论的媒介。正是在语言的范畴当中，理论的意义不断得以彰显、创造。

吉鲁指出，语言是人之所以成为人的一种构成条件。正是语言的存在，人们才能将诸多类型的感受记载下来，从而形成自身的政治意识、伦理意识、经济意识和社会意识。[①] 无论语言还是意识，都是社会的产物，皆源于人与人之间交往的需要。[②] 语言的存在，使一个人能够通过它表达对事物的自我理解，也使不同时代、不同人之间的理

---

① ［美］亨利·A. 吉鲁：《教师作为知识分子：迈向批判教育学》，朱红文译，教育科学出版社2008年版，第22页。
② ［美］奈尔·诺丁斯：《教育哲学》，许立新译，北京师范大学出版社2008年版，第96页。

解成为可能。通过语言，人们将自己带入思想的开放之中。语言的特征不仅在于它具有一定的社会基础，隐含于知识、价值和身份生产的斗争之中，还在于语言无法从社会历史的力量中抽象出来，它是特定历史斗争和冲突的结果。语言既是斗争的工具，也是斗争本身的一部分，它被用来提出新的问题超越以往的理论范畴。

  吉鲁认为，语言形成知识，表达权力，当人们在更为广泛的领域将民主、文化、教育、政治有机联系起来时，这本身就是一个重新将语言逐渐理论化的过程。不同的观点为人们提供了新的理论范畴和实践方式，使教育斗争与更为广泛的、争取民主的斗争紧密联系起来。一种教育哲学，要想在对自身进行批判性理解的基础上实现自我超越，就需要形成具有反抗性的话语，进而创造新话语，在揭示、纠正传统学校教育缺陷的基础上构建更为先进合理的学校教育。以吉鲁为代表的激进教育家们不满足将语言分析置于支配和被征服的语境中，他们也关心"可能性"语言的发展。

  思想的直接现实就是语言，语言是人们运用文字进行交流、表达知识的媒介。在不同的共同体中，需要确立一个相互理解，并为共同体成员所愿意遵守的语言表达体系和思维方式。凡是有交往行为的地方，便有对语言的运用。吉鲁对语言的运用和把握部分地取决于他的工作和生活环境，自然，在他对理想师生关系的构建中，也离不开对批判性与可能性语言的运用，这是他将激进教育上升为政治策略的表现。

  吉鲁认为，语言是人们审视、批判教育的表达手段，也是丰富多彩的教育活动得以开展的重要工具，必须尽力使其更为准确和清晰。语言的习得是学习的主要形式之一，它不仅教给学生认识世界的方式，而且引导学生认识具体的社会关系。在他看来，合理的师生关系需要选择恰当的语言进行对话，将语言的运用致力于师生之间关系的调节，达到以言行事的目的。

  吉鲁指出，如果教师具备了学习不同形式语言的能力，那就能够形成对语言结构的批判性理解,同时,运用这种能力帮助学生发展一种语言。学生通过对语言的运用,既能形成、确认自己的经验,又能以批判性的行动介入到不同的文化环境中去。而"陈腔滥调,老旧的比喻,懒惰的书写,都是'语言堕落'的事例。语言具有超级市场背景音乐的效用,当语言冲洗人的意识,诱使它被动地接收未经验证的观念和情绪时,结果便是心灵的麻木和被动"。[①] 吉鲁反对那些坚持反智主义和理论简化论的批判教育理论,他强调要在语言、知识和权力之间建立联系,创造一种能够扩展教育意义,使文化工作者能够参与其中的语言。

在吉鲁看来,讲授批判性课程,所使用的既不是管理与控制的语言,也不是中肯与整合的语言,而是批判与可能相结合的语言。这一新的教育和文化批判语言,有助于人们在特定的文化实践和教育环境中,去理解不同的社会结构是如何被构建的。在吉鲁的研究中,批判性语言不仅是人们用来分析政治行动的工具,也是人们展现对他人的关心、同情,恰当处理权力关系的思维方式和话语表达。

吉鲁认为,运用批判性语言,就要认真考察生产话语、文本分析话语和生存文化话语,挖掘它们的关联性和内在潜力。生产话语认为学校与社会存在广泛的联系,学校是作为历史和社会的结构而存在的。文本分析话语是对生产话语形式的补充,文本的表达并不限于对思想的中立传输。文本分析话语应对学校的课程进行意识形态批判,为主体性以及文化形式作用的发挥提供有价值的意见。生存文化话语则将重点放在如何通过师生生产的历史、文化和政治形式,更好地体现并赋予生活以意义,它承认以主观形式存在的政治意志与斗争,并将其转化为可能性的语言,更为清晰地阐明权力与知识的关系。在他看来,语言与主体性的形成、彰显密切相关,关系到个体身份的

---

① [美]爱德华·W. 萨义德:《知识分子论》,单德兴译,生活·读书·新知三联书店2002年版,第30页。

存在。

课程中所使用的话语涉及教师和学生对待文化形式、文化边界的方式,因为正是文化形式与边界的存在,才给予了师生学习行为、研究行为更多的意义。作为文化政治形式的批判教育,是在生产话语、文本分析话语和生存文化话语中得以产生并转化的。在教育发展的历史进程中,每种话语都受到过讨论与批评。

吉鲁试图通过分析上述三种不同话语之间的联系,进一步挖掘它们各自的潜力,以在新范畴中形成发展师生权能的不同教育实践形式,这种实践形式的形成是以解放为旨趣的。"文化政治需要发展一种话语,关注学生带到学校中的历史、梦想与经验。只有从这些主观形式着手,批判性教育才能发展一种肯定和介入文化资本的矛盾形式的教育学,文化资本影响着学生如何创造才能使生活的具体方式获得合法性意义。"① 在吉鲁看来,发展文化政治意义上的批判教育,关系到学生能否创造出合法性的具体生活方式。

实现上述目的,需要运用恰当的语言提出形成新的学校经验的可能性。吉鲁尖锐地指出,在管理与控制的语言模式下,教师成为垄断知识的权威主义者,将自己的观点强加给学生,抑制了学生的创造力和观察力,使教学由指导行为变成了操纵行为。控制式话语使课堂氛围处于沉默文化之中,教师沉溺于确定性的消极不作为,使他们既无法了解教育对学生所产生的影响,也导致了师生权力的弱化甚至丧失。

如果说管理与控制的话语意味着统治、灌输,那么中肯性话语则意味着价值中立。中肯性话语对问题的复杂性视而不见,将支配性文化与从属文化一起遮蔽了。它未能将学校作为一个文化过程来理解,没有对学校之中经验的建构、合法化等问题形成批判性的理解,无法

---

① [美]亨利·A. 吉鲁:《教师作为知识分子:迈向批判教育学》,朱红文译,教育科学出版社2008年版,第129页。

对课堂社会关系的表达、调解进行分析。否认了文化与权力的关系，阻碍了教师对不同类型语言的学习，导致影响学校各方面运转的政治与社会力量日益式微。由此，这一话语也就限制了自身的理论空间，不能对处于附属地位的社会群体是如何抵制课程中占支配地位的文化这一问题作出合理性解释。比如，在美国的大学里，文学批判仅限于在英语专业里进行，而且被制度化了，在失去与日常生活联系的同时，也丧失了其作为文化政治基础的潜在批判作用。

教育需要发展一种批判性和可能性相结合的公共语言，这种语言有助于捍卫自由艺术教育，使知识、权力与选择生活的前提建立紧密联系。这种语言要重视学生自身的经验，以及因不同经验而带来的不同意见。吉鲁犀利地指出，即使是白人中产阶级子女，所接受的也是沉默式的教育，削弱了他们的主动性与积极性。新的批判语言应有助于人们在特定的文化实践和教育中理解不同的社会结构是如何被构建的。

吉鲁认为，形成批判性的日常语言是将学校转化为民主的公共领域的第一个任务。如果说批判性语言是对教育进行批判的武器之一，那么，可能性语言则为人们在批判之后提供了新的选择空间，可能性、批判性这两种语言如影随形地伴随着吉鲁对相关问题的论述。由此可以看出吉鲁对语言的重视程度，不论是将其视为批判的工具，还是实现理想的手段。

吉鲁明确提出，作为转化性知识分子的教师应积极参与政治生活。在他看来，教师所从事的工作与政治责任之间的关系非常重要，教师的行动涉及他与同事、与其他公民、与社会、与国家互动的模式，如果一位教师在教学、研究的过程中没有对道德的关切，没有关注公众的利益，那么，他的思想即使是原创性的，也只不过是一种专门化反映。知识分子最不应该做的事情就是逃避，这会失去知识分子本身应该具有的公共性。

吉鲁认为，教师如果要发挥作为知识分子的作用，就必须创造一种新的语言。教师应知道怎样运用语言，什么时候、以何种语言以恰当的方式介入政治生活。"知识分子的团结和努力必须集中于政治。如果思想家不涉及政治斗争中的真理价值，就不能负责地处理活生生的整体经验。"① 研究教师的知识分子角色，对于理解教育与社会、文化、政治等方面的种种冲突具有根本性的意义，吉鲁对教师角色的重新定位有效挑战了教师的传统形象。教师作为转化性知识分子，应承担起恢复、开拓民主公共生活的义务，迎接两种挑战，一是挑战作为企业附属品的高等教育形象，二是挑战工具主义及其对民主社会的漠视。为此，教师应重新思考他们在政治问题、社会责任和可能性教育中的构建作用。吉鲁试图通过语言的有效运用为批判教育哲学创造一种新的模式，而形成新模式的首要任务就是要运用批判性与可能性相结合的语言构建一种批判性课程。

---

① C. Wright Mills, *Power, Politics, and People, The Collected Essays of C. Wright Mills*, Ballantine, 1963, p. 299.

第六章

吉鲁教育哲学思想的意义

> 那有学识的希望是这一时代的路标——不只是希望,除了希望以外,还有采取手段来实现希望的知识。
>
> ——布洛赫
>
> 我们的中心问题是确定以反对不平等和改变屈从关系为目标的集体行动得以产生的推论性条件。
>
> ——拉克劳、墨菲①

提出有价值的问题比答案更重要是相对而言的,如果在问题明确后仍然漠视对答案的探索,那么问题的提出也就失去了存在的意义。如果我们已经厘清了教育发展的现实问题,那就必须在教育哲学的层面对如何解决这些问题做出回答,这就涉及教育哲学功能的发挥。

教育哲学既然是"哲学",是人们把握、理解教育的一种思维活动。首先,应充分发挥认识功能。从哲学的普遍性出发,把握教育理论和实践的特殊性,形成对教育本质和发展规律的总体性认识。实现人全面自由的发展并不是遥不可及的乌托邦,关键是如何通过教育实

---

① [英]恩斯特·拉克劳、查特尔·墨菲:《领导权与社会主义策略——走向激进民主政治》,尹树广等译,黑龙江人民出版社2003年版,第153页。

现这一目的，教育的理想状态是什么，如何才能实现，我们必须向教育哲学寻求答案。其次，要充分发挥批判与评价功能。作为一种思维方式，教育哲学应基于现实对教育理论、教育实践进行批判，在批判中发现问题、解决问题，坚定人们对于教育发展的信念，树立教育发展的科学价值取向。最后，要充分发挥理论的超越与引导功能。在提高理论运思能力的基础上，以教育哲学的超越性完成对教育活动诸要素之间理想关系状态的构建，体现理论的指导功能。基于此，我们从三个方面来探求吉鲁批判教育哲学思想的意义。

第一节 发挥教师作为公共知识分子的使命与责任

吉鲁理想的教师形象不仅要具有教育家的素养和积淀，还要有政治家的胸怀与视野；不仅要有传播、创造知识的能力，更要具备批判性能力。"对批判性能力的学习是为了扩大人类代理的可能性和恢复教师作为转化性知识分子的角色，而不是作为尽职尽责的技师或者是无需技能的企业寄生虫。"[①]

一 正视社会病症的集体性

在吉鲁看来，知识分子要走进公共领域，探索社会病症的集体性，以摆脱个人主义与深奥难解的研究状态。吉鲁揭示了美国社会中一些令人担忧的问题，对美国当代青年的负面形象——诸如暴力、不负责任等问题进行了分析，认为青年正成为社会不公正所引发问题的牺牲品。"种族、暴力和青年人"已成为当今美国社会所面临的三个重要问题，生存于美国梦和经济衰退夹缝之中的青年在流行文化之中

---

① Henry A. Giroux, "Public Pedagogy and the Politics of Resistance, Notes on a critical theory of educational struggle", *Educational Philosophy and Theory*, Vol. 35, No. 1, 2003, pp. 12 – 17.

被妖魔化了，他们在家庭、学校、工作单位中的权威和合理性也被无情取缔。

吉鲁认为，如今的美国，暴力不仅随处可见，而且得到肆无忌惮的称赞与宣传，成为制约社会关系的重要力量和影响权力的关键因素。"暴力由于得到国家支持而日益制度化，不仅体现为娱乐也体现为社会理想，用以赞美那些服务于压迫性国家机器的人们，无论是警察机构还是其他部门。显而易见的是，暴力与政治已经狼狈为奸。"① 人们的抗议行为遭到社会的拒斥，暴力因素越来越多地侵入文化之中，麻木了人们的神经和感官。美国不再是一个社会国家，而是战争国家，维系这个国家的纽带不是民主、理性、公平和正义，而是野蛮的暴力和极端商业化。

在吉鲁看来，美国社会对暴力的滥用已经到了冷漠无情的地步，政府已然成为暴力和腐败的代言人，对利润的疯狂追逐取代了对正义的追求，道德考量被经济标准和感官享乐取而代之，这一切阻碍了个体主观能动性的发挥，使人的尊严失去了保障。"美国社会已经跌入惩罚性国家的黑暗深渊，无论是政策选择还是价值观均围绕暴力生产和漠视道德而组织。"② 道德上的指南在美国已不复存在，公共教育、批判性教育普遍受到歪曲与抵制，民主、正义、平等、自由无法得到来自国家层面的有力支持。

最糟糕的是，美国无视现实问题的存在，混淆是非标准，比如将资本主义视为民主、无知视为理性、战争视为和平，将不受任何限制的个人主义当作自由和正义的表现。"工人阶级和中产阶级已经成为新形式的新自由主义独裁，在这里，市场价值观是唯一的价值观，利润是唯一的成功，商品是唯一的存在，市场是唯一的社会关系。用提

---

① Henry A. Giroux, "Cultures of Violence in the Age of Casino Capitalism", (December 2013), https://truthout.org.

② ［美］亨利·A. 吉鲁：《缺乏想象力的政治与权力病态》，吴万伟译，https://www.aisixiang.com/data/62036.html，2013年3月13日。

倡节俭来隐藏分配的不平等，青年、穷人、黑人、老人和低层次的技术工人成为带有政治动机的攻击目标。"① 显而易见，仅仅以市场为导向的社会不会是一个有利于民主生存的社会，当市场成为控制所有社会交往的中心枢纽时，道德和责任的丧失是必然的。集体性的社会病症已经影响到美国政治、经济、文化等方面，渗透到国家机构、学校乃至家庭的每个角落。

在吉鲁看来，美国既有民主的胜利，也有对霸权的妥协。既有进步的一面，也存在着落后的因素，这就是美国的现实。如思想被商品所主导，政治在日常生活中几乎被遮蔽。无论是公共利益还是公共空间，无论是社会责任还是公民义务，都将不复存在，取而代之的是愚昧无知、残酷无情的文化甚嚣尘上。政治、经济、文化、教育等方面的权力越来越向超级富豪、大型企业等少数人手里集中，一些知识分子已经沦为缺乏宽广视野的技术专家和商业行为的狂热支持者。

20世纪50年代以来，西方社会的飞速发展带来了很多新问题，特别是人的异化现象加剧，人的发展、自由、尊严、权利等成为众多哲学家关注的焦点。在以市场利益为主导的社会中，适者生存的经济法则成为人们奉为至上的法宝。本来可以承担更多社会责任、为社会福利做出更多贡献的有钱者，却无视对社会、对他人的责任。他们不去帮助弱势群体，而是抓住一切机会为自己的狭隘私利进行辩护，比如支持减税政策。无论是保守主义者还是自由主义者，都将公共价值观和社会义务视为他们追求利润的绊脚石，视为建立以市场为导向的社会秩序的"拦路虎"。

如今，美国社会正面临种种危机，"美国超级精英正在摧毁开放型体制，据统计，93%的收入流入1%精英的口袋，76%的美国成年

---

① Henry A. Giroux, "Trickle-Down Cruelty and the Politics of Austerity" (June 2011), http://truthout.org.

人对未来信心不足，79%的美国人不满现有体制的存在。特别是美国贫困家庭孩子的受教育程度低于世界其他地区的平均水平"。① "企业在美国学校中日益广泛而且往往还不被人质疑的涉入，其程度已经有了快速的提高，并已经使经济目标成为公立学校的首要目标。"② 这说明，企业对教育的商业化影响日益加剧，课堂教学已经被市场利益和消费导向所主宰。学生在教育中不但没有获得掌控公共生活的能力，反而越来越被职业化，学校沦为对边缘化学生进行技术训练的机构。

吉鲁认为："最具压迫性的权力形式不仅部署在警察、情报机构等其他合法暴力团体上，而且通过掠夺性、商业化的文化将暴力变成娱乐，变成疯狂的军国主义价值观。"③ 美国正在和青年作斗争，青年不再被看作是民主社会的接班人，他们正在被一些寻求快速解决犯罪问题的政治家所嘲讽、蔑视。当这种嘲讽和蔑视的观念被转化为社会政策时，就表现为美国社会既没有为青年提供良好的教育，也没有为他们提供健全的医疗保障，而是通过越来越多的标准化测试禁锢了他们的发展。

在对社会问题的研究中，吉鲁保持了自己独特的批判风格，以多种方式对青年的发展状况进行了富有价值的持续探索，分析了当今美国社会对青年的错误定位，为没有特权的青年人批判了几近封闭的民主政治、社会和经济等问题。吉鲁对很多学校、媒体、警察、国家和部分企业对待青年人的不公平案例进行了分析，提出了在一个充满怀疑的社会中改变青年人生存状态的具体举措。

吉鲁认为，社会把青年人当成了"问题"，而不是去面对"有问

---

① 褚国飞：《美国超级精英正在毁灭开放型体制》，《中国社会科学报》2014年9月5日A03版。

② [美]乔尔·斯普林：《美国教育》，张弛等译，安徽教育出版社2010年版，第30页。

③ [美]亨利·A.吉鲁：《奥威尔式噩梦及新自由专制主义之外》，吴万伟译，http://www.counterpunch.org，2014年12月13日。

题的孩子"。因此,压力不应全部由青年人承担,也应该由整个社会承担。他不仅代表青年人发出了自己的声音,也反映了他们那一代人未曾实现的发展诉求,为青年人的重新定位、社会不公正现象的改善带来了曙光。"当15岁的青年开始出现在大街小巷试图反抗现有的压迫秩序,试图生活在一个更加公平正义的社会时,他们展现了自身在建设性方面的真正潜力。然而,麻烦的是,主流社会却将青年人视为病态和破坏市场秩序的魔鬼。"① 吉鲁认为,青年人当前所处的境况和他们充斥着犯罪、自由化政治的状态,是与以商业化、商品化为市场驱动力的日常经历相伴随的。吉鲁的分析仔细且严谨,他坚持人们应该注意一个令人警醒的事实,那就是对青年的妖魔化阻碍了批判性思维的发展和对美好未来的创造。

吉鲁从鲍曼、福柯等很多学者的作品中汲取精髓,作为他分析僵化的市场原教旨主义和处境艰难的国家的理论基础。吉鲁探索了在学校和其他公共领域中日益增长的军事化和商业化趋势,研究了当一个青年被刻画成危险分子以至于不能在未来的民主社会中担当重任时,究竟会发生什么。"社会连同理性、道德和民主的任何其他事情遭到贬低,战争、暴力与残酷场景现在汇合成为一种新的、重要的集体娱乐,成为视觉快乐、暴力和痛苦的共生现象。"吉鲁不仅指出了这场关于青年的战争对美国社会的影响,而且分析了在改变青年人的窘境、增强人们对美好未来和持续可行的民主的信心方面,教育者、父母、知识分子和其他人应该扮演什么样的角色,承担何种责任。

在对重要社会事件的写作上,没有人能与吉鲁为青年所发出的真切诉求相匹敌。在阐释美国如何对待青年人的问题上,他批判了一个传统的观点,那就是美国并不像大家所认为的那样,是一个文明民主的社会。同时,吉鲁也号召公民去推翻否认青年人具有光明未来的政

---

① [美]亨利·A. 吉鲁:《新自由主义政治学的失败:年轻人和高等教育的危机》,吴万伟译,《复旦教育论坛》2011年第5期。

策与实践，因为这些会威胁到青年人的发展。

通过长久的研究和思考，吉鲁绘制了一幅理想图景，即所有与此相关的问题都可以被应用于重新恢复青年人曾经有过的信心——将信念植根于非私有化、非商业价值观的土壤中。正如康德所言，青年人"应当不是为现在受教育，而是为了人类更美好的未来，也就是说，为了人性的理念而受教育"。① 为此，吉鲁提倡将文化作为研究青年问题的平台，因为文化研究未把教育局限于学校教育。"本应抵制赌场资本主义文化的公共领域如大学已经放弃了对当局的批判和质疑，成为企业和警察的助手，沦落为压迫性教育与资本积累的帮凶，民主的理想业已消失殆尽，导致人们失去了作为公民的想象力和实行开放性民主的能力。"② 如果人文学科的发展无法得到应有的重视，如果商业文化牵着大学的鼻子走，如果商品化成为知识和科学研究的衡量标准，如果大学毫无原则地坚持与企业相伴而行，美国的高等教育显而易见会岌岌可危。

二 有效地抵制支配性结构

吉鲁认为，支配性结构的表现之一就是符号暴力的存在。卡西尔认为："人不是生活在一个单纯的物理宇宙之中，而是生活在一个符号的宇宙之中。人是如此地使自己被包围在语言的形式、艺术的想象、神话的符号以及宗教的仪式之中，以致除非凭借这些媒介物的中介，他就不可能看见和认识任何东西。""正是符号思维克服了人的自然惰性，并赋予人以一种新的能力，一种不断更新人类世界的能力。"③ 而在葛兰西这里，符号则成为暴力的象征与体现。在课堂之

---

① ［美］亨利·A.吉鲁：《教师作为知识分子：迈向批判教育学》，朱红文译，教育科学出版社2008年版，第65页。

② Henry A. Giroux, "Cultures of violence in the age of Casino Capitalism", (December 2013), https://truthout.org.

③ ［德］恩斯特·卡西尔：《人论》，甘阳译，上海译文出版社2003年版，第33、78页。

中，符号暴力以一种控制与管理的意识形态消解了学生独特性、多样性的经验，削弱了学生的生存能力。布尔迪厄的符号暴力进一步清晰地阐释了这个问题，布尔迪厄认为，统治阶级通过符号暴力实现阶级控制和对学校教育的统治。学校以符号暴力的形式实现统治阶级文化的再生产，同时拒斥其他阶级的文化。①

吉鲁指出，批判性教育应帮助学生摆脱符号暴力的控制，这就需要培养学生的读写能力。对学生读写能力的培养并不仅仅是形成"技术"的过程，也是建构意义、塑造生活经验的过程。读写能力与知识创造和解放性政治视角的确立密切相关，只有当知识成为人们的研究对象并发挥其作为交流、沟通中介的力量时，才会产生批判性的分析。只有对教育的理想与现实拥有双重的敬畏，才能把自己的学术研究、理论创作转化为改变现实的动力。当人们意识到自己是文化的创造者时，他们就会更为深刻地体会到读写能力的重要性和可能性，也才能从文化、政治的角度表达自己的思想。

在吉鲁看来，批判性阅读不再是对文本的简单浏览和机械记忆，而是成为指导学生思考的引擎。批判性地建构需要批判性地阅读和理解，从而将学习作为一种自由的文化意义上的行为，重塑自己的生活世界以及与更广泛的社会之间的联系。"现实不是被语言反映而是被语言产生出来的，语言是切割世界的一种特定方式，而这一世界就深深地依赖着我们所掌握的，或者，更准确地说，掌握着我们的——种种符号系统。"② 特别是当阅读由个体行为演变为集体行为，就会催生不同观点的激荡与碰撞，从而使学生对文本的理解更为丰富和深刻。文本的意义不是一成不变的，经由研究它能够生发出新的意义。这种情况下，由阅读而引发的思考与表达也极其重要，将有助于学生由文本的阅读者逐步转变成为文本的理解者、

---

① 黄济：《教育哲学通论》，山西教育出版社2009年版，第2页。
② ［英］特雷·伊格尔顿：《二十世纪西方文学理论》，伍晓明译，北京大学出版社2007年版，第105页。

领悟者和创造者。

写作是一种有意识的行动，主体在对特定对象进行系统、深刻思考的同时，也对所思对象存在的理由与根据做出阐释，从而实现思考、写作与表达的统一。无论是教师还是学生，阅读与书写都极其重要，这是师生理解、认识、分析各种社会现象最重要也是最基本的途径之一。在这样的前提下，教育质量的提高才会由内而外焕发出迷人的光彩，才会获得持续发展的动力。语言、思想与现实之间的动态变化过程以及这种变化对理解所带来的冲击，将会促进师生的创造力，特别是学生的想象力、批判力的发展。

如果没有批判性的理解与反思、借鉴与吸收，创新又何以可能。当批判能力退居舞台的边缘，成为背景而非中心时，批判能力之于人才培养的重要性也就式微了，更遑论它对于培养有责任意识、担当意识公民的重要性。通过对写作的学习，能够使学生深刻意识到批判性思考"知识是什么"这一问题的重要性，以及知识如何才能构成历史的意义。

支配性结构的表现之二就是单一文化的存在以及由此导致的封闭和霸权课程。美国左翼知识分子贾克比认为："在美国，'非学院的知识分子'已经完全消失了，取而代之的是一整群怯懦、满口术语的大学教授，而社会上没有人很重视这些人的意见。"[①] 霸权课程将政治利益作为分配、选择知识的衡量标准，通过课程的分类实现统治阶级地位的巩固与再生。无论是非裔美国青年，还是美洲印第安人、波多黎各人，抑或墨西哥裔美国人，要想在学校中获得更多的机会，要想取得突出的成绩，就必须接受统治阶级的单边文化。

吉鲁认为，在学校中不应传播特定的文化，知识由社会所建构，文化则由人类交往而产生，两者皆是在变化与重建中适应社会发展需

---

① ［美］爱德华·W. 萨义德：《知识分子论》，单德兴译，生活·读书·新知三联书店 2002 年版，第 62 页。

第六章　吉鲁教育哲学思想的意义

求的。在吉鲁看来，表达愤怒是必需也是必要的。对于教师和学生来说，愤怒只是一个开端，更重要的是选择恰当的方式合理表达愤怒。为此，吉鲁特别提倡教师要引导学生通过自我发现、自我省察而意识到自身的错误，当然，抵制单一文化并不代表一切都要让学生去发现，善良、公正、正义等积极向上的内容可以也应该通过适当的方式给予学生，并渗透到他们的内心，形成多元文化。

吉鲁对多元文化的强调，为在民主社会的背景下看待教育与政治的关系增加了一个新的视角。对抗越来越围绕抵制的中心和斗争场所来实现，批判性知识分子以某种方式参与其中。于是，理论、政治和文化最终结合在一起。① 多元文化实际上也就是包容文化、差异文化甚至是对峙文化，多元文化的存在有待于民主进程的推进。

技术统治论曾经在美国盛行一时，并以文化霸权的形式一度居于主导地位。"支配模式是人类实现真正民主的最大障碍，是集权主义的表现，对它的摧毁只能借助于文化观念的变革。"② 国家对教育的控制和管理不仅是一个技术问题，而且包含着一定的政治意义。放弃支配模式，为建立民主社会而奋斗。教育者通过与其他文化工作者的联合与斗争，通过身临其境的体验，重新体现民主的价值与意义。人们普遍认为理想应该在教育中居于首要地位，无论是从教育充满"爱智"的本质来看，还是从人自我超越与完善的本性来看，充满希望和理想色彩的"应然"都令人向往。然而，有缺陷的"实然"也不应该是我们抛弃的对象，正是它的存在，催生了我们对应然状态的期待。

开放是一个国家、一个民族致力发展、寻求进步的必经之途，它既与强烈的求知欲并驾齐驱，也与对无知的觉悟相伴而行。外在诸多因素的影响为教育领域注入了一种紧迫感，那就是，教育不得不向它

---

① ［美］卡尔·博格斯：《知识分子与现代性的危机》，李俊等译，江苏人民出版社2002年版，第12页。
② 乔瑞金等：《英国的新马克思主义》，人民出版社2013年版，第38页。

之外的领域开放。但是，如果开放意味着抛弃理性而接受一切，忽视开放过程中所伴随的社会、政治、文化等问题，它所遵循的只不过是历史主义和文化相对主义，就会妨碍人们对自身偏见的检验，这样的开放将会失去它应有的意义。"实际上，开放导致了美国的故步自封——美国之外的世界呈现出单调的多样性，它顶多让人了解到价值是相对的，而这里创造着我们想要的各种生活方式。开放意味着我们不需要别人。可见，大肆张扬的大开放其实是大封闭。"① 当开放意味着封闭时，所谓的开放是一种虚伪的开放，这对以追求民主公正社会为目标的激进教育来说是水火不容的。真正的开放应是鼓励人们探索知识的不确定性，从他国的历史和文化中寻求各种值得学习的范例。这样的开放意味着探索、意味着创新，它会使每一个学生兴致盎然地走向知识领域。

鉴于此，吉鲁一再强调边界、差异，一再强调声音政治学。吉鲁的分析使人们意识到，当教育目标、教学体制以市场需求为导向而发生变化时，必须分辨清楚什么对于自身的发展来说是至关重要的。"反对支配力量极其重要，但仅停留在反对的层次上必将所行不远。我们必须提供一种有助于建设民主社会所需的知识、技能和新语言。坚信左派能够开发出有助于可能性实现的公共空间，无论它是学校、课堂还是车间、报纸、杂志抑或是其他机构。正是在上述公共空间，知识、权力、伦理、正义得以融合并推动新希望的实现。"② 在吉鲁看来，为推动反对支配力量的进程，为争取正义、经济权利和人格尊严的斗争创造更多的可能性空间，教育必须将培养具有社会责任感的公民视为一项关键任务。

---

① ［美］艾伦·布卢姆：《美国精神的封闭》，战旭英译，译林出版社2011年版，第35页。
② Victoria Harper, "Interview-Henry A. Giroux: Neoliberalism, Democracy and the University as a Public Sphere", (April 2014), http://truthout.org.

第二节　培养具有社会责任感的公民

近年来，美国的公民教育呈现弱化趋势。一方面是因为美国社会的多元化加剧了实施公民教育的难度。另一方面，随着现代信息技术的发展，网络的日益普及转移了青年一代的注意力，致使他们无法准确定义自己作为一个国家成员的价值与意义何在。与之相伴的是全球化的迅猛来袭，在增强青年人国际认同感的同时，对公民教育提出了新的挑战和更高的要求。在吉鲁看来，正是因为教育承担着培养公民的使命，所以教育与公民文化的形成休戚相关。从国家的角度来讲，必须在国家价值和民族价值方面加强对青年的教育，使其充分认识到国家、民族的意义与重要性，这就需要通过知识促进青年人的成长。

一　知识与生命的互动

知识作为人们在实践中积累起来的经验，是科学命题及由它们构成的理论体系，是各门学科的总汇，具有积累性和无限性的特征。知识作为联系个人与社会的中介，与价值也是有联系的。知识需要不断地去探索、去创造，就如弗莱雷所说的，知识并不是思考的终结，而是密切师生联系的桥梁与纽带。知识是正规课程得以构建的基本材料，它在课堂的社会关系中得以表现。知识的力量不在于它的约定俗成，而在于它能够被师生作为一种批判性的力量和工具来促进社会的分层和转型。

作为新的生产要素，知识已经成为现代社会最重要的社会分层根源，知识的存在既反映了现存社会的弊端和不足，也形塑着对未来社会的美好期待与憧憬。知识是教育得以进行的基础性材料，是大学产生与发展的前提，也是社会建构的产物。知识是学校存在的合法化象征，正是知识的存在，才使大学作为知识生产者、创造者的角色成为可能，社会、知识与大学之间存在着内在的关联，知识是权力关系的组成部分，教师通过知识、经验等媒介和材料，帮助学生形成社会想象和公民精神。"知识生产活动已从物质生产实践和精神生产领域中分离出来，并对物质生产实践和精神生产产生了重大影响。知识已成为人的生存活动方式，同时也成为社会进步的核心动力。① 知识不仅是人们认识外部环境的产物与结晶，最关键的是，它引导人们形成关于理解、解放的批判性自我认识。

知识也是实践的一种形式，是个人与社会发生联系的中介。在一定意义上来说，知识是文化的具体表现，是文化与权力的关联性结果。它不仅是形成对话、实现交流的工具，也是形成新的课堂交往关系之基础，充分体现了自身的价值性和学习的共享本质。知识不仅是形成历史的力量，也是形塑它本身的力量，从中可知其局限并得以重新塑造。通过知识的学习来理解其他社会关系的存在，使人类能够通过集体行动改变历史的进程。知识是一种社会政治现象和实践形式，它不仅要被接受，还应该被创造，起到解放作用。知识理应成为分析的对象而不是敬畏的对象，教师必须考虑学生在教室的背景中是如何理解知识的。真理需要批判，而不是膜拜。学校生产知识的目的，既是为了使它成为争论的对象，也是为学习、批判不同类型的知识创造条件。

吉鲁重视知识的超越性、对话性和意识形态性，致力于分割主流文化的理解版图，为开创新的未来提供种种想象。"这种关于未来的希望和想象，与其说是给被压迫者提供慰藉，还不如说是推进了持续不断的种种批判以及为反对客观的压迫力量所进行的斗争。"② 正是这持续不断的批判和斗争，在推动教育进步的同时使人类自身的生命得以解放、提升。知识与生活并不是完全孤立的，作为直接面对的学

---

① 李德顺、孙伟平、赵剑英等：《马克思主义哲学范畴研究》，中国社会科学出版社2010年版，第57页。
② ［美］亨利·A. 吉鲁：《教师作为知识分子：迈向批判教育学》，朱红文译，教育科学出版社2008年版，第135页。

习对象，学生的生活具有整体性，但是，学科边界的存在将学生的世界残酷地割裂和分解了。

在教育的发展历程中，科学教育与人文教育的斗争时而此起彼伏，时而保持暂时的平衡。科学教育最早兴起于西方国家，渗透了西方的文化精神。它既包括自然科学教育，也包括技术教育，主要以改造自然、促进物质财富增长和社会发展为目的，以向学生传播自然科学技术知识为己任，体现的主要是以社会发展需要为标准的教育价值观。与之相对应的人文教育则主要体现人文精神，它致力于人的道德精神价值领域，渗透着对人性的关怀和培育。

一些理论上正确的观点和看法，为什么在教育实践中却南辕北辙，相去甚远？在吉鲁看来，那是因为知识失去了分析和批判的力量，成为人们敬畏和单边接受的对象。在美国的教育中，人文学科也曾一度缺失，与吉鲁处于同一时代的思想家、政治哲学家布卢姆尖锐地指出："人文学科就像古老的巴黎大跳蚤市场，眼力好的人方可从一堆堆破烂中找出被人丢弃的宝贝。人文学科就像难民营，被不友善的当局剥夺工作赶出家园的天才们，在那儿闲荡。"① 历史的长河中，究竟谁与争锋，独占鳌头，恐怕都是一个相对的时空概念，归根结底还是要协调好两种不同类型的知识。

吉鲁指出，对人文学科的威胁来自大学的公司化和军事化，这一趋势在消除学术自由的同时，也使教师与民主政治、公民和社会问题相距甚远，从而将教育去政治化了，扼杀了人们对平等、公正之民主社会的希望。② 因此，在吉鲁看来，在教育中发展政治战略的过程，也是知识得以重新构建的过程。教育工作者所要做的不仅是在理性和因果的层次上去分析知识，更要注重将意识和情感投入其中，引导学生去不断开拓可能性的边界，充分认识到民主是一项尚未完成的

---

① ［美］艾伦·布卢姆：《精神的封闭》，战旭英译，译林出版社2011年版，序2。
② ［美］艾伦·布卢姆：《精神的封闭》，战旭英译，译林出版社2011年版，序2。

事业。

知识不能仅被当作信息传递给学生，还要通过考察它所在的关系网络，分析其局限性和意义所在。知识是提问的对象，也是探究的对象，其中暗含着人们观察世界意识形态的假定。高等教育哲学的认识论基础坚持知识本身就是目的，人们学习知识就是为了知识再无其他目的。吉鲁却认为，知识是开展社会斗争的武器。"它可以从那些还没有决定或者对斗争没有直接兴趣的人中获得拥护者，或者至少是获得同情的中立；如果后者的感情中立持续足够长时间，知识可能有助于使青年人'转变'。"① 知识不是由于自身的缘故被学习，它应该被看作联系个人与社会现实的中介。通过师生对知识的运用，赋予知识存在的意义。

对于加利福尼亚大学教育研究生院的高级研究员奥克斯有关知识的结论，吉鲁有着不同的看法。他认为奥克斯没有对高雅知识的本质进行分析，也没有对学校如何调解、组织、建构学生的声音和文化资本进行说明，未能形成关于主体性的理论和学生经验的政治学。如果无条件地全盘接受高雅知识，就会贬低以大众文化和亚文化形式存在的知识，从而否定工人阶级学生的文化资本。

教学是极具挑战性和艰巨性的工作，它涉及个体与个体、个体与群体、群体与群体之间的交流与沟通，如果教学的结果使学生保持沉默，那这样的教学不是好的教学。归结起来，吉鲁的目的就是如何才能使教育教学活动在建设富有批判精神的民主社会中发挥更大的作用。可以说，吉鲁探讨的所有问题都围绕着这一目标的实现。教育不仅要培养知识精英，更要注重培养健全的人，给予人发展自我、发展社会的能力。

生命哲学始创于叔本华、尼采，经由柏格森达到发展的高峰，对

---

① ［波］弗·兹纳涅茨基：《知识人的社会角色》，郏斌祥译，译林出版社2000年版，第49页。

教育哲学的发展产生了重要影响。生命哲学探讨生命的意义与目的，将生命视为最真实的存在，认为只有从直觉的方法，即从生命本身去认识生命才能更充分地把握生命的真谛，在客观上丰富了对人生命的认识。如果说艺术创造了人的情感世界，科学创造了人的认知世界，那么教育则创造了一种特殊的意义世界，这种特殊性就来源于教育对人生命发展的培育。

人不仅是自然的存在，也是社会的存在；不仅是物质的存在，也是精神的存在，有理性、有意识、有思维。而教育承担着发展、延续人生命的功能。如果在与人密切相关的教育活动中找不到具体的、生动活泼的人，忽视了人的主体性及其作用，忽视了对受教育者情感、意志、信仰等非理性因素的培育，出现了"人学空场"，教育也就不成其为教育了，那将是时代与人类的悲哀，更是每个个体的悲哀。

无论是古老阿波罗神殿上的"认识你自己"，还是普罗泰戈拉"人是万物的尺度"，都暗含着"人是什么"这一永恒的问题。对于这一问题，直到现在我们都没有确切的答案，思考一直在进行之中。人需要在宇宙中给自己一个明确的定位，需要思考如此定位的理由，实现定位的途径何在。对知识的广泛学习是人类摆脱时代和环境限制的必经之路，生命的长短固然重要，但生命的质量更为重要。

青年时代的马克思从启蒙传统中继承了人文主义精神和历史进步信念，《1844年经济学哲学手稿》中的哲学人类学视域，《德意志意识形态》中的"现实的、有生命的个人"，《共产党宣言》中人的全面发展①，都体现了马克思对于人这一问题的持久关注。人能将时间三维化为过去、现在和将来，在这样一个时间流中，教育应该将"人是什么"这一根本问题居于首位，即如何才能通过知识的作用有效延长人生命的长度，拓展人生命的宽度。"一个种的整体特性、种的类特性就在于生命活动的性质，而自由的有意识的活动恰恰就是人的类

---

① 邹诗鹏：《唯物史观的三个维度》，《天津社会科学》2011年第5期。

特性。"① "有意识的生命活动把人同动物的生命活动直接区别开来。正是由于这一点,人才是类存在物。人的劳动是人类所特有的有意识的生命活动,也是人之所以成为类存在物的根本原因。"②

吉鲁特别强调知识体验对于个人的重要性。在他看来,每个人都是一个独特的生命体,人的完整性不仅体现在人作为一个能动的主体对客观世界的改造活动,也体现在人对于自我的认识与把握之中。教育的原则就是通过现存世界的知识导向人的灵魂觉醒之本源和根基,而不是导向平庸与冷漠。从这个角度来看,知识的启蒙作用无可替代。如果人类生活的世界没有史诗与哲理等人文知识的伴随,人类的内心就会变得苍白虚无。如果没有知识的启蒙与滋养,教师、学生就无法持续、严肃地思考一些问题,精神生活的高贵和神圣也就无从谈起,伟大的才智将更加难以获得。教育不是无视学生的天性与快乐,而是要在激情与理性之间实现一种有效的平衡。只有当情感与理性在生命这一有机体中得到和谐与统一,生命才会不断趋于完整。

吉鲁认为,通过接受教育,人们拥有了批判性认识、改造世界的能力。改造社会既是一项历史使命,也是一项寻求人性的使命。在世界上所有不完美的存在中,人是唯一既能将自身的行动,也能将自身作为反思对象的存在。人在创造历史的同时又成为历史的、社会的存在,无论从人类的不完美性来看,还是从现实的改造性来看,人生命的发展都处于不断完善的状态。在吉鲁的批判教育哲学中,知识的创造也依赖于人类对世界、对彼此之间充满希望与持之以恒的探索,正是由于知识的存在,人们才拥有了超越生命自身的基础,才能实现权能的发展。

二 充分发展师生的权能

"Empower"一词本义是指授权给某人采取行动,也指人行动的能

---

① [德]马克思:《1844年经济学哲学手稿》,人民出版社2000年版,第57页。
② 彭宏伟:《对"现实的人"两种思路的把握》,《哲学动态》2010年第7期。

力，通常在被动语态的意义上使用。吉鲁并不是第一个运用授权（empowerment）这个术语的学者。早在弗莱雷的《十封信——写给胆敢教书的人》一书中，就提到了授权一词。弗莱雷指出，保卫教师利益与权利的最佳政治工具就是教师的能力、求知欲以及好奇心，这些因素事实上反映了对教师的真正授权。一些注重闭门造车的专家往往对教师的认知和创造性缺乏信心，而授权则意味着教师对专家至上主义的拒绝，意味着教师对自由、批判和创造力的追求。

从吉鲁对转化性知识分子的阐述来看，"empowerment"不仅意味着授权，更关键的是，它指出了作为具有能动性的个体，应积极主动促进自身权能的增长，承担起解决社会难题的责任。"研究我自己，并且把我的心智的全部力量用来选择我们应当遵循的途径。"[1] 吉鲁指出，时至今日，公共价值、政治、民主、正义已经成为人们关注的新焦点。为教育和公平而战的斗争与争取经济平等、人的尊严、基于民主原则建立机构的挑战是密切相关的，[2] 这就使得师生权能的发展迫在眉睫。

美国斯坦福大学发布的《青少年公民发展与教育》报告称，目前，美国的公民教育课程正逐渐失去其原有的价值，美国公民参与意识与公民素质欠缺已成为普遍现象，学生通常不具备必要的知识和能力来履行公民责任。学校在公民教育中起到的作用已经弱化，只有改变现状才能重新让公民教育发挥其应有的价值。[3] 公民教育的弱化已成为美国教育的突出问题，吉鲁对公民教育的强调具有鲜明的时代特征。他认为教育领域必须关注以下两个问题，一是加强公民教育，因为学生阶段是培养公民习惯、树立公民价值、形成公民品格的关键时

---

[1] 朱德生、冒从虎、雷永生：《西方认识论史纲》，江苏人民出版社1983年版，第167页。

[2] [美]亨利·A. 吉鲁：《有组织的遗忘的暴力》，吴万伟译，https：//www.aisixiang.com/data/66773.html，2013年8月17日。

[3] 赵琪、白乐：《美国公民教育课程正失去原有价值》，《中国社会科学报》2013年12月6日A03版。

期；二是合理设置公民教育的课程内容。作为公民教育的主要机构之一，学校应围绕政府职能、公民的权利与责任等问题设置课程。同时，相关机构也应制定措施推动公民教育的实施。

吉鲁对公民教育的强调，不仅在于公民教育对构建民主社会的重要性，也源于它对人生命发展尊严与权利的价值，这需要从多学科出发对教育与生命发展的关系进行考问。"哲学对理论与经验之间的矛盾的感受与把握，主要源于对人类把握世界的各种基本方式的历史性内容的获取。艺术、宗教、科学和哲学，各以其不同的方式而凸显了当代人类的生存困境。例如，离开对当代的经济学、政治学、社会学、法学等社会科学所提供的理论资源的获取，哲学如何能够理论地面对人类当代处境的'现实'？"[①]

居于统治地位的群体在不同形式上赋予了国家一种文化，这种文化以特殊的优势体现着这一群体的传统和语言使用方式，乃至宗教信仰。居于统治地位的少数人总是期望自己能够成为其他人的代言人，提高自身的政治地位。尽管语言和权力、政治有紧密联系，但仅有语言是不可能实现社会变革的，必须致力于师生权能的转化。也正是在这个意义上，吉鲁将教育的政治性贯穿于批判教育哲学思想的始终，强调要有效发展师生的权能，目的就是为边缘群体、弱势群体寻求普遍意义上的身份认同，使这一群体得到尊重与认同，摆脱弱势地位。权能的赋予使师生充分意识到，人们需要拥有行使政治权力所必需的知识和技能，然后通过政治权力的运用来改变现有的社会政治、经济状况。

吉鲁认为，正义、平等和政治参与问题是任何民主发挥作用的基石，它们植根于富有活力的构成性文化。在这样的文化中，民主不仅表现在政治和经济结构方面，也表现为一种能够让正义、平

---

① 孙正聿：《哲学观研究》，吉林人民出版社2007年版，第356页。

等、自由发展壮大的公民力量。① 因为"现代价值理念均衡生长最为重要的意义在于，无论出身哪个阶层、来自哪个地区的社会成员，对自己的未来生活和职业生涯都有着美好的希望和憧憬"。② 一个国家的强大与否在很大程度上取决于本国公民文明素养的高低，取决于它的公民能否拥有高尚的品格和富有远见的洞察力，而这则取决于它的公民能否接受高质量的教育，能否生活在一种充满想象力的政治实践中。

居住在同一片国土上的美国公民，对人生意义有着大相径庭的体会，对文化也有着不同的看法。不同的种族、宗教和民族背景，在形成多元、复杂社会文化的同时，也成为一些人因属于某一群体而受到歧视和不公平对待的原因之一，法律的存在并不能使黑人、犹太人避免被轻视和仇恨。这种情况直接导致了美国教育的"失语"现象，美国青年对历史人物了解甚少。对于其他民族，他们所了解到的只是一些零散的事实，而非系统性的知识，这对青年人来说并未产生实质性意义。因为没有人关注将历史精神传达给青年应采取何种有效措施，青年也意识不到历史与他们现在以及未来的生活、情感、人生意义有何关系。

在这样的一种教育环境与话语氛围之中，青年人对他们所处群体以外的任何知识显得漠不关心，毫无兴趣，"不知有汉，无论魏晋"，对历史和自身群体以外的事情麻木不仁，限制了他们的想象力，使其很难与艺术、思想建立起激情澎湃的情感联系，削弱了美国青年追求美好生活的根本动力。吉鲁对教育现实问题的分析，对未来教育的乌托邦阐释，表达了他对教育的期望与理想。吉鲁认为，研究教育的根本性问题不应该与被告知做什么混为一谈，相反，它需要把教师引入真正体现转化性教育事业目标的研究性学习中，这就要求教师必须放

---

① ［美］亨利·A. 吉鲁：《缺乏想象力的政治与权力病态》，吴万伟译，https：//www.aisixiang.com/data/62036.html，2013 年 3 月 13 日。
② 吴忠民：《论现代价值理念与发展动力的契合》，《哲学研究》2014 年第 8 期。

弃将学生视为顾客的观念。

在吉鲁看来，随着时代的变迁，教育的基础由政治学转向技术学，教育的目的也经历了由政治主导到效率主导的变化。20世纪，人们对科技理性的崇拜使得实证主义在教育领域得到推崇，人们开始把教育的目的、功能与社会环境相分离，不再关心教育理论、教育实践的政治学本质，对教育在一个权力、财富等方面都不平等的社会中如何发挥再生产作用置之不理，使教育与政治、公民的关系在教育世界中销声匿迹了。

正是教育与公民培养的直接相关性，使知识分子包括学生有责任、有义务去认真审视教育所面临的挑战与机遇。学生不仅是资本劳动的副产品，也是具有批判能力的公民，能够运用批判知识改变历史事件的进程。但在布卢姆的眼里，刚进入大学的美国青年就像个自然的野蛮人，对美国之外的东西知之甚少，对本国的政治遗产也几乎一无所知，既不能受到已有文化遗产的启迪，也不能对其进行理性的批判。事实上，在当今的时代，"人的个性无处不在，全球化使每一个人的深层个性都和最大的世界联系起来了。过去作为个体的人直接地只能与家庭、村落、种族、部落以至民族相联系，今天我们通过各种中介直接与全人类发生关系，个人的心灵与个性都受到全球化的深刻影响和作用"。①

在全球化的背景下，理性之于公民教育具有十分重要的意义，它既是权力、斗争的专用术语，也意味着在统治中所表现的政治学。美国教育的现实却是，"我们的大学生已经丧失了读书的习惯和兴趣。他们没有学会如何阅读，也不想从阅读中得到乐趣或提高"。"在州立大学讲授写作课的老师，属于学术界最高贵又最让人瞧不起的劳动者。对于不看书的学生，他们无法教给他如何写作，让他们喜欢看书

---

① 欧阳康：《哲学问题的实质与当前哲学研究的问题链》，《中国社会科学》2006年第6期。

在实践上又做不到。"① 这导致学生的理性思维无从培养,对一些事物发表的观点与看法缺乏严肃性和科学性,既无深度,也无高度。当然,从另一个侧面来看,也说明了美国学生还存在进一步成长的空间。

布卢姆认为,冲动的批判精神和平均主义大行其道,导致了美国高等教育的衰落。在他看来,精神的活力、斗争的畅想更多来自文化,如果文化衰落,那不仅意味着知识分子的衰落,也意味着人自身的衰落。优秀文化有很大一部分来自经典书籍。如果学生不去阅读这些经典,就会形成一种"坐井观天"的视野与局限,以为此时此地就是一切,从而削弱自身的思考力与洞察力。

布卢姆的著作被本杰明·巴伯视为"'最动听、最精致、最博学而又最危险的传单',索尔·贝娄认为,'无论人们是否同意它的结论,它提供了一个不可或缺的讨论指南。它不仅是对传统的概述,也是一份表述得十分清晰准确的历史大纲,是对民主美国高层次精神生活发展值得信赖的概述'"。② 但在吉鲁看来,布卢姆的著作不啻为新右派所撰写的文化宣言。布卢姆在指出美国精神封闭的同时,也传达出一种错误的信息,那就是高等教育不是为妇女和工人阶级服务的,而是服务于统治阶级的再生产。布卢姆的分析关注到了民主和公民之间的关系,将培养具有统治权威的代理人和服从性主体作为公民教育的目标,却将民主视为威胁高等教育存在的危险品。

吉鲁认为,学生是民主的希望,发展学生权能是批判教育的主要目标。"教育的不变性决定教育以人为依归,必须教人成为人,以发展人性,培养人格,改善人生为目的。"③ 社会发展,人人有责,尤

---

① [美]艾伦·布卢姆:《美国精神的封闭》,战旭英译,译林出版社2011年版,第62、65页。
② [美]艾伦·布卢姆:《美国精神的封闭》,战旭英译,译林出版社2011年版,封底。
③ 贾馥茗:《教育的本质——什么是真正的教育》,世界图书出版公司2006年版,第201页。

其是青年人的成长更是关系到社会的进步。吉鲁特别强调对学生公民性的培养，"把现代主义和后现代主义话语的某些元素结合起来，对启蒙主体的现代主义关切，加以对特定性、异质性和多重性的后现代主义的强调，意味着教育具有一种公民资格的学生，这种公民资格不把抽象权利和日常生活的领域分开。它强调的是一种关于正义、自由和美好生活的积极共同体的观点"。① 他所提倡的公民性并不是单纯从教育的角度提出来的，而是立足于现代主义与后现代主义的结合。

吉鲁指出，通过批判性的教育展现教育的批判性，培养学生表达、界说问题的能力。意在凝聚民主传统，将公共教育、高等教育作为一种体验、保卫、倡导民主的空间，使教育展现出比目前更为广阔的角色和任务。概言之，教师既要传递知识，又要帮助学生理解知识背后隐含的意义及用途。既要将民主的价值视为首先予以关怀的价值，培养学生成为具有批判能力和责任担当的民主社会之公民，又要发展学生权能以促进解放。

完成上述历史使命与时代责任，从教师自身来说，应使用批判性与可能性相结合的语言，深刻分析传统学校教育观的缺陷，在此基础上构建可能的、新的学校教育观，使自己的工作与更广泛的社会问题相联系，创造出更多、更恰当的社会实践与意识形态。"人活得有尊严有两个必要条件，一是美德伦理学所关涉的自我能力和品质的提升，二是政治伦理学所关涉的社会正义。因此，在当代社会，公民要活得有尊严，个人的责任和社会的责任两者不可偏废。"② 这两个条件都涉及吉鲁所说的权能的发展，它们的实现唯有依赖于民主社会。"建立一个崇尚尊严的社会，不是要消灭等级，而是要消灭等级主义，即消灭与等级有关的权力滥用，走向一个更加公正和宽容的社会。"③

---

① Henry A. Giroux, Roger J. Simon, *Popular Culture, Schooling and Everyday Life*, Begin&Garvey, 1989, XII.
② 程新宇：《活得有尊严：个人的责任和社会的责任》，《哲学动态》2014 年第 4 期。
③ 程新宇：《活得有尊严：个人的责任和社会的责任》，《哲学动态》2014 年第 4 期。

"也许，历史上没有一个时期比现在更需要维护人的内在尊严。"① 只有在一个民主的社会中，才能充分实现个人能力的发展，才能实现社会的公平与正义。

第三节 追求一个更加民主的社会

近代意义上，民主社会的产生不是人们意识努力的结果，而是科学发展、移民现象、产业发达、国际贸易繁荣等众多条件共同作用的产物。民主的社会意味着突破了阶级、种族、国家的界限，能够出现更多的互惠点与联系纽带，民主主义当之无愧是此社会的原则与灵魂。杜威就非常肯定民主主义教育理想的崇高性，反对国家主义教育的狭隘性。他认为如果将教育的威力与战争比较，教育的威力甚于战争而不是相反。民主社会的形成需要众多力量的参与，需要共同的精神与心理因素赖以维持与运行，而教育无疑是重要的一支力量。

20 世纪，由于欧洲传统公共领域的消亡，理性几近消解，人们的批判理性能力被标准化、碎片化和商业化的日常生活所破坏，反思性探索几乎不存在。在吉鲁看来，伊格尔顿的贡献在于，他为知识分子构建激进的民主形式提供了方向，那就是必须在公共领域内进行持续斗争，同时他也为 20 世纪后期文化政治的发展提供了一种新的视角和观点。"伊格尔顿在后现代主义语境下重新思考了马克思主义的理论价值，重新思考了社会主义的文化理论与文化实践之间的关系，强调了艺术的政治作用以及批评的社会功能和政治意义，形成了他独特的'文化政治批评方法'。"② 但是，对于一种试图克服困难、发展批判性文化政治的社会性形式来说，伊格尔顿并没有为其奠定一种本体论的基础。

---

① [波]弗·兹纳涅茨基：《知识人的社会角色》，郑斌祥译，译林出版社 2000 年版，第 137 页。
② 乔瑞金等：《英国的新马克思主义》，人民出版社 2013 年版，第 207 页。

20世纪三四十年代的社会重建主义者们，继续延伸了杜威关于理智的社会行动是对一个更人性化的社会最好保证的信念，认为民主就存在于学校之中。无论是杜威还是吉鲁，都对民主社会的构建付出了很多的热情与努力。那么，他们理想中的民主社会是完全一致还是内涵迥异呢？杜威认为，民主主义有两个要素，"第一个要素，不仅表明有着数量更大和种类更多的共同利益，而且更加依赖对作为社会控制因素的共同利益的认识。第二个要素，不仅表示各社会群体之间更加自由的相互影响，而且改变社会习惯，通过应付由于多方面的交往所产生的新情况，社会习惯得以不断地调整。这两个特征恰恰就是民主社会的特征。"① 在杜威的教育哲学词典中，民主有时特指政治意义，有时又泛指经验的开放性。

在杜威看来，民主主义教育观既不是由多数人规定的学习内容、学习时间和学习方式，也不意味着互不干涉和各行其是。杜威以他的"教育即生活""教育即生长""学校即社会"等核心观念，批判了"教育即预备""教育即展开""教育即官能训练""教育即复演和追溯"等观点，强调了教育的过程是一个持续不断的生长过程。在这个过程中，共同的民主信念与兴趣得以建立，形成了一种能够和平共处、富有成效的生活方式。在建设民主社会的过程中，杜威特别强调积极参与的多元模式的核心地位，使其与传统意义上的政治民主观相区别，这一点与吉鲁是相似的。吉鲁也认为，民主的教育观意味着在批评交流中实现思想与智慧的互动，在争取自由平等的行动中充分发挥自己的潜力，体现道德的价值。

在吉鲁的研究中，他试图厘清杜威的主要理论观点与美国20世纪六七十年代进步主义教育改革之间的区别，吉鲁认为他所分析的中肯性话语与杜威的经验哲学毫无相同之处，杜威所关注的是学生

---

① ［美］约翰·杜威：《民主主义与教育》，王承绪译，人民教育出版社2001年版，第94—97页。

所拥有的经验、批判性反思与学习之间的关系。吉鲁认为，只有意识到民主是基于道德和政治旨趣而建立，并且以批判性的、体现社会变革的形式体现出来时，经验的特有形式才能够合法化，民主的构建才成为可能。"激进民主意味着一种政治，一种严肃对待公共信念的意识和伦理承诺，一种尊重公共利益和允许最充分地应用平等、自由和正义等原则的实践。"① 吉鲁认为，构建激进民主概念的努力与保卫民主机构的斗争密不可分，批判性的思考与行动只有在民主机构中才能得以进行。民主必须植根于信仰，而信仰需要通过教育才能更加坚定。

吉鲁一再强调，批判教育的作用就在于创造条件提高师生权能，把教育者和其他行动者及斗争场所联合起来，进一步拓展、深化民主公共生活的可能性。"人类理性的本能在于求知，但对人类实践具有更深刻影响和更具体引领作用的则是求善和求美，因此人们最为关注的必然是世界的价值和意义。"② 相对于专制主义和放任主义而言，在激进的民主主义中，教师既不能回避民主问题，也不能逃脱在完善民主进程中所应承担的责任。民主的建立是一个极其艰难的过程，需要通过沉思和行动才能逐步实现。在吉鲁这里，行动就意味着教师以转化性知识分子的角色参与到政治之中。

在一个专制国家里，教育只不过是统治阶级用来赢得人民忠诚的手段。"在民主政体中，除了人民之外不存在一种人可以依靠的合法力量。在现代民主中，对人民的权力、对大众品味支配生活舞台的事实表示反感的现象是很罕见的。马克思主义的思想魅力之一就在于，它在解释人民的不公正或庸俗时，把这归咎于那些操纵人民堕落的精英分子，以此为人民辩白。因此，马克思主义者既能批判现在，又能

---

① Henry A. Giroux, "Cultures of Violence in the Age of Casino Capitalism", (December 2013), http://truthout.org.
② 任平、陈忠主编：《当代视野中的马克思主义哲学》，人民出版社2010年版，第534页。

不让自己脱离现在和未来。"① "专制国家的教育系统想要培养出为保护其国家和社会体制而献身的公民，然而，就是在这样的国家中，就是在这样的社会体制中，他们却过着被剥削、被奴役的生活。"② 很多处于弱势、被支配地位的青年人对于教育能够改变现状、走向成功的作用几乎没有信心，低劣的学习成绩、对立文化的存在、种族障碍和残酷的剥削现实让他们对教育的期待微乎其微，也使民主的实现任重而道远。

对于吉鲁来说，民主社会的形成是一个渐进的目标，它特别需要批判性思维的运用。正是在运用批判性思维的过程中，人们才可以让事物获得多样化的发展趋势，这也是吉鲁作为一名批判教育家的职责所系和使命所在。他以对教育问题的批判为主线，再以此形成更多的线索，从而为民主社会的形成创造更多的可能性与空间。"社会的民主化要求民主人格的形成，并提供一个可以实现民主共和国的价值目标的决策过程。如果政策科学要帮助民主，就必须致力于对一切妨碍民主人格与民主政策的活动进行持续的改造"③，教育无疑是实现上述目标的有效手段。

民主的实现不能仅仅依靠对少数人的专业训练来实现，还需要提高普通民众的教育层次和政治素质，这种对普通民众的训练存在于教育之中。通过教育，人们才能获得更多的知识，以发现创造民主社会所需的条件和制度，为民主政策的制定提供理性的基础。同时，通过对学生民主性格的培养传播并强化民主的观点，使其以批判性的思维方法和科学的行动推动民主社会的形成。作为一个没有终结点的决定性空间，民主需要正视历史自身的不完美性，不断进行自我质疑与批

---

① [美]艾伦·布卢姆：《美国精神的封闭》，战旭英译，译林出版社2011年版，第153页。

② [美]乔尔·斯普林格：《脑中之轮——教育哲学导论》，贾晨阳译，北京大学出版社2005年版，第21页。

③ [美]哈罗德·D. 拉斯韦尔：《权力与人格》，胡勇译，中央编译出版社2013年版，第113页。

评。作为社会和政治长期发展的结果,激进民主是一种政治和处理方式,身处其中的每个个体都应该尽全力去保护它,而不应该在后现代的激情批判和彻底否定中将其抛弃得无影无踪。个体不仅是历史的产物,也是历史的创造者。"马克思的社会概念始终围绕着人类社会如何解放这个主题,立足于社会与个人,把自由人联合体作为社会建构目标,最终是为了实现人民的现实幸福。"① 在人类社会的发展过程中,民主是一种富含无数可能性的理想。尽管人们在接近它的过程中,有着各种各样的困难,但是,人们总是可以无限地接近它的边界。吉鲁在其长达数十年的教育研究中,持续关注的重要问题就是,如何使差异、平等服务于自由、公正的需要,如何培养敢于批判、富有社会责任感的公民,如何才能建构一个民主、公正的社会。他提倡民主的意义在于,进一步扩展民主以抵制暴政的实施和对人类自由的威胁。

吉鲁是民主的守护者,特别是在"9·11"之后,他认为大学是必须被保护的民主阵地。而目前的现实却是,"对民主的承诺来说,不幸的是,那些支持理论和批判性思考以服务于公民勇气、积极参与的公民和社会责任的人现在被视为愚蠢之人或者叛徒"。② 特别是在市场导向、企业文化占据优势的时刻,民主已经失去了重视公共利益经验的空间,表达自由、平等、正义的语言亦被歪曲使用。吉鲁尖锐地指出,美国教育所面临的危机是,无论是美国政府,还是普通大众,都不承认公立学校教育在批判民主生活中的重要性和基础性。

在吉鲁看来,当其他国家的青年正在为扩展民主的边界而努力时,美国的青年却将民主置于一旁,更遑论为了保持民主的活力而努力奋斗。所以,吉鲁一再倡导青年之于民主的重要性。作为民主的真正倡导者,他坚决反对新自由主义、军国主义、帝国主义、宗教原教

---

① 孙民:《论马克思历史唯物主义中的"社会"概念》,《哲学研究》2014 年第 6 期。
② Giroux, Henry A., "Thinking Dangerously in an Age of Political Betrayal", *Fast Capitalism*, Vol. 12, No. 1, 2015, pp. 23 – 29.

旨主义等反民主潮流，反对持续出现的对公共教育和高等教育的攻击。

吉鲁深入分析了美国所面临的机会和风险，包括对新自由主义和恐怖主义的认识，清晰地指出了在上述因素影响下美国社会中出现的许多问题。正如托克维尔所言，他最担心的不是美国推行极端的民主，而在于它反对暴政的措施太少。① 吉鲁指出，一个人在保持乐观的同时也应该遵从现实。这意味着不存在浪漫化的乌托邦主义空间。相反，青年人必须为有尊严、平等、正义的未来而奋斗。② 从而体现了他对新自由主义给美国社会和文化带来危险影响的关注，体现了他对美国未来教育的忧思和畅想。

吉鲁认为，学校业已蜕化为职业训练和标准检测的加工厂与生产车间，民主的缺失愈发凸显了它的重要性。他用深刻而令人叹服的批判性话语分析了美国社会当前的民主危机，"美国人现在生活在这样一个社会，里面只有最薄弱的民主概念框架，作为公民意味着什么呢？公民义务等同于消费主义，民主权利等同于消费自由"。③ 在这种情况下，学校的教育教学活动对于民主的意义更加重要。

在吉鲁与斯坦利·阿罗诺维茨合写的《重围之下的教育》一书中，吉鲁第一次提出了学校是民主的公共领域这一观点。从中可以看出，吉鲁对民主概念的使用有了细微的改变，那就是，他认为学校在建立民主制度方面扮演着极其重要的角色，成功的教育将会证明一个民主社会能够最大限度地发挥人的潜力并将给予人们充分的精神自由。吉鲁将学校定义为民主的公共领域，就意味着必须在学校教育和公众生活的重建之间建立起联系。"只要人类还是人类，在语词的完

---

① [法]托克维尔：《论美国的民主》，董果良译，商务印书馆2009年版，第318页。
② [美]亨利·A.吉鲁：《独裁主义的幽灵和左派的未来——亨利·吉鲁论民主的危机》，吴万伟译，https：//www. ce-china. cn/ce_ china/vip_ doc/9107968. html，2014年6月5日。
③ Henry A. Giroux, "Beyond the Politics of the Big Lie: The Education Deficit and the New Authoritarianism" (June 2012), https：//truthout. org.

全意义上，民主就将永远不只是一种理想。人可以接近它，就像走向地平线，不管以好或坏的方式，但它都不能完全达到。在这个意义上，你也仅仅是接近民主。你会有人类成千上万的各种问题，就像其他国家一样。但是，你有一大益处，你正在接近二百多年来未曾中断的民主。"① 无疑，在吉鲁看来，民主是充满可能性的理想，是为争取自由、改变人类命运所进行斗争的组成部分。

民主社会的公共道德强调社会责任，尊重个人自由和社会的多样性。鉴于民主是斗争的场所，是包括权力、政治和社会竞争性等意识形态的概念，每一代人都需要对民主社会的传统进行重新评价。吉鲁认为："民主不是与资本主义协调一致而是与一种民主社会主义一致，其中财富、资源和社会秩序等利益以平等和公平的方式进行分配。"② 人们必须认识到，为扩展民主可能性的斗争必须在教育的层次上进行，学校的本质就在于它与更大范围内的社会经济现实密切相关，它所涉及的知识、价值、评估、检验都与民主的建设不可分割。

对民主的理解与认同，对民主与教育之间相互关系的探索，是教育者进入教育过程的前提条件。民主意味着实际而激进的教育形式与内容。在吉鲁的视野里，一是注重教育对权能的发展，通过知识和教学实践促进社会实践的开展。二是注重教育的转化功能，师生都应为了反抗压迫而斗争。吉鲁认为，民主不仅涉及教育，也涉及政治与社会的斗争，因此，"批判性教育只是介入斗争的一种形式，其使命主要是为创造真正民主的社会而重构更大范围的社会意识形态的物质与条件"。③ 三是教师与学生共同协作，从不同类型的知识中汲取养分，基于学校与社会之间的关系形成批判性反思，发展一种关于民主的新

---

① ［美］亨利·A. 吉鲁：《教师作为知识分子：迈向批判教育学》，朱红文译，教育科学出版社2008年版，第85页。
② ［美］亨利·A. 吉鲁：《奥威尔式噩梦及新自由专制主义之外》，吴万伟译，译自http：//www. counterpunch. org，2014年12月13日。
③ ［美］亨利·A. 吉鲁：《教师作为知识分子：迈向批判教育学》，朱红文译，教育科学出版社2008年版，第5页。

见解，从而推动民主社会的形成。

吉鲁极为反对循规蹈矩、死气沉沉的课程体系和教学方法，他以细致入微的观察力和满怀同情的理解力，聚焦于美国教育系统与学术界正在发生的问题及存在的弊端，重构教育领域的价值体系和理想目标。从本质上来看，吉鲁是一名彻彻底底的公共知识分子，当他发现仅仅依靠思想的力量已经不足以改变教育与文化的困境时，便力争将教育与文化、政治相结合，从而化身为美国教育发展的精神导师，发挥知识所具有的独特感召力。这种感召力既因其与时代的契合而引起人们的共鸣，同时也因为吉鲁本人的独特性而使他的批判教育哲学思想成为一种精神利器，将政治观念、文化观念投入美国的教育实践中，在美国的教育改革领域中流击水，浪遏飞舟。

吉鲁针对教育所展开的研究，推进了批判理论和后现代主义之间的对话，使人们深化了对学校功能和角色的认识。正如马克思的哲学观对于马克思主义哲学的发展具有重要的价值和意义，"它决定了马克思主义哲学深入现实世界、解决实际问题的理论传统，促进了其与时代化的发展和个性特征的凸显，同时强化了马克思主义哲学同其他学科之间的联系";① 也正是在这样的一种联系中，吉鲁的教育观促进了批判教育哲学的发展。在吉鲁批判教育哲学思想的发展历程中，教育与政治的内在关联是他自始至终关注的焦点。他一直提倡以教育为中心，以文化、政治、权力等多种手段去建立一个民主公正的社会，体现了其思想的整合性和向心性。吉鲁所从事的是关于进步与民主的政治事业，这也是其批判教育哲学思想的最佳注解。

---

① 汪信砚、刘秉毅：《论马克思的哲学观》，《哲学研究》2013 年第 12 期。

第七章

吉鲁教育哲学思想之思

教育是你能用来改变世界的最强大武器。

——纳尔逊·曼德拉

第一节 吉鲁教育哲学思想之于中国教育哲学的研究

教育哲学的进一步繁荣发展,既要有历史的视野,又要有对未来的瞻望;既要有强烈的本土情怀,又要有兼容并包的胸怀与魄力。如此,才能充分实现学术的交流与互动。"当人们将异域的学术观点引进时,不仅需要重新进行语境化的工作,还须将这些局部知识点与其他相关的结构进行透视,针对中国自身的问题对其加以有效利用。"① 本书对于吉鲁的研究,一方面为了全面系统地了解一位极具影响力的教育哲学家的思想;另一方面,期待能对中国教育哲学的研究与发展有所促进。而活动于教育之中的主体,同时也是历史的主体、文化的主体和社会实践的主体。为此,我们从教育哲学研究和社会主体培育

---

① 王晓路:《西方马克思主义文化批评研究》,北京大学出版社2012年版,第16页。

两个方面探究吉鲁批判教育哲学思想的启示。

一 教育哲学存在的合法性思考

从学科发展的角度来审视教育哲学，有两个基本的前提需要我们予以关注：其一，时代以及教育自身的变化对教育哲学提出的新机遇、新挑战何在？其二，中国教育哲学发展的内在演变逻辑何在？对这两个问题的思考与回答，有助于推动教育哲学研究范式的创新，构建本土化的教育哲学理论体系。

吉鲁以批判性与可能性相结合的语言，通过政治、文化等多重视角为我们思考教育哲学的发展提供了新的思路。吉鲁认为，当代的教育可以称为批判的教育，没有什么可以让教育摆脱被批判的命运。只要有教育的存在，教育哲学就有存在的必要。教育哲学应树立"存在自信"，这种自信不仅是从学科的角度而言，也是从其现实存在和本体价值而言。

当今，教育的地位和重要性从未如此突出，引起了全球性的广泛关注。与此同时，人们对教育的质疑也不绝于耳，理想的教育似乎离我们越来越远了，大学培养的都是"精致的利己主义者"，素养虽高，却是应试教育的牺牲品。通过标准化、规范化的培养，大学生已经成为产业化的结晶，而不是充满个性和才智的知识分子。理性的人生对大部分学生来说，已经失去了应有的感召力。面对种种机遇和挑战，教育却显得有些窘迫，这需要从教育哲学层面认真审视教育的发展。

吉鲁指出，学生按照被严格划定的空间坐在教室，凝视以象征的、权威的方式面向他们的教师。课堂内容则由严格的时间表予以支配，并且受到教师情绪的强化。学生不是因为某种认知过程被激发去付诸行动，而是因为事先安排好的时间，教学以及学习通常就这样开始和结束。① 中外教育中存在的一些弊端是何其相似！而在各种各样

---

① ［美］亨利·A.吉鲁：《教师作为知识分子：迈向批判教育学》，朱红文译，教育科学出版社2008年版，第37—38页。

的社会关系矛盾中，教育常常成为诸多矛盾的中心，"实现中国梦，基础在教育，关键在人才"，我们对于教育的目标、发展模式应该有着较为清晰的认识。但是，我们却常常提出有关教育本质的永恒追问。作为教育者，我们尚不能充分满足学生对教育的期待，也尚不能提供有关教育种种疑问的满意答案。

从教育哲学的角度审视教育中存在的问题，需要我们清醒地认识教育的现状，"中国教育发展的现实结果与教育发展目标有显著差距，教育服务于社会发展与人发展的能力尚有明显不足，教育发展方式亟待转变"。① 正如吉鲁在他的教育哲学研究中所思考的，为减少问题的存在，我们应去探究解决的方案。为了能够让教育改革卓有成效地实施，我们应与何种群体建立真正的联盟？伴随着对这些问题的探索，人们开始反思教育哲学，对其进行新的阐释和研究，以寻求理论发展的突破口。

当代教育哲学化"危机"为"新生"的关键就在于进一步明确自身的定位，以完成研究对象、研究方法和功能地位的革命性改造与重构。教育哲学形态的更迭、内容的更新，实质上是以一种理论的形式关怀中国教育的现实问题，将教育哲学所特有的价值立场、研究旨趣充分融入教育中。如果没有清晰明确的研究内容，教育哲学势必会成为一个囊括所有教育问题的"集装箱"；如果教育哲学不能服务于教育政策的制定和教育实践的改革，它就会失去发展的根基和赖以生存的土壤；如果教育哲学不能走向从事教育工作的广大教育者，而只是少数人之间的"高深对话"，它就会失去发展的活力。出现上述任何一种情况，于提高教育者的哲学素养和教育素养无益，于学生的全面发展无益，于事关百年大计的教育事业无益。

我们正处在一个前所未有的变革时代，在这个时代，每一位教育研究者都应有关心教育的情怀，有研究教育的热情，以深邃的思想推

---

① 褚红启：《论教育发展方式的转变》，《教育研究》2011年第10期。

动改革，使教育按照自身的规律稳步发展。因此，我们应加强对教育哲学的本体论研究，对教育哲学的意义、教育的本质、教育的价值等根本性问题进行深刻分析。这既是提升教育哲学研究者主体性自觉的客观要求，也是教育哲学自身发展的必然体现。

二 教育哲学与哲学的关系之思

吉鲁在他的批判教育哲学研究历程中，不仅对教育领域的相关理论进行了吸收，也对经典马克思主义、后现代主义、法兰克福学派等流派的观点进行了借鉴。他深刻地意识到，批判教育哲学并不是终极性真理，它具有相对性和时代性，处于动态生成的过程之中。无论是在批判教育哲学的理论基础上，还是在他对教育根本性问题的探索上，我们都能看到吉鲁对不同哲学流派观点的分析与运用。反思中国教育哲学的发展，也应该科学地认识教育哲学与哲学之间的关系。"教育哲学体现了哲学与教育学的结合，它从哲学的角度审视教育。又把教育提高到哲学的高度来认识。"[①] 一种哲学思潮发生后，往往会在教育领域有所折射。"教育价值，全凭哲学所崇的人生理想而决定。"[②] 而哲学对社会和人生的理想，同样需要借助教育的力量加以实现。哲学作为人类对世界意义的总体性追问和终极性探索，无论是它所关注的现实问题，还是其思维方式的变革，都具有普遍性的意义。哲学具有批判与反省的特征，它以独特的方式介入社会生活，反思社会现实，捍卫思想的超越与引领本性，从而完成自身的使命。哲学的批判是反思性的批判，是立足于总体化意识结构之上的批判，体现为对历史的认识与思考。教育哲学反映了特定哲学的思维倾向，不同的哲学思维决定了不同的教育哲学理论形态。

美国教育哲学家奈勒指出："哲学解放了教师的想象力，教师追

---

① 侯怀银：《教育学对哲学的接受机制及其内化》，《山西大学学报》（哲学社会科学版）2001年第5期。

② 吴俊升：《教育哲学大纲》，福建教育出版社2011年版，第27页。

溯各种教育问题的哲学根源，从而以比较广阔的眼界来看待这些问题并予以解决。"① 我们应充分借鉴哲学的理论运行方式，将教育哲学的逻辑构建与当时的研究背景结合起来考察。这既是哲学与历史的复杂对话，也是教育哲学面向历史、凸显"哲学"属性的重要途径。"任何一种教育哲学，都有其哲学基础或哲学上的渊源。教育哲学的发展是通过不同的哲学流派和价值取向表现出来的。"② 正是基于这一点，我们在分析教育哲学流变时，不仅要关注具体人物与流派自身的思想逻辑，还要关注时代背景、哲学基础对其思想构建的作用，使哲学真正成为教育哲学发展的重要资源。

大数据时代，人类需要构建积极而安全的未来。技术的巨大成功并不意味着丰富的思想与之相伴随，知识无限增长的时代也需要一流的思想家和哲学家。从中国哲学的发展来看，"构建中国化马克思主义哲学新形态，需要高度重视马克思主义哲学中国化的发展"。③ 从中国教育哲学的发展来看，也特别需要重视马克思主义哲学的指导作用。对于教育哲学来说，马克思主义哲学不仅具有意识形态导向的功能，而且具有方法论的优势，需要我们从理论创新和方法运用等层面加强借鉴。

三 教育哲学与教育实践的互动考问

在人类社会发展的历史进程中，有很多事情关涉未来，我们可以说，"没有文化，就没有未来""没有诗，就没有未来""没有文明，就没有未来"，我们还可以将"没有"后面的名词换成若干种表达。自然，我们也可以说"没有教育，就没有未来"，因为教育与文化的传承、诗歌的创造、文明的走向最为直接相关。有研究者指出中国发

---

① 陈友松主编：《当代西方教育哲学》，教育科学出版社1982年版，第135页。
② 王坤庆：《教育哲学新编》，华中师范大学出版社2010年版，第1页。
③ 苏星鸿：《构建中国化马克思主义哲学新形态的方法论思考——新时期马克思主义价值构建研究》，《青海社会科学》2014年第2期。

展的四个跟不上："经济建设发展快，文化建设发展跟不上；科学技术发展快，人文文化发展跟不上；现代化建设发展快，优秀传统继承跟不上；向西方学习发展快，民族精华弘扬跟不上。"① 四个跟不上，无一不与教育的发展息息相关，无一不与文化的创造休戚与共。如果没有教育哲学对教育问题的分析，如果没有教育哲学对教育问题的反思，如果没有教育哲学对教育实践的指引，我们又如何能够期待教育质量的提升。

吉鲁强调教育"理想乌托邦"的构建，但他并不是坐而论道。在他看来，激进的批判教育不是一个虚幻无用的空想，它一定指向可以改变的教育实践。教育哲学是人们把握教育实践不可或缺的基本方式，而教育哲学的存在与发展，则深深地植根于教育实践及其历史发展之中。教育哲学所具有的"形而上"特质，使它与时代对教育的需求息息相关，这既源于教育哲学自我超越的特性，也与它的功能密不可分。充分发挥教育哲学的功能，构筑起教育实践与相关知识沟通的桥梁，不失为解决教育问题的一种可能方式。只有通过教育哲学的审视，我们才能更深刻地了解教育所能达到的境界。

教育哲学的真理性不仅是一个理论问题，更是一个实践问题。实践智慧是教育哲学不可缺少的内核，它既体现在对教育实践的现实关怀上，也体现在对教育价值的追求上。教育理论与教育实践的关系一直是教育哲学争论的焦点之一，中国教育哲学的建设仍存在与教育实践脱节的现象，尚未充分发挥其对教育实践的反思和指导功能。② 当教育哲学在思考教育问题时，如果仅从抽象的理论出发，而不了解教育实践中到底发生了什么，教育领域中到底出现了什么问题，如此的教育哲学也就成了没有指向的空谈。如果处于教学一线的教师不对教

---

① 杨叔子：《对加强社会主义核心价值体系教育的一点理解》，《高等教育研究》2014年第4期。

② 侯怀银、田小丽：《20世纪下半叶教育哲学学科建设的本土探索》，《当代教育与文化》2012年第3期。

育实践进行认真的反思,不寻求新的教育理论进行指导,教育的实际效果可能就会事倍功半。如果说对理论的批判反思是教育哲学的形而上维度,那么对实践的关怀则是教育哲学的形而下维度。在吉鲁看来,教育哲学应回归鲜活的教育实践,以理论的穿透力、解释力和影响力对教育实践问题作出回应。

未来的教育哲学研究应在反思与创造中前行,关注教育发展的现实状况,强化问题意识,加强理论探讨与问题研究的互动。在自我反思的基础上,突出对现实的批判与改造,为教育的发展提供强大的理论支持。毕竟,教育的发展始终是一个现实的问题,而不是抽象的玄学,只有通过持续地改进完善,才能逐步接近理想的边界。尽管我们不可能到达完美的教育理想状态,但是我们将永远走在实现理想的道路上。教育哲学应从整体上系统把握教育的本质与规律,创造更多有关教育的真知,以形成更为理想的"教育认知图绘"。

四 教育哲学研究视野的开阔

吉鲁从政治、文化等不同方面形成了审视教育的多重维度,从哲学、政治学、社会学、教育社会学等不同学科的理论视角阐明权力与知识的多种轴线,提出了许多有价值的思想,并在一种"吉鲁式"的研究框架和表达体系中展现了这些思想,为我们审视当代教育问题提供了有益视角。正如吉鲁所言,作为一种思想资源,他的著作是我们思考教育、民主等问题的引擎。吉鲁批判教育哲学思想的前瞻性表现在他在理论方面的独特创见,他提出了关于激进教育的可行性构想,并将其视为构建民主社会的主要动力,将学校视为开展民主斗争的重要场所;他自始至终坚持在政治、文化、民主、社会的关联中研究教育,展现了他作为一名教育哲学家的远见卓识,有助于开阔我们研究教育哲学的视野。

学界对所处社会发展阶段特殊性的探索,对教育自身发展特点的认识和把握,使得教育哲学的研究更具开放性。"我们需要确立中国的知识体系，但这个知识体系不能是自说自话。任何知识体系必须是能够和其他知识体系沟通的。"① 在这个过程中，如何充分利用国内外的理论资源，实现对教育发展的理性审视，构成了中国教育哲学发展的一个重要维度。政治、经济、文化等诸多领域的变革也催生了教育的变革，教育哲学只有同时倾听来自本学科内外的不同声音，才具有鲜活的生命力。也正基于此，我们将吉鲁的观点与我国教育哲学的发展结合起来进行分析，力争挖掘出其思想的原创性价值，为中国教育哲学的发展提供理论的驱动力与引导力。无论是从吉鲁批判教育哲学的研究内容来看，还是从其历史与现实、普遍与特殊相结合的研究方法来看，都表明教育哲学应以关联性思维加强对话式研究，形成学术沟通与交流的有效渠道，实现不同主体之间的对话。教育哲学本身的特点决定了它不可能在自说自话中获得新生，而必须在沟通与交流中丰富自身。这意味着我们应在借鉴吉鲁批判教育哲学思想的基础上，以富有时代气息的内容和方式关怀、反映当前中国教育的现实问题，形成具有历史感的理论和思想，力争建构、创造本土化的教育哲学，解决具有普遍性、共性的教育问题。

第二节　吉鲁教育哲学思想之于中国社会主体的培育

吉鲁提倡建立一个民主的社会，意味着对生命的自由与平等、尊严与权利的关注。他对社会结构和主体的能动作用进行了辩证性理解，试图在美国教育商业化和暴力文化的盛行之中，找回迷失的主体，实现主体的自由发展。在吉鲁看来，主体性地位的确立，不仅体现在教育活动中，也体现在现代社会结构中。"社会中的各种价值与

---

① 郑永年：《通往大国之路：中国的知识重建和文明复兴》，东方出版社2012年版，第29页。

目标彼此间存在冲突,社会基本目标统摄着这些价值和目标,使社会成员形成关于社会总体发展目标基本相同的观念。"① 对于吉鲁来说,他所期望的基本目标就是建立一个更加民主公正的社会。我们的基本目标则是全面建成小康社会,实现中华民族伟大复兴。我们今天所面临的问题不仅是使教育现代化,而且还要使我们赖以生存的社会文明化。"历史不仅包括生产力的增长,也包括人性在各个方面的进步。"② 社会主体如何培育、社会如何发展,是时代精神在主体研究领域的延伸与折射。作为社会实践的主体,人既要适应现代经济社会发展的需要,还必须执行保存、传播文化遗产的使命,充分利用这些文化遗产的改革助推社会的民主化,增强人类自身创新知识、创造思想的能力。

一 社会主体培育与价值追求

吉鲁在拒绝价值中立的基础上,从身份政治等层面审视人的主体性。在他看来,所谓的价值中立只不过是统治阶级的一厢情愿,是对资本主义的辩护,是一种保守的行为。正因为"价值和精神规定了社会存在发展的利益本质、价值规范、信仰追求和精神力量"③,吉鲁提出要重视边缘群体和被压迫群体,强调要重新认识少数民族、女性等"另类"经验的价值,将学生培养成为能够发挥领导作用的政治主体和社会主体。吉鲁在他的研究生涯中,自始至终都在思考人如何才能成为自我塑造、富有批判精神的公民。"公民共同生活的社会,是人之所以为人的一个条件。"④ 因此,揭示人类社会中的不平等和

---

① 李风华:《社会基本目标与社会基本结构:论共同理想的哲学基础》,《哲学动态》2015 年第 1 期。

② [英]肖恩·塞耶斯:《马克思主义与人性》,冯颜利译,东方出版社 2008 年版,第 187 页。

③ 李忠军:《论社会主义核心价值观、中国精神与社会主义意识形态》,《社会科学战线》2014 年第 3 期。

④ 康渝生:《马克思主义哲学的人学致思理路》,社会科学文献出版社 2004 年版,第 62 页。

苦难，挖掘人类生活的潜能和社会民主的可能性，应该成为每个公民的价值追求。

批判的教育在主体、客体的总体化运动中，以主体自身的价值选择和倾向对知识做出裁定。对于教育哲学来说，主体的发展与完善是教育哲学关注的永恒问题。主体意识是教育哲学的基本问题之一，"是一个从主、客体的关系范畴如何看待人在教育中的地位和作用问题"。① 主体的价值追求问题，既是教育哲学的聚焦点，也是社会发展的关键所在。社会的发展归根结底是人的发展问题，人的发展是个体价值和社会价值的双重展现。"价值从根本上说在于促进主体特别是促进社会主体的发展完善，使人类社会更美好"，② 从而实现人的全面自由发展。我们既不能片面夸大主体的重要性，将主体绝对化、神圣化，也不能离开社会发展实际需求去空谈主体的培育和发展。"主体是人，但人并非天生地就是主体，人的能动实践使人成为主体，并具有主体意识。"③ 主体不再是单个的人或精神，客体也不是静止不变、游离于主体之外的客体，而是主体实践的产物。马克思主义哲学认为，人的实践活动形成了现实的生活世界，凸显了感性世界的属人性质。"历史进程是由处于一定社会结构关系中具体的人的实践来推动的，社会发展规律也是许许多多人共同实践活动的表现。"④

吉鲁从政治的维度审视教育，强调赋予人权能，是为了彰显人的主体性，将人从被压迫、被统治的状态中解放出来。按照吉鲁的观点，学习不仅存在于教育和学校之中，而且也存在于各种各样的社会关系和公共生活之中。价值与人的创造有关，更与人的自由有关。人作为生命体，不仅仅要生存，更要在发展的过程中创造价值。在社会主体培育的过程中，之所以要关注价值，一方面是通过人自身的存在

---

① 王坤庆：《教育哲学新编》，华中师范大学出版社2010年版，第94页。
② 王玉樑：《21世纪价值哲学：从自发到自觉》，人民出版社2010年版，第397页。
③ 高兆明：《论个体主体意识与社会主体意识》，《社会科学战线》1990年第3期。
④ 乔瑞金等：《英国的新马克思主义》，人民出版社2013年版，第76页。

彰显主体的价值，另一方面是为主体的存在寻求根据。这也是马克思主义人学的现实意义所在。马克思主义哲学作为人类的自我反思、自我意识理论，根植于哲学自身的批判与超越本性，体现了人的超越性、理想性追求。

人本身就是一个与价值密切相关的领域，人作为主体，同客体存在着实践—认识关系，也存在着价值关系。客体本身具有价值特征，同时也受到研究主体价值观的影响，变化的对象世界于是在研究主体与客体相互作用的过程中得以展现。① 价值是主体对客体需要所产生的一种关系，价值评价作为对事物意义的一种评价，取决于客体的主体效益。对于社会来说，评价这一关系的标准就是社会实践及其效果。这就需要人们正确认识、处理主客体的关系，将短期价值和长远价值、局部价值和整体价值结合起来，实现由自发到自觉的价值追求。

人作为一个生命体诞生后，在追寻自我价值的过程中，觉悟、体味到生命尊严的可贵。作为"有思想的芦苇"，每个人都渴望了解人生的真相与意义，渴望掌握改变自我的理论武器，改变自身的生活方式与生命形态。"人作为万物之灵，一方面是在时间之流中思索如何面对刹那生灭的变化；另一方面又想辨明自身存在的意义，理解此一短暂人生究竟有何目的。"② 正因为人的生命开始时，不知道自己将来会从事什么样的活动。因此，所有人都需要被施与一个共同的逻辑和教育。这种共同的逻辑和教育指向判断力和参与，指向个体生活方式的选择和自由，指向现在和不确定的未来。③ 作为主体的人，要在个人价值与社会价值之间取得平衡，树立科学的价值取向，维护社会的公平、民主和正义。

---

① 唐莹：《元教育学》，人民教育出版社 2002 年版，第 423 页。
② 傅佩荣：《哲学与人生》（下），北京理工大学出版社 2011 年版，第 7 页。
③ 彭正梅：《现代西方教育哲学的历史考》，上海教育出版社 2010 年版，第 235 页。

二 社会主体培育与文化创造

吉鲁认为，文化不仅是艺术、诗歌、戏剧和高雅文化的栖息地，也是意识形态的争论场所和通俗文化的舞台。如果人们不能以批判性的意识形态去分析文化的概念，就会阻碍对意义的生产、传播等问题的理解。在他看来，文化是多种不同领域的集合，不同的语言、经历和声音在其中得以融合，通过普遍与特殊、统一与矛盾的结合，推动从属文化打破主流文化的界限，通过跨越文化的边界来书写差异，为抵制创造条件、提供动力。吉鲁从文化角度审视教育，试图在精英文化、统治文化盛行的课堂之中，为大众文化、边缘文化开拓一席之地。他关注弱势群体、边缘群体的文化，代表着对公平、正义的呼唤，反映了对人类利益的普遍关注。

教育是历史和文化的产物。许美德指出："除了政治外，还应从文化模式和认识论角度去研究中国教育，这样也许会对中国的教育危机给出一层解释。"① 这需要我们认真思考一个问题，在当今的社会背景下，我们如何理解文化的意义。"我们需要文化自觉与文化自信，将中国传统的和西方的教育哲学资源自觉地融入当代教育哲学的架构中，建构属于'中国的''当代的'教育哲学。"② 文化是社会整体和历史发展过程中的有机组成，它不仅促进了社会的发展和进步，而且充实着人的精神世界，促进了人自身的发展。

文化是一个民族、一个国家发展的活力与动力，历经多年的传承与延续，由不同的生命之流凝聚而成。文化是人们对客观世界的认识结果，关系到整个人类社会的文明进步和健康发展。文化已经成为衡量一个国家综合实力和国际竞争力的重要内容，文化发展水平的高

---

① [加]许美德：《中国的大学 1895—1995：文化冲突的世纪》，许洁英等译，教育科学出版社 2000 年版，第 4 页。
② 冯建军：《新时期我国教育哲学发展的三个基本问题》，《教育研究》2015 年第 1 期。

低，从一个侧面反映了一个国家的软实力。而"谈文化发展不谈教育就是空谈，不能把文化与教育割裂开来。没有教育做根基，文化建设注定只能是空中楼阁，是不牢靠的"。① 提振中国文化的影响力，教育担当着无法回避的历史重任。我们应始终坚持马克思主义哲学的方法论指导，使教育在增强综合国力和文化软实力中发挥应有的作用。

吉鲁认为，教育创造特定的价值，教育领域代表着重要的大众文化，教育的目的就在公共哲学中形成，而这种哲学承担着培养公民勇气和公共智慧的义务。他对教育意义和本质的讨论，聚焦于文化研究对社会和政治问题的批判性参与。在他看来，当教育普遍漠视学生用来感受世界以及自我的意义、经验和声音的范畴时，那说明教育真的处于一种危险之中。"文化上的每个进步，都是迈向自由的一步。"② 每个人都是文化积累、传承、创造的主体，他们所需要的远不止静态的、孤立性的知识，更需要精神、文化的深层交往，需要心灵的沟通和思想的直面碰撞。在社会的历史长河中，我们又有谁能否认文化的力量。文化是连接知识与人类发展的纽带，作为知识产生的土壤，它不仅包含着知识，而且提供把握知识的方式，促进知识的转化。

三 社会主体培育与知识创新

吉鲁认为："一种批判教育应该要求中国的公民，能在私人考虑和公共问题这两个不同的方面之间进行合理转换，能够认识那些否定社会、经济和政治公正的反民主力量，为一个更美好的世界而进行斗争。"③ 人们需要通过知识的创造来发挥主体能动性，实现对权力的掌握和分配。为此，吉鲁特别重视边缘群体，重视激发普通民众的创

---

① 于殿利：《文化自觉与国际竞争力》，《人民政协报》2014年12月9日C03版。
② 中共中央马克思恩格斯列宁斯大林著作编译局编译：《马克思恩格斯选集》（第三卷），人民出版社1995年版，第492页。
③ ［美］亨利·A. 吉鲁：《教师作为知识分子：迈向批判教育学》，朱红文译，教育科学出版社2008年版，中文版序Ⅴ。

造热情。在他看来，无论是教育者还是家长，都必须意识到这样一个问题，那就是知识并不意味着中立和客观，也体现了一定的旨趣和利益。知识不仅与人们评判善与恶、美与丑所依据的标准相关，而且意味着对主体能力的培养以及能力带来的效益。

主体的历史性存在是知识以有限性方式呈现的根本原因，不同主体间对话交流的过程，也是个性与社会性交互作用的过程。由此，知识也实现了间接相通。正如皮亚杰所言，不研究知者，我们无法研究知识。知识对人生命的成长有着特殊的价值和意义，它不仅发展了人的生产能力，也发展着人的享受能力和自我创造能力。吉鲁特别强调，知识不是被用来接受的，而是被用来创造的。知识应该成为学生分析问题的武器，而不仅仅是敬畏的对象。社会主体与知识之间的现实关系是极其丰富的，一方面源于主体生命发展的丰富性，另一方面也源于知识本身的丰富性。哲学、艺术、伦理、科学等知识的传授，给予人生命发展的养分。"学校—学科知识的全部目的就是启蒙人们思考他们的日常生活。"[1] 因此，在社会主体与知识的发展中，我们应该关注知识为何能够影响人生命的发展，以何种方式影响，在这种影响下，人的生命较之未受影响有何不同。人的生命具有多重性，知识的丰富性恰恰满足了人对不同知识的需要与追求。知识就是力量，不仅是指知识改变世界的力量，也是指知识自身发展的力量。知识是社会主体自由思考、自由表达、自由创造的结晶与产物。正是自由的存在，才使得知识发展的多样性成为可能，能动地影响着现实的世界。吉鲁认为，知识既与每个人的生存直接相关，也与种族生存、社会运行以及政治秩序的维持直接相关。"应以能否反映教育本质、能否充分实现教育目的、能否合乎客观真理为原则，作为衡量知识价值的客观标准。"[2] 知识不仅仅作为传承、创造文化的基础而存在，它

---

[1] ［美］奈尔·诺丁斯：《教育哲学》，许立新译，北京师范大学出版社2008年版，第115页。

[2] 张栗原：《教育哲学》，福建教育出版社2008年版，第186—187页。

对于提高人的精神境界，丰富人的精神生活也具有重要的意义。

我们对知识的渴求是一种独特的文化现象，一方面，我们经历了国家地位的提升以及与之相伴随的民族心态的变化；另一方面，与学科本身、研究者的学术心态、学术自觉性都有着直接的关系。在中国，学科的发展也经历了一个由被动到主动、由全盘拿来到选择借鉴、由移植到创生的过程。在内容上，经历了由"师夷长技以制夷"的技术层面到文化、哲学、制度的思想观念层面的渐进式转换。时至今日，我们对外来知识不再是简单的"拿来主义"，而是在新的时代背景和学术语境下对其进行再诠释、再创造，体现了中国学者对西方学术的辨别能力和创造本土理论的学术自觉。

知识已成为社会进步的根本动力和人的生存活动方式。马克思主义哲学的知识观认为，从辩证唯物主义认识论出发，正确处理理论与实践的关系、感性认识与理性认识的关系，才能使人获得真正的、全面的知识。在任何时候，当我们能够对社会面临的现实问题进行深刻而理性的哲学思考时，才能更好地协调社会中的各种关系。这个时代，需要以真正开放的姿态迎接未来，同样也需要从历史的继承中批判性地发现传统的价值，从阅读经典中获益，重构、创造那些能够使人性完善的学问与知识。

教育为中国全面建成小康社会提供人才保障和智力支持。发扬中华民族的优秀传统，实现中华民族伟大复兴的"中国梦"，没有教育参与其中是无法想象的。"中国梦"是一个综合性、动态性的所指，它的实现涉及多个领域。教育，毫无疑问是极其重要的一个领域，同时也是衡量"中国梦"实现的一个关键标准。中华民族的进步之路、中国人民的寻梦之旅，也是中国教育的振兴之路、腾飞之旅。

处于深化综合改革时期的中国教育，其重要性更为凸显。在这样的历史性进程中，自然需要教育哲学的引领，也特别需要以个人教育思想这一方式存在的教育哲学发挥其作用。吉鲁的批判教育哲学思想既包含着对以往教育理论缺陷的终结和否定性含义，也预示着新思想的产生。吉鲁对教育和社会发展的关切，对种种现实问题的批判和思考，说明意义只有在变化中才能够存在。那么，当时代背景发生变化时，就意味着我们需要去重新审视有关教育哲学的理论与观点。在批判性借鉴的基础上修正原有的观点，从而形成新的理论，这是教育哲学在完善、发展自身过程中的一种方式和必然选择。

教育既是传承文化的主要手段与形式，也是创新文化的重要途径与前提。当教育参与现实生活、推动社会发展之时，它所承担的责任就变得极其重要。由此，教育也不能不接受一个特殊的考问，那就是在复杂综合的社会诸系统中，教育为何在？教育如何在？在吉鲁的眼里，教育的核心是能够让学生拥有参与社会事务的权力与能力。于此，教育哲学应从时代的发展去审视教育，基于人类的进步、生命的发展去理解教育，以充分实现人生命的尊严与权利、促进人的全面发展。

对于任何一个社会来说，道德的状态最终会体现在青年人的发展状态上。按照吉鲁的看法，如果中国的教育准备承认上述事实，就必须行使教育作为民主公共领域的角色，将教育作为民主事业的组成部分，重构教育对青年人的责任，引导他们树立正确的价值追求，进行文化创造与知识创新，以培养具有批判精神的社会主体。

结　　语

作为美国批判教育的主要代表人物之一，吉鲁构建了独具特色的激进教育理论。他运用清晰而深刻的语言分析了当今美国社会、教育中存在的很多问题，将解决问题的希望寄托于对教育的批判性思考和民主意识的复兴。吉鲁最为特别的地方在于，在他的批判教育哲学思想中，无论是对抵制行为的关注，还是对教育、学校的本质阐释，无论是理论的构建，还是思想的实践指向，作为主体的人始终在场。为此，吉鲁对教师角色进行了定位，致力于师生权能的充分发展，强调学生公民勇气和能力的形成，试图以此构建一个更加民主的社会。

总体来看，吉鲁的批判教育哲学思想呈现出四个鲜明的特点。

一是历史性的研究脉络。理论的发展永无止境，在不断变化的时代背景下，每一代人都面临着新的现实，都要继续理论探索的步伐。在这一过程中，仅仅依靠对前人理论的继承是远远不够的，还必须在继承的基础上有所创造，吉鲁正是这样做的。吉鲁以他所处时代的美国社会为背景，以现代主义、后现代主义、后现代女性主义等多种思想观点的斗争与融合为理论支撑，对经典马克思主义理论、以往的激进教育理论进行了选择与吸收。在吉鲁的研究生涯中，他拒绝偏执与独断，尊重多元与差异，他不仅借鉴了美国学者的知识传统，也借鉴了法国、英国等学者的理论观点，使其思想呈现出丰富的知识结构。

吉鲁在做出重要理论贡献的同时，也对以往成果进行了批判。正如吉鲁自己所认为的，他的思想既是一项正在进行的政治事业的组成部分，也是对历史实践的一种领会。吉鲁对经济再生产理论、文化再生产理论、霸权再生产理论、以往美国激进教育理论及发展方式的批判，对教育中种种意识形态的质疑，无不显示了他基于现在而关注历史的学术研究历程，他所揭示的也正是教育发展历史留给未来教育的可资借鉴之处。

二是整体性的研究视角。吉鲁的整体性研究视角主要表现在两个方面：一方面，吉鲁将他的批判教育哲学思想与哲学、文化政治学、教育哲学、教育社会学等领域的一系列观点和思想进行交锋，以深邃的目光和独特的视角将透彻的析理尽显于他的思考与表达之中；另一方面，他将具有"形而上"特点的教育哲学置于整个社会系统中进行思考，在诸多影响因素的关系网络中探究批判教育的形成与发展，对引发教育现象背后的复杂动因进行了审视。对人类命运与社会发展的终极关怀，是知识分子的共同特征，吉鲁亦不例外，他在跨学科的应用研究中将知识的创造与民主的构建结合起来。吉鲁始终在社会的背景下审视教育，从个体生命与知识发展的关系出发思考教育，而不是囿于教育本身。他认为教育应发展民主的公民哲学、培养具有批判能力的公民，发展具有政治性、社会性的文化事业。吉鲁不仅注重影响教育的宏观因素，还深入教育过程中的诸多细节，包括教师的言行、课程的设置以及师生的对话方式等。他不仅揭示了教育中存在的种种弊端，也提出了纠正弊端的种种策略措施与理论构想。

同时，吉鲁对教育、政治、文化之间错综复杂的关系进行分析，综合运用多学科理论，站在教育之外省察教育，却又时刻不忘回归教育，这使他敏锐地把握了教育与相关学科理论以及社会之间互动的真实现状。作为一位富有道德热情且具有敏锐政治视角的杰出公共知识分子，吉鲁以大胆的想象力和深切的怜悯之心，对美国文化做出了极具综合性的分析。他看到了种族、文化和年青一代之间的复杂互动，使人们不得不关注文化和媒体的力量，思考导致美国出现目前社会状态的深层原因。可以说,他的观点不仅给予了人们思想的洗礼和精神的启迪,而且也改变了人们对大众文化和教育之间关系的认识。

三是辩证性的观点表达。吉鲁的批判教育哲学思想处处体现着辩证的观点,比如,他认为白人的主流文化及其权威并不代表着文化的全部,但是,它也应该成为人们学习的对象;他强调通俗文化的重要性,同时也指出仅仅将通俗文化、被压制文化纳入批判教育的范围内并不能推动其发展,还需要批判教育家将其理论化,对其观点进行检验和分析,才能形成通俗文化理论的基本元素。他认为权力既是压迫的力量,也是反抗的动力。他在拒绝价值中立的同时也指出,这并不意味着赞成将偏见、成见带入教育研究之中。在教师的角色方面,吉鲁强调教师不仅要成为文化的实践者,更要成为发展民主政治的引领者,以转化性知识分子的角色登上教育和社会的舞台。他一方面强调教师合理性权威的树立,另一方面又注重师生之间的平等对话,以实现创造、建构知识的目标。他注重个人权能的发展,也强调个体应从共同体中汲取理论养分,寻求思想的灵感和精神上的支持。他既指出了隐性课程存在的弊端,也强调应该重视隐性课程的潜在功能。

在对待青年人方面,他既揭露了青年自身存在的问题,也公正地指出青年所受的现实攻击。拉尔夫·泰勒指出,所有教育哲学本质上都是以下两种可能理论视角之一的衍生物。教育哲学的论述可能是基于培养青年适应社会现状的,也可能是培养他们具有革命性的使命感以改革社会,吉鲁的批判教育哲学思想无疑属于后者。他认为美国社会的文化限制、歪曲了人们作为公民的生活,特别是迪斯尼公司所传播的错误价值观迷失了青年一代。多年来,吉鲁一直努力让人们去面对美国青年被利用和操纵的事实,他对美国独裁主义、宗教极端主义的兴起、青年危机、教育的商业化以及公共空间的军事化等问题进行了深刻分析。吉鲁反对公司化大学的出现,反对政府将青年视为暴力行为的靶子。他对青年人的关注,不仅仅是将其作为促进社会发展的"资源"来进行开发和训练的。在更深层的意义上,他将青年人视为创造正义世界的美好希望和根本动力。

四是实践性的理论指向。吉鲁的批判教育哲学是一种"乌托邦"理想,同时也植根于鲜活的教育实践之中,为人们进行教育哲学研究开辟了更为广阔的领域。吉鲁在构建一种新的批判教育理论的同时,丝毫没有忽略理论与实践互动的重要性。他的批判教育哲学思想密切关注教育现实,注重用行动的效果来检验理论的意义与价值:从宏观层面来说,指向民主社会的构建,指向教育与政治、文化的和谐共存;从中观层面来说,指向学校作为民主性机构的存在;从微观层面来说,指向教师作为转化性知识分子角色的发挥,指向师生权能的发展和体现文化政治意义的批判性课程设置。

吉鲁的教育乌托邦并不是虚无缥缈的空中楼阁,而是奠基于美国社会和教育的种种现实。吉鲁切中美国教育现状的要害,并通过种种理论与实践方面的努力,号召人民起来反抗社会的不公以及民主政治的衰退,从而为推动美国社会发生实质性的改变提供了一种可能。吉鲁以强有力的敏锐分析和道德准则,批判了美国社会权力机构的变革以及对更广泛世界的影响。他引起了世界上很多人对教育的关注,并让人们相信创造新的世界是可能的。

吉鲁的批判教育哲学思想具有浓厚的现实情怀,反映了与美国社会议题的密切关联。他从政治、经济、文化、教育领域的事例和经验出发,从中抽象出共同的问题,而不仅仅是适用于个别情况的案例分析。吉鲁特别注重教育的现实与政治向度,他以一个教育研究者和实践者的身份关注了影响美国学校教育的方方面面,如市场经济、赌场资本主义文化等一系列因素。他借鉴法兰克福学派的理论,对具有实证主义倾向的教育及课程理论进行了批判,通过可能性语言以一种开放、民主的态度构建了教育领域的乌托邦,强调了学校作为批判性民主机构存在的重要性。吉鲁认为,人们只有充分考虑教育、教师、学生所面临的现实,才能回答批判教育所提出的一系列问题。他提倡将

结　语

多种声音引入课程之中，特别注重边缘群体的声音，鼓励学生联系具体历史环境和人类奋斗历程来认同自身，对社会记忆形成扩大化的理解，使学生释放出更多的可能性，以对课程进行文化、政治方面的重新解释和塑造。

从吉鲁批判教育哲学思想的上述特点来看，他的很多观点有助于我们深入思考教育与民主、文化、政治之间的关系，有助于教育与新的民主事业结合起来。他努力探寻教师作为公共知识分子的意义，以一种追求社会公正的意识与责任感，为提升人生命的质量、丰富人生命的内涵做出了贡献。但这并不意味着吉鲁的批判教育哲学无懈可击，吉鲁的教育思想既赢得了众多的支持者，也有很多的反对者和质疑者。知识的产生与创造是一个不断质疑、不断进步的过程，吉鲁的批判教育哲学思想同样要经受批判与考验。

在任何体制下，用自己的声音表达激进的观点都要承担一定的风险，吉鲁自己也认识到了这一点，"作为工人阶级知识分子，我发现自己在大学的大部分生涯基本上处于敌对的环境中，不利于我所从事的批判性学术研究"。① 他在波士顿大学没有得到终身教授的职位，在宾夕法尼亚州立大学不得不忍受工作受阻的折磨，"他的著作曾被官方宣布为禁书"。② 吉鲁也自称："我必须承认我对社会学家的使命的看法并不一定与该行业的共识有重叠。斯密斯已经将我描述为'彻头彻尾的圈外人'。"③ 这说明他的观点也不是被所有人接受的。斯普林格就对吉鲁的批判性思维及其教学法提出了质疑，他认为，没有人有资格能够在批判教学和宗教信仰之间做出非此即彼的选择，也没有人能够确认批判教学就是消除不平等现象的最好办法。在斯普林格看

---

① ［美］亨利·A. 吉鲁、维多利亚·哈珀：《新自由主义、民主与作为公共空间的大学——亨利·吉鲁采访记》，吴万伟译，https://www.aisixiang.com/data/74209.html，2014年4月23日。

② 辛治洋：《批判教育学解读》，《比较教育研究》2006 年第 7 期。

③ Giroux H. A., "Academic Madness and the Politics of Exile", retrieved from: www.truth-out.org/opinion/item/27501-henry-a-giroux-academic-madness-and-the-politics-of-exile, 2014.

来,"尽管吉鲁声明,批判教学法并不包含与别人的信仰相悖的、有关知识和人类行为起源的理论观念,但要求学生参与批判教学法就是给他们强加一套特定的理论。的确,批判教学极有可能在理论和方法上双双皆错"。① 我们不能否认吉鲁批判性思维及其教学法的价值所在。同样,我们也无法否认斯普林格质疑的合理性。如此的追问,意味着我们永远走在追求真理的路上。正是在这种相互质疑与批判中,才能去伪存真,在源源不断的思想之流中孕育出智慧的结晶。吉鲁的研究无疑拉近了美国教育研究与文化研究的距离,但是,"后现代主义争论的主题是——在文化领域的一个根本转向基本上转变了政治话语的本质。从这个视角来看,阿普尔和吉鲁依旧太过坚定地扎根在书写和识读话语上来全面考虑作为社会化和文化再生产主体的日益边缘化的教育领域和大众媒体了"。② 这使得人们对教育的变革产生了怀疑,那就是建立多阶级、多主体的教师共同体与作为社会个体的公共知识分子角色的发挥,到底谁是解决教育弊端的关键所在?吉鲁对西方马克思主义及其他教育理论的综合,使他的观点带有一定的折中主义色彩。因此,尽管吉鲁提出了教育与大众文化关系的新命题,但是,如何实现批判文化研究与教育再生产理论的有机统一,对于吉鲁来说仍然是一项尚未完成的任务。

吉鲁在强调差异的同时似乎走向了另一个极端,那就是忽视了具有普遍意义的共性。令人疑惑的是,当学校发展成为认可差异性政治的公共领域时,当学校能够允许人们充分发挥自己的想象力时,一个社会所应具有的向善的共同价值标准何在?在一个民主的社会中,如何才能保证官方教育系统不会向公民强行灌输有利于自身统治的价值观和教学内容呢?对于吉鲁来说,他描绘了民主与激进教育理论的

---

① [美]乔尔·斯普林格:《脑中之轮——教育哲学导论》,贾晨阳译,北京大学出版社2005年版,第47页。
② [加]雷蒙德·艾伦·蒙罗、[美]卡洛斯·阿尔伯特·托雷斯:《社会理论与教育——社会与文化再生产理论批判》,宇文利译,上海人民出版社2012年版,第247页。

结　语

"乌托邦"图景，却没有进行更为充分深入的描述，使得人们对社会变革和教育发展相结合的总体性理论提出了质疑。

政治与知识具有相互依存性，一方面政治要与知识保持相对的独立性，另一方面它也要为知识的产生创造有利的环境。然而，"大学不是政治，更不可能为政治而政治"。① 吉鲁在这方面似乎存在着一边倒的倾向，在他看来，无论是批判性课程的设置，还是学生的抵制性行为，都是一个政治问题而不是一个学术问题。他在强调政治与教育密切关系的同时，却忽视了两者的相对独立性。此外，吉鲁在研究中没有对阶级的压迫性给予更多的关注，他认同阶级在社会发展中的重要作用，但同时他也指出，仅依靠阶级远远不能解释一切，他更注重的是不同个体、群体之间的内在联系。

正如吉鲁所言，不论他在批判教育方面做了哪些事情，相比其他人还是有限的。② 本书尽管尝试对吉鲁的批判教育哲学思想进行了系统梳理，但相对于吉鲁思想的丰富性和深刻性来说，在分析的深度和广度上都有待加强。吉鲁在他的著作中根据历史条件和环境变化而展现的伦理思想，他在文化研究特别是流行文化方面所做的探索，以及他对青年问题的关注，都表明了在文化、政治、教育等方面开展研究的必要性和迫切性，这都需要我们对吉鲁的相关著作和观点进行更为深入的研读和思考。

激进的批判总是富于创造性，并且带有解放的目的。对希望通过教育改变现状的人来说，吉鲁的批判教育哲学思想在今后的岁月里会彰显出应有的价值。对于吉鲁影响力的评价，保罗·弗莱雷的这段话或许是最为恰切的说明："吉鲁的创造性、思考问题的开放性，他的好奇心，他的质疑，他从确定性中寻找不确定性的意识，他的冒险的勇气以及他探讨重要主题的严密方法论和理论思维，都表明他不仅在

---

① 张楚廷：《高等教育哲学的省思》，《中国教育科学》2014 年第 2 期。
② ［美］卡洛斯·阿尔伯托·托里斯：《教育、权力与个人经历：当代西方批判教育家访谈录》，原青林等译，山东教育出版社 2013 年版，第 100 页。

美国,而且在其他许多国家,都是这个时代最伟大的思想家之一。"①理想的教育图景也许永远是一个趋于无穷边界的未知数,但是,我们毕竟正在无限地接近它。希望本书既能初步阐明吉鲁批判教育哲学思想的丰富复杂性,又能引起人们对这种丰富复杂性的进一步探索。

---

① [美]亨利·A. 吉鲁:《教师作为知识分子:迈向批判教育学》,朱红文译,教育科学出版社2008年版。

参考文献

一 吉鲁的主要著作及论文
（一）英文著作

Henry A. Giroux, *Border Crossing: Cultural Workers and the Politics of Education*, New York: Routledge, 1992.

Henry A. Giroux, *Critical Theoryand Educational Practice*, Australia: Deakin University Press, 1983.

Henry A. Giroux, *Curriculum Discourse as Postmodernist Critical Practice*, Australia: Deakin University Press, 1990.

Henry A. Giroux, *Education and the Crisis of Public Values*, New York: Peter Lang, 2012.

Henry A. Giroux, *Escola Critica EPolitica Cultural Editora Autores as Sociados*, Brazil, 1987.

Henry A. Giroux, *Ideology, Culture and the Process of Schooling*, Philadelphia: Temple University Press, 1981.

Henry A. Giroux, Jeffrey DiLeo, Sophia McClennen, and Kenneth Saltman, *Neoliberalism, Education, Terrorism: Contemporary Dialogues*, Colorado: Paradigm Publishers, 2013.

Henry A. Giroux, *Pedagogia Radical: Subsidios Editora Autores as Sociados*, Brazil, 1983.

Henry A. Giroux, *Schooling and the Struggle for Public Life* (2nd Edition), Colorado: Paradigm Publishers, 2005.

Henry A. Giroux, *Schooling and the Struggle for Public Life*, University of Minnesota Press, 1988.

Henry A. Giroux, Stanley Aronowitz, *Education Under Siege: The Conservative, Liberal, and Radical Debate Over Schooling*, London: Routledge, 1986.

Henry A. Giroux, StanleyAronowitz, *Postmodern Education: Politics, Culture, and Social Criticism*, Minnesota: University of Minnesota Press, 1991.

HenryA. Giroux, Susan Searls Giroux, *Take Back Higher Education: Race, Youth, and the Crisis of Democracy in the Post Civil Rights Era*, New York: Palgrave, 2004.

Henry A. Giroux, *Teachers as Intellectuals: Toward aritical Pedagogy of Learning*, Bergin and Garvey Publishers, 1988.

Henry A. Giroux, *The Abandoned Generation: Democracy Beyond the Culture of Fear*, New York: Palgrave, 2003.

Henry A. Giroux, *Theory and Resistance in Education: pedagogy for the Opposition*, London: Heinemann, 1983.

Henry A. Giroux, *The University in Chains: Confronting the Military-Industrial-Academic Complex*, Colorado: Paradigm Publishers, 2007.

Henry A. Giroux, *Youth in Revolt: Reclaiming a Democratic Future*, Colorado: Paradigm Publishers, 2013.

（二）英文论文

Giroux, Henry A., "Thinking dangerously in an age of political betrayal", *Fast Capitalism*, Vol. 12, No. 1, 2015: 23-29.

Henry A. Giroux, "Animating Youth: the Disnification of Children's Culture", *Socialist Review*, Vol. 24, No. 3, 1995.

Henry A. Giroux, "Arming the Academy: Universities in the Shadow of the National Security State", *Academic Matters*, No. 10, 2007.

Henry A. Giroux, "Bare Pedagogy and the Scourge of Neoliberalism: Rethinking Higher Education as a Democratic Public Sphere", *The Educational Forum*, Vol. 74, No. 3, 2010.

Henry A. Giroux, "Breaking into the Movies: Public Pedagogy and the Politics of Film", *Policy Futures in Education*, Vol. 9, No. 2, 2011.

Henry A. Giroux, "Business Culture and the Death of Public Education: May or Bloomberg, David Steiner, and the Politics of Corporate Leadership", *Policy Futures in Education*, Vol. 9, No. 5, 2011.

Henry A. Giroux, "Critical Pedagogy and the Postmodern/Modern Divide: Towards A Pedagogy of Democratization", *Teacher Education Quarterly*, Vol. 31, No. 1, 2012.

Henry A. Giroux, "Doing Cultural Studies: Youth and the Challenge of Pedagogy", *Harvard Educational Review*, Vol. 64, No. 3, September 1994.

Henry A. Giroux, "Higher Education Under Siege: Implications for Public Intellectuals", *Thought & Action*, Vol. 22, No. 2, 2006.

Henry A. Giroux, "Lessons From Paulo Freire", *The Chronicle of Higher Education*, Vol. 57, No. 9, 2010.

Henry A. Giroux, "Paulo Freire and the Politics of Postcolonialism", *Journal of Advanced Composition*, Vol. 12, No. 1, 1992.

Henry A. Giroux, "Racism and the Aesthetic of Hyper-real Violence: Pulp Fiction and Other Visual Tragedies", *Social Identities*, Vol. 1, No. 2, August 1995.

Henry A. Giroux, "Slacking Off: Border Youth and Postmodern Education", *Journal of Advanced Composition*, No. 2, 1994.

Henry A. Giroux, "The Disappearing Intellectual in the Age of Economic Darwinism", *Policy Futures in Education*, Vol. 9, No. 2, 2011.

Henry A. Giroux, "The Hope of Radical Education: A Conversation with Henry Giroux", *Journal of Education*, Vol. 170, No. 2, 1988.

(三) 电子文献

Giroux H. A., "Academic madness and the politics of exile", Truthout. Retrieved from: www. truth-out. org/opinion/item/27501-henry-a-giroux-academic-madness-and-the-politics-of-exile, 2014.

Henry A. Giroux, "Neoliberalism and the Vocationalization of Higher Education", Henry Giroux Personal Web Page, 2002.

Henry A. Giroux, "Hard Lessons: Neoliberalism, Education and the Politics of Disposability" (March 2009), https://www. counter punch. org/.

Henry A. Giroux, "The Corporate War Against Higher Education" (October 2009), https://www. ices. library. ubc. ca.

Henry A. Giroux, "Is Higher Education in Need of a Moral Bailout? The Corporate Strangle hold on Education" (September 2009), https://www. counter punch. org/.

Henry A. Giroux, "Schools and the Pedagogy of Punishment" (October 2009), https://truthout. org.

Henry A. Giroux, "Dumbing Down Teachers: Attacking Colleges of Education in the Name of Reform" (May 2010), https://truthout. org.

Henry A. Giroux, "At the Limits of Neo-Liberal Politics: Disappearing Youth" (April 2011), https://www. counter punch. org/.

Henry A. Giroux, "American Democracy Beyond Casino Capitalism and the Torture State" (November 2011), https://truthout. org.

Henry A. Giroux, "Higher education under siege: challenging casino capitalism's culture of cruelty" (November 2011), https://www. juancole. com/author/open-democracy.

Henry A. Giroux, "Youth in Revolt: The Plague of State-Sponsored Violence" (March 2012), https://truthout. org.

Henry A. Giroux, "Beyond the Politics of the Big Lie: The Education Deficit and the New Authoritarianism" (June 2012), https://truthout.org.

Henry A. Giroux, "Can Democratic Education Survive in a Neoliberal Society?" (October 2012), https://truthout.org.

Henry A. Giroux, "The War Against Teachers as Public Intellectuals", (October 2012), https://philosophers for change.org.

(四) 中文著作及论文

[美] 亨利·A. 吉罗克斯:《跨越边界: 文化工作者与教育政治学》, 刘惠珍等译, 华东师范大学出版社2002年版。

[美] 亨利·A. 吉鲁:《教师作为知识分子: 迈向批判教育学》, 朱红文译, 教育科学出版社2008年版。

[美] 亨利·A. 吉鲁:《教育与公共价值的危机: 驳斥新自由主义对教师、学生和公立教育的攻击》, 吴万伟译, 中国人民大学出版社2016年版。

[美] 亨利·吉鲁:《教育中的理论与抵制》(第2版), 张斌等译, 教育科学出版社2016年版。

[美] 亨利·A. 吉鲁:《找回民主的未来: 青年的力量》, 吴万伟译, 中国人民大学出版社2020年版。

[美] 亨利·A. 吉鲁:《后结构主义者的论争及其对于教育学的几种影响》, 谭晓玉等译,《华东师范大学学报》(教育科学版) 1995年第1期。

[美] 亨利·A. 吉鲁:《民族身份与多元文化论的政治》, 阎嘉译,《江西社会科学》2008年第3期。

[美] 亨利·A. 吉鲁:《新自由主义政治学的失败: 年轻人和高等教育的危机》, 吴万伟译,《复旦教育论坛》2011年第5期。

[美] 亨利·A. 吉鲁:《超越新自由主义高等教育的边界: 全球青年的抵抗和美英分裂》, 吴万伟译,《武汉科技大学学报》(社会科学版) 2012年第3期。

［美］亨利·A. 吉鲁：《紧缩时代的新极端主义和干扰政治》，吴万伟译，《武汉科技大学学报》（社会科学版）2013年第3期。

［美］亨利·A. 吉鲁：《奥威尔式噩梦及新自由专制主义之外》，吴万伟译，http：//www. counterpunch. org，2014年12月13日。

［美］亨利·A. 吉鲁：《反思作为自由实践的教育——保罗·弗莱雷谈批判教育学的前景》，吴万伟译，https：//www. gongfa. net. cn/html/gongfapinglun/20101112/1492. html，2010年11月12日。

［美］亨利·A. 吉鲁：《涓滴效应的残忍与财政紧缩政治》，吴万伟译，https：//www. aisixiang. com/data/43172. html，2011年8月15日。

［美］亨利·A. 吉鲁：《超越大谎言政治：教育赤字和新独裁主义》，吴万伟译，https：//www. aisixiang. com/data/56940. html，2012年9月2日。

［美］亨利·A. 吉鲁：《向青年宣战——亨利·吉鲁采访记》，吴万伟译，https：//www. aisixiang. com/data/59536. html，2012年12月2日。

［美］亨利·A. 吉鲁：《缺乏想象力的政治与权力病态》，吴万伟译，https：//www. aisixiang. com/data/62036. html，2013年3月13日。

［美］亨利·A. 吉鲁：《有组织的遗忘的暴力》，吴万伟译，https：//www. aisixiang. com/data/66773. html，2013年8月17日。

［美］亨利·A. 吉鲁：《独裁主义的幽灵和左派的未来——亨利·吉鲁论民主的危机》，吴万伟译，https：//www. ce-china. cn/ce_ china/vip_ doc/9107968. html，2014年6月5日。

［美］亨利·A. 吉鲁、维多利亚·哈珀：《新自由主义、民主与作为公共空间的大学——亨利·吉鲁采访记》，吴万伟译，https：//www. aisixiang. com/data/74209. html，2014年4月23日。

二　其他著作及论文

（一）英文著作及论文

Emerson Larry W., "America on Edge: Henry A. Giroux on Politics, Culture, and Education", *Tribal College Journal*, Vol. 18, No. 3, 2007.

Fraser Cary, "The Politics of Knowledge and the Revitalization of American Democracy: A Response to Henry Giroux's The University in Chains: Confronting the Military-Industrial-Academic Complex", *Review of Education, Pedagogy & Cultural Studies*, Vol. 31, No. 5, November-December 2009.

Guilherme Manuela, "Is There a Role for Critical Pedagogy in Language/Culture studies? An Interview with Henry A. Giroux", *Language and Intercultural Communication*, Vol. 6, No. 2, January 2006.

Jackson Sue, "Crossing Borders and Changing Pedagogies: From Giroux and Freire to Feminist Theories of Education", *Gender and Education*, Vol. 9, No. 4, December 1997.

Kashani Tony, "The Transformative Intellectual: An Examination of Henry Giroux's Ethics", *Policy Futures in Education*, Vol. 10, No. 6, 2012.

Liston Daniel P., "Mrxism and Schooling: A Failed or Limited Tradition? A Response to Henry Giroux", *Educational Theory*, Vol. 35, No. 3, September 1985.

McClennen Sophia A., "Young People Are No Longer at Risk——They Are the Risk: Henry Giroux's Youth in a Suspect Society", *Policy Futures in Education*, Vol. 10, No. 6, 2012.

Morris Doug, "Pedagogy in Catastrophic Times: Giroux and the Tasks of Critical Public Intellectuals", *Policy Futures in Education*, Vol. 10, No. 6, 2012.

Nevradakis, M., "Henry Giroux on the rise of neoliberalism", *Humanity & Society*, Vol. 39, No. 4, 2015: 449 –455.

Pozo Mike Alexander, "Henry Giroux and the Politics of Higher Education under George W. Bush: An Interview", *Review of Education, Pedagogy & Cultural Studies*, Vol. 27, No. 1, January 2005.

Rhodes Keith, "Driving into the Heart of Henry Giroux's Pedagogy", *Writing on the Edge*, Vol. 7, No. 2, 1996.

Robbins Christopher G., "Disposable Youth/Damaged Democracy: Youth, Neoliberalism, and the Promise of Pedagogy in the Work of Henry Giroux", *Policy Futures in Education*, Vol. 10, No. 6, 2012.

Robbins Christopher G., "Searching for Politics with Henry Giroux: Through Cultural Studies to Public Pedagogy and the Terror of Neoliberalism", *Review of Education, Pedagogy & Cultural Studies*, Vol. 31, No. 5, November-December 2009.

Saltman Kenneth J., "Why Henry Giroux's Democratic Pedagogy Is Crucial for Confronting Failed Corporate School Reform and How Liberals Like Ravitch and Darling-Hammond Are Making Things Worse", *Policy Futures in Education*, Vol. 10, No. 6, 2012.

Stoneman Scott, "Pedagogy in a Time of Terror: Henry Giroux's Beyond the Spectacle of Terrorism", *Review of Education, Pedagogy & Cultural Studies*, Vol. 29, No. 1, January-March 2007.

Terrenda C. White, "Critical Pedagogy in Uncertain Times: Hope and Possibilities", *International Studies in Sociology of Education*, Vol. 21, No. 4, 2011.

TKashani Tony, "The Transformative Intellectual: An Examination of Henry Giroux's Ethics", *Policy Futures in Education*, Vol. 10, No. 6, 2012.

Trend David, "Henry A. Giroux and the Arts", *Policy Futures in Education*, Vol. 10, No. 6, 2012.

Trend David Peters, Michael A., "Henry Giroux on Democracy Unsettled: From Critical Pedagogy to the War on Youth—an Interview", *Policy Futures in Education*, Vol. 10, No. 6, 2012.

Zorn Jeff, "Henry Giroux's Pedagogy of the Oppressed", *Academic Questions*, Vol. 14, No. 4, 2001.

(二) 中文著作及论文

1. 著作

蔡春：《在权力与权利之间——教育政治学导论》，北京师范大学出版社 2010 年版。

陈友松主编：《当代西方教育哲学》，教育科学出版社 1982 年版。

成有信：《教育政治学》，江苏教育出版社 1993 年版。

刁培萼、丁沅编著：《马克思主义教育哲学》，华东师范大学出版社 1987 年版。

刁培萼：《追寻发展链：教育的辩证拷问》，教育科学出版社 2010 年版。

董德福：《生命哲学在中国》，广东人民出版社 2001 年版。

段忠桥：《理性的反思与正义的追求》，黑龙江大学出版社 2007 年版。

范进：《康德文化哲学》，社会科学文献出版社 1996 年版。

付粉鸽：《自然与自由：老庄生命哲学研究》，人民出版社 2010 年版。

郭广银、杨明：《当代中国道德建设》，江苏人民出版社 2000 年版。

韩红：《交往的合理化与现代性的重建——哈贝马斯交往行动理论的深层解读》，人民出版社 2005 年版。

郝文武：《教育哲学研究》，教育科学出版社 2009 年版。

何萍：《马克思主义哲学与文化哲学》，武汉大学出版社 2002 年版。

侯怀银：《西方教育学在 20 世纪中国的传播和影响》，东北师范大学出版社 2011 年版。

侯怀银：《中国教育学发展问题研究——以 20 世纪上半叶为中心》，山西教育出版社 2008 年版。

侯怀银：《中国教育学之路》，安徽教育出版社 2010 年版。

黄济编著：《教育哲学初稿》，北京师范大学出版社 1982 年版。

黄济：《教育哲学》，北京师范大学出版社 1985 年版。

黄济：《教育哲学通论》，山西教育出版社 2004 年版。

黄小寒主编：《西方马克思主义经典著作导读》，北京大学出版社 2012 年版。

金生鈜：《理解与教育：走向哲学解释学的教育哲学导论》，教育科学出版社 1997 年版。

康渝生：《马克思主义哲学的人学致思理路》，社会科学文献出版社 2004 年版。

李鹏程：《当代文化哲学沉思》，人民出版社 1994 年版。

联合国教科文组织国际教育发展委员会编著：《学会生存——教育世界的今天和明天》，华东师范大学比较教育研究所译，上海译文出版社 1979 年版。

刘放桐等编著：《新编现代西方哲学》，人民出版社 2000 年版。

刘进田：《文化哲学导论》，法律出版社 1999 年版。

刘庆昌：《教育者的哲学》，中国社会出版社 2004 年版。

陆有铨：《现代西方教育哲学》，河南教育出版社 1993 年版。

马凤岐：《教育政治学》，人民教育出版社 2002 年版。

乔瑞金等：《英国的新马克思主义》，人民出版社 2013 年版。

乔瑞金：《马克思技术哲学纲要》，人民出版社 2002 年版。

桑新民、陈建翔：《教育哲学对话》，河北教育出版社 1996 年版。

桑新民：《呼唤新世纪的教育哲学——人类自身生产探秘》，教育科学出版社 1993 年版。

尚明：《中国近代人学与文化哲学史》，人民出版社 2007 年版。

石中英：《教育哲学导论》，北京师范大学出版社 2002 年版。

石中英：《教育哲学的责任与追求》，安徽教育出版社 2007 年版。

舒志定：《教育哲学引论》，中国社会出版社 2003 年版。

孙伯鍨、侯惠勤主编：《马克思主义哲学的历史和现状》，南京大学出版社 2004 年版。

孙正聿：《哲学通论》，复旦大学出版社 2008 年版。

田玉敏主编：《当代教育哲学》，天津社会科学院出版社 1991 年版。

童世骏：《批判与实践：论哈贝马斯的批判理论》，生活·读书·新知三联书店 2007 年版。

王坤庆：《教育哲学新编》，华中师范大学出版社 2010 年版。

王坤庆：《教育哲学———一种哲学价值论视角的研究》，华中师范大学出版社 2006 年版。

王坤庆：《现代教育哲学》，华中师范大学出版社 1996 年版。

王晓路：《西方马克思主义文化批评研究》，北京大学出版社 2012 年版。

王玉樑：《21 世纪价值哲学：从自发到自觉》，人民出版社 2006 年版。

徐崇温：《"西方马克思主义"》，天津人民出版社 1982 年版。

杨昌勇：《新教育社会学：连续与断裂的学术历程》，中国社会科学出版社 2004 年版。

衣俊卿、丁立群、李小娟、王晓东：《20 世纪的新马克思主义》，中央编译出版社 2001 年版。

衣俊卿：《回归生活世界的文化哲学》，黑龙江人民出版社 2000 年版。

衣俊卿：《文化哲学十五讲》，北京大学出版社 2004 年版。

俞吾金、陈学明：《国外马克思主义哲学流派》，复旦大学出版社 1990 年版。

俞吾金、陈学明：《国外马克思主义哲学流派新编》，复旦大学出版社 2002 年版。

俞吾金：《意识形态论》，上海人民出版社 1993 年版。

张楚廷：《教育哲学》，教育科学出版社 2006 年版。

张亮：《阶级、文化与民族传统：爱德华·P. 汤普森的历史唯物主义思想研究》，江苏人民出版社 2008 年版。

张人杰、王卫东主编：《20 世纪教育学名家名著》，广东高等教育出版社 2002 年版。

张一兵：《文本学解读语境的历史在场：当代马克思哲学研究的一种立场》，北京师范大学出版社 2004 年版。

赵汀阳：《论可能生活：一种关于幸福和公正的理论》，中国人民大学出版社 2004 年版。

郑金洲：《教育文化学》，人民教育出版社 2000 年版。

郑一明：《"西方马克思主义"的文化哲学思想研究》，重庆出版社 1998 年版。

郑永年：《通往大国之路：中国的知识重建和文明复兴》，东方出版社 2012 年版。

中共中央马克思恩格斯列宁斯大林著作编译局编译：《德意志意识形态（节选本）》，人民出版社 2003 年版。

中共中央马克思恩格斯列宁斯大林著作编译局编译：《马克思恩格斯全集》（第一卷），人民出版社 1995 年版。

中共中央马克思恩格斯列宁斯大林著作编译局编译：《马克思恩格斯选集》（第三卷），人民出版社 1995 年版。

周浩波：《教育哲学》，人民教育出版社 2000 年版。

朱德生、冒从虎、雷永生：《西方认识论史纲》，江苏人民出版社 1983 年版。

朱谦之：《文化哲学》，商务印书馆 1990 年版。

[巴西] 保罗·弗莱雷：《被压迫者教育学》，顾建新等译，华东师范大学出版社 2001 年版。

[德] 埃里希·弗罗姆：《寻找自我》，陈学明译，中国工人出版社 1988 年版。

[德] 哈贝马斯：《作为"意识形态"的技术与科学》，李黎等译，学林出版社 1999 年版。

[德] 卡尔·雅斯贝斯：《时代的精神状况》，王德峰译，上海译文出版社 2005 年版。

［德］马克思：《1844年经济学哲学手稿》，中共中央马克思恩格斯列宁斯大林著作编译局译，人民出版社2000年版。

［德］叔本华：《爱与生的苦恼——生命哲学的启蒙者》，陈晓南译，中国和平出版社1986年版。

［德］雅斯贝尔斯：《什么是教育》，邹进译，生活·读书·新知三联书店1991年版。

［法］P. 布尔迪约、J. C. 帕斯隆：《再生产——一种教育系统理论的要点》，邢克超译，商务印书馆2002年版。

［法］阿尔都塞：《哲学与政治：阿尔都塞读本》，陈越译，吉林人民出版社2003年版。

［法］布尔迪厄：《文化资本与社会炼金术——布尔迪厄访谈录》，包亚明译，上海人民出版社1997年版。

［法］米歇尔·福柯：《生命政治的诞生》，莫伟民等译，上海人民出版社2011年版。

［法］托克维尔：《论美国的民主》，董果良译，商务印书馆2009年版。

［加］克里夫·贝克：《学会过美好生活——人的价值世界》，詹万生等译，中央编译出版社1997年版。

［加］雷蒙德·艾伦·蒙罗、［美］卡洛斯·阿尔伯特·托雷斯：《社会理论与教育——社会与文化再生产理论批判》，宇文利译，上海人民出版社2012年版。

［加］谢少波：《抵抗的文化政治学》，陈永国等译，中国社会科学出版社1999年版。

［捷］夸美纽斯：《大教学论》，傅任敢译，人民教育出版社1984年版。

［美］D. C. 菲利普斯主编：《教育大百科全书：教育哲学》，石中英等译，西南师范大学出版社2011年版。

［美］S. 鲍尔斯、H. 金蒂斯：《美国：经济生活与教育改革》，王佩

雄等译，上海教育出版社1990年版。

［美］爱德华·W.萨义德：《知识分子论》，单德兴译，生活·读书·新知三联书店2002年版。

［美］奥兹门、克莱威尔：《教育的哲学基础》，石中英、邓敏娜等译，中国轻工业出版社2006年版。

［美］戴维·斯沃茨：《文化与权力：布尔迪厄的社会学》，陶东风译，上海译文出版社2012年版。

［美］杜普伊斯、高尔顿：《历史视野中的西方教育哲学》，彭正梅等译，北京师范大学出版社2008年版。

［美］哈罗德·D.拉斯韦尔：《权力与人格》，胡勇译，中央编译出版社2013年版。

［美］赫伯特·马尔库塞：《单向度的人——发达工业社会意识形态研究》，刘继译，上海译文出版社1989年版。

［美］卡尔·博格斯：《知识分子与现代性的危机》，李俊等译，江苏人民出版社2002年版。

［美］卡洛斯·阿尔伯托·托里斯：《教育、权力与个人经历：当代西方批判教育家访谈录》，原青林等译，山东教育出版社2013年版。

［美］麦克莱伦：《教育哲学》，宋少云等译，生活·读书·新知三联书店1988年版。

［美］奈尔·诺丁斯：《教育哲学》，许立新译，北京师范大学出版社2008年版。

［意］安东尼奥·葛兰西：《狱中札记》，曹雷雨等译，中国社会科学出版社2000年版。

［英］布莱恩·麦基：《思想家——当代哲学的创造者们》，周穗明等译，生活·读书·新知三联书店1978年版。

［英］杰拉德·德兰蒂：《现代性与后现代性：知识，权力与自我》，李瑞华译，商务印书馆2012年版。

［英］雷蒙德·威廉斯：《文化与社会》，吴淞江等译，北京大学出版

社 1991 年版。

［英］雷蒙德·威廉斯：《现代主义的政治——反对新国教派》，阎嘉译，商务印书馆 2002 年版。

［英］洛克：《教育漫话》，徐大建译，人民教育出版社 1985 年版。

［英］马克·柯里：《后现代叙事理论》，宁一中译，北京大学出版社 2003 年版。

［英］肖恩·塞耶斯：《马克思主义与人性》，冯颜利译，东方出版社 2008 年版。

2. 论文

安维复：《社会建构主义：后现代知识论的"终结"》，《哲学研究》2005 年第 9 期。

曹小荣：《早期西方马克思主义理论家对"实践"的诠释》，《社会科学战线》2007 年第 2 期。

陈金波：《论西方马克思主义教育哲学思想及其历史评价》，《求索》2012 年第 11 期。

陈露茜：《保守主义时代美国公共教育中的五类控制模式分析》，《教育研究》2014 年第 2 期。

陈香琴：《亨利·A. 吉鲁及其批判教育学思想》，《福建论坛》（人文社会科学版）2007 年第 S1 期。

陈学明：《论"西方马克思主义"的当代意义——从与后现代主义对立的视角看》，《复旦学报》（社会科学版）2003 年第 4 期。

陈忠：《主体性的微观走向与空间权利的城市实现——对城市权利的一种前提性反思》，《哲学动态》2014 年第 8 期。

迟艳杰、陆有铨：《改革开放以来中国教育哲学与时代的互动》，《教育研究》2011 年第 5 期。

邓志伟：《后现代主义思潮与西方批判教育学》，《外国教育资料》1996 年第 8 期。

丁立群：《理论哲学与实践哲学：孰为第一哲学？》，《哲学研究》

2012 年第 1 期。

冯建军：《新时期我国教育哲学发展的三个基本问题》，《教育研究》2015 年第 1 期。

傅书红：《文化研究在教育领域中的价值——亨利·吉鲁的文化研究教育思想》，《比较教育研究》2007 年第 4 期。

高清海、余潇枫：《"类哲学"与人的现代化》，《中国社会科学》1999 年第 1 期。

顾明远：《知识的哲学思考——释介〈现代教育知识论〉》，《北京师范大学学报》（人文社会科学版）2002 年第 4 期。

郭祥超：《教育实践的受动性与教师的"不做"》，《教育研究》2012 年第 11 期。

韩媛媛：《现代美国民主教育的路径选择与借鉴价值》，《江苏高教》2014 年第 1 期。

侯怀银：《20 世纪上半叶教育学在中国引进的回顾与反思》，《教育研究》2001 年第 12 期。

侯怀银：《20 世纪上半叶中国学者对教育学学科独立性的研究》，《教育研究》2003 年第 4 期。

侯怀银：《20 世纪上半叶中国学者对教育哲学学科建设的探索》，《教育研究》2005 年第 1 期。

侯怀银、祁东方：《马克思主义教育哲学解读》，《西北师范大学学报》（社会科学版）2014 年第 5 期。

侯怀银、田小丽：《20 世纪下半叶教育哲学学科建设的本土探索》，《当代教育与文化》2012 年第 3 期。

侯怀银：《中国教育学领域的"接着讲"》，《教育理论与实践》2009 年第 34 期。

胡春光：《教师角色：从吉鲁的批判教育学中反思》，《华中师范大学学报》（人文社会科学版）2008 年第 6 期。

胡春光：《批判教育学：一种反压迫的文化论述和民主教育实践》，

《教育研究与实验》2010 年第 1 期。

黄济：《关于教育哲学研究的几个问题》，《北京师范大学学报》（社会科学版）1981 年第 2 期。

黄忠敬：《意识形态与课程：论阿普尔的课程文化观》，《外国教育研究》2003 年第 5 期。

姜勇：《论教师的精神成长——批判教育学视野中的教师专业发展》，《中国教育学刊》2011 年第 2 期。

蒋晓：《美国教育工作者的教育哲学探析》，《外国教育动态》1988 年第 6 期。

康晓伟：《批判社会学视野下的教师角色分析——吉鲁〈教师作为知识分子——迈向批判教育学〉评介》，《中国教师》2009 年第 21 期。

乐先莲：《理性的重构与公民教育的变革——吉鲁理性视域中的公民教育思想及启示》，《全球教育展望》2010 年第 8 期。

乐先莲：《西方马克思主义教育与国家关系理论的发展流派及当下意义》，《外国教育研究》2008 年第 11 期。

李德顺：《价值思维的主体性原则及其意义》，《湖北大学学报》（哲学社会科学版）2013 年第 4 期。

李风华：《社会基本目标与社会基本结构：论共同理想的哲学基础》，《哲学动态》2015 年第 1 期。

李家永：《弗莱雷成人扫盲的理论与实践》，《比较教育研究》1996 年第 6 期。

李立绪：《存在主义教育哲学思想探讨》，《外国教育动态》1988 年第 1 期。

李其龙：《联邦德国的批判的教育学流派》，《外国教育资料》1994 年第 3 期。

李太平、刘燕楠：《教育研究的转向，从理论理性到实践理性——兼谈教育理论与教育实践的关系》，《教育研究》2014 年第 3 期。

李忠军：《论社会主义核心价值观、中国精神与社会主义意识形态》，

《社会科学战线》2014年第3期。

林孟清：《知识论的政治意识形态本性及其批判》，《哲学研究》2005年第4期。

刘郦：《知识与权力——科学知识的政治学》，《哲学研究》2002年第2期。

刘庆昌：《教育哲学的存在方式》，《山东师范大学学报》（人文社会科学版）2013年第2期。

刘文旋：《马克思的知识理论》，《哲学研究》2002年第10期。

陆有铨、赵洪海：《未来主义教育哲学》，《山东师范大学学报》（社会科学版）1988年第6期。

彭宏伟：《对"现实的人"两种思路的把握》，《哲学动态》2010年第7期。

彭静：《批判教育学视域中的教师角色分析》，《教育理论与实践》2004年第20期。

彭丽：《"公民"与"解放"——批判教育学两个重要主题的研究》，《比较教育研究》2008年第10期。

彭正梅：《德国批判教育学述评》，《外国教育研究》2002年第10期。

彭正梅：《启蒙的教育——德国批判教育学研究》，《全球教育展望》2002年第12期。

祁东方、侯怀银：《中国高等教育哲学研究的回顾与展望》，《河北大学学报》（哲学社会科学版）2014年第5期。

乔瑞金、师文兵：《历史主义与结构主义——英国新马克思主义哲学探索的主导意识》，《哲学研究》2005年第2期。

乔瑞金、师文兵：《马克思主义是社会历史的整体视界——英国新马克思主义的"事实"与"理论"之争及其启示》，《山西大学学报》（哲学社会科学版）2005年第4期。

乔瑞金：《英国新马克思主义的发展历程及其思想特征》，《当代国外马克思主义评论》2007年第00期。

乔瑞金：《英国新左派的社会主义政治至善思想》，《中国社会科学》2014年第9期。

石中英：《重塑教育知识中"人的形象"》，《教育研究》2002年第6期。

苏星鸿：《构建中国化马克思主义哲学新形态的方法论思考——新时期马克思主义价值构建研究》，《青海社会科学》2014年第2期。

唐青才、谢长法：《批判教育学的新图景：基于罗蒂新实用主义的重构》，《教育理论与实践》2010年第13期。

陶德麟：《略论文化建设中的传承与借鉴》，《哲学研究》2013年第6期。

田友谊：《教育即解放——试析保罗·弗莱雷的"解放教育学"》，《外国教育研究》2004年第4期。

涂成林、蒋年云：《生活世界、知识异化与现代哲学的致思路径》，《哲学研究》2006年第4期。

汪信砚、刘秉毅：《论马克思的哲学观》，《哲学研究》2013年第12期。

王成华：《何谓哲学的批判——诠说哲学的批判概念之涵义》，《湖南师范大学社会科学学报》2012年第5期。

王凤才：《从批判理论到后批判理论（上）——对批判理论三期发展的批判性反思》，《马克思主义与现实》2012年第6期。

王凤才：《文化霸权与意识形态国家机器——葛兰西与阿尔都塞意识形态理论辨析》，《马克思主义与现实》2007年第3期。

王南湜：《理论智慧的实践意义》，《南京师大学报》（社会科学版）2013年第1期。

王佩雄：《当代西方教育哲学发展情况简介》，《外国教育研究》1984年第1期。

王霞、侯怀银：《20世纪中国马克思主义教育学的理论传统》，《高等教育研究》2013年第11期。

王彦斌：《吉鲁克斯批判教育学师生观概述》，《中国教育学刊》2007年第12期。

王兆璟：《意识自觉与观念解放——改革开放以来教育科学研究的观念史分析》，《教育研究》2014年第2期。

魏俊雄：《论西方马克思主义主体思想的合理因素》，《学理论》2010年第30期。

吴忠民：《论现代价值理念与发展动力的契合》，《哲学研究》2014年第8期。

谢维和：《伯恩斯坦的"表意性秩序"理论及启示——一种关于学校德育管理的理论》，《教育研究》2014年第2期。

辛治洋：《批判教育学的困境与出路》，《比较教育研究》2004年第9期。

辛治洋：《批判教育学解读》，《比较教育研究》2006年第7期。

徐文明：《现实与超越——当代中国知识分子的历史使命》，《马克思主义与现实》1994年第4期。

宣小红、薛莉、马潇潇、张檀：《教育学研究的热点与重点——对2013年度人大复印报刊资料《教育学》转载论文的分析与展望》，《教育研究》2014年第2期。

严奇岩：《西方马克思主义与批判教育学》，《上海交通大学学报》（哲学社会科学版）2005年第6期。

阎光才：《批判教育研究的学术脉络与时代境遇》，《教育研究》2007年第8期。

阎光才：《批判教育研究在中国的境遇及其可能》，《教育学报》2008年第3期。

杨昌勇：《"西方马克思主义"思潮与"新"教育社会学理论的关系分析》，《华东师范大学学报》（教育科学版）1998年第1期。

杨生平：《作为文化体系的意识形态——格尔茨的文化意识形态探析》，《哲学动态》2014年第4期。

杨叔子：《对加强社会主义核心价值体系教育的一点理解》，《高等教育研究》2014 年第 4 期。

姚大志：《什么是启蒙：过去和现在》，《社会科学战线》2011 年第 9 期。

姚文放：《文学理论的话语转向与福柯的话语理论》，《社会科学辑刊》2014 年第 3 期。

叶险明：《对"整体性"的批判性反思——关于马克思主义理论的整体性研究的一个方法论问题》，《哲学研究》2011 年第 9 期。

于向阳：《保罗·弗莱雷的教育思想评述》，《华东师范大学学报》（教育科学版）1995 年第 3 期。

俞吾金：《从实用理性走向实践智慧》，《杭州师范大学学报》（社会科学版）2014 年第 3 期。

曾祥耿：《早期西方马克思主义实践观探析》，《浙江师范大学学报》（社会科学版）2010 年第 1 期。

张楚廷：《高等教育哲学的省思》，《中国教育科学》2014 年第 2 期。

张楚廷：《教育学为何需要哲学》，《高等教育研究》2011 年第 9 期。

张华：《美国当代批判课程理论初探（上）》，《外国教育资料》1998 年第 2 期。

张华：《美国当代批判课程理论初探（下）》，《外国教育资料》1998 年第 3 期。

张华：《批判理论与批判教育学探析》，《外国教育资料》1996 年第 4 期。

张奎良：《关于马克思人的本质问题的再思考》，《哲学动态》2011 年第 8 期。

张琨：《论弗莱雷的希望教育哲学》，《外国教育研究》2006 年第 5 期。

张亮：《在继承和坚持中发展马克思主义哲学——〈走进马克思〉评介》，《教学与研究》2002 年第 10 期。

张亮:《中国马克思主义哲学史研究的范式生成与转换》,《中国社会科学》2008 年第 4 期。

张青兰:《主体问题的存在论本质——重读〈关于费尔巴哈的提纲〉》,《哲学研究》2011 年第 8 期。

张伟:《知识人与权力的关系探微——关于"海德格尔公案"的思考》,《清华大学教育研究》2013 年第 6 期。

郑富兴:《美国批判教育学的道德教育思想述评》,《比较教育研究》2007 年第 10 期。

郑金洲:《美国批判教育学之批判——吉鲁的批判教育观述评》,《比较教育研究》1997 年第 5 期。

郑蕾:《批判教育学视野下的美国多元文化教育——访美国加州大学洛杉矶分校 Peter Mclaren 教授》,《全球教育展望》2012 年第 3 期。

钟玲:《后殖民主义与批判教育学:教育的目标在于培养批判精神》,《扬州大学学报》(高教研究版)2005 年第 4 期。

钟玲:《论批判教育学的后现代主义理论基础及对我国教育研究的启示》,《黑龙江高教研究》2005 年第 3 期。

钟启泉:《凯洛夫教育学批判——兼评"凯洛夫教育学情结"》,《全球教育展望》2009 年第 1 期。

周昌忠:《后现代科学知识论》,《哲学研究》2002 年第 7 期。

周海涛:《亨利·吉鲁课程理论的价值关怀、阶段与演进逻辑》,《教育与教学研究》2014 年第 12 期。

周文叶、兰璇:《批判教育学视野中的美国教育政策——美国威斯康星大学阿普尔教授访谈》,《全球教育展望》2009 年第 12 期。

周文叶、兰璇:《批判教育学与教育改革——美国威斯康星大学阿普尔教授访谈》,《全球教育展望》2010 年第 1 期。

[美] E. 鲍尔:《教育哲学的目的》,曲跃厚译,《国外社会科学》1987 年第 10 期。

[美] J. 索尔蒂斯:《论教育哲学的前景》,闵家胤译,《国外社会科

学》1984 年第 3 期。

［美］R. D. 范斯科特、R. J. 克拉夫特、J. D. 哈斯：《当代西方教育哲学流派》，蔡振生译，《外国教育动态》1980 年第 6 期。

［美］彼得·麦克劳伦：《革命的批判教育学：教师教育项目的解毒剂》，周霖译，《东北师大学报》（哲学社会科学版）2009 年第 2 期。

［美］迈克尔·阿普尔、韦恩·欧：《批判教育学中的政治、理论与现实（上）》，阎光才译，《比较教育研究》2007 年第 9 期。

［美］迈克尔·阿普尔、韦恩·欧：《批判教育学中的政治、理论与现实（下）》，阎光才译，《比较教育研究》2007 年第 10 期。

后 记

本书是在我博士论文的基础上完成的,除了核对部分文献、完善语句之外,未在内容上有所增补,书中涉及的吉鲁学术成果和相关参考文献时间截止到 2014 年 12 月底。为纪念那一段难忘的求学经历,本书后记也基本保持了"原貌"。

选择这个题目,与我自己的学习经历和个人兴趣密切相关。我仍然记得,2005 年,外审老师在我硕士论文的评审意见中写道:"鉴于这一选题的难度,应对作者付出的努力与热情充分肯定。论文的不足在于没有从尊严、权利的角度对论题予以深化,对类哲学、生命哲学与人类学的内在关系未给出恰当说明,希望作者今后能有所改进。"看到评语,我很受鼓舞,当时就想,如果有机会,一定要在此基础上继续进行深入研究。而吉鲁批判教育哲学思想理论来源的多样性,以及他对个人权能、主体性的重视,恰恰为弥补这一遗憾提供了契机。

"语言是存在的家",本着吉鲁在教育研究中所坚持的批判性与可能性语言的结合,我完成了这篇博士论文。毕业的快乐相似而挑战各异,知识基础的薄弱、来自工作和家庭的压力,使本书的写作面临着很多困难。研究中的所思所感、老师和同学们的帮助,每每想起难以言表,唯有铭记心中!

"饮其流者怀其源,学其成时念吾师。"由衷地感谢我的导师侯怀

后　记

银教授，恩师治学严谨、要求严格。无论发展定位还是研究方向的选择，每每语重心长，谆谆教导。博士论文写作期间，侯老师更是反复督促、多次修改。从论文框架到段落结构，从思想内容到参考文献，从遣词造句到标点符号，恩师无不悉心指导。学生愚钝，老师就特别辛苦。八年求学之旅与职场生涯的双重交错中，从最初的茫然不知所措到后来的点滴进步，侯老师与师母李广凤老师都对我鼓励有加，关怀备至。由衷地感谢乔瑞金老师在论文开题与写作过程中提出的宝贵意见，使我的研究思路更清晰、逻辑结构更严谨。也特别感谢南京大学哲学系张亮教授、中国社会科学院朱葆伟教授和中国人民大学段忠桥教授在开题和答辩时提出的有益建议，感谢薛勇民教授、邢媛教授、李树雪教授、管晓刚教授，感谢刘庆昌教授、徐冰鸥教授以及王霞、史慧敏、郭建斌、薛稷、陈治国、赵瑞林、李瑞艳等多位老师，正是你们的热心帮助，才使我的博士论文顺利完成；感谢郎永杰、吴文清、曹建平三位领导在日常工作中对文稿撰写的严格要求，为我博士论文的写作奠定了扎实的基础。

无论经历多少困难挫折，家庭永远是我停泊的港湾。情绪超稳定的爱人以他宽厚包容的胸怀，陪我走过了漫漫求学之旅。乖巧懂事的儿子缓解了我很多的焦虑；多少倾情诉说，朋友总是耐心倾听。也特别感谢我的好友们，细水流年、你我同行，时光静好，友谊永伴。

多少不眠之夜，经典著作伴我左右，厘清思路、给予灵感，始终让我欢欣着"更多的生命"和"比生命更多"的收获。在美丽的夜色中，知识的月光宁静而永久地照亮了我精神的故乡！

衷心感谢山西大学社会科学处和教育科学学院为本书出版所给予的支持，感谢"山西大学建校120周年学术文库"出版资金的资助。

感谢中国社会科学出版社在本书出版过程中的支持与帮助。

博士毕业后，我继续修改完善论文的想法一直没有付诸行动，吉鲁近年来的相关研究成果未能及时补充更新，这是一个遗憾，却也真实地再现了彼时的初步思考与探索，同时为未来的深入研究提供了契机。作为一个跨专业的学习者，囿于时间、能力所限，本书肯定存在着尚需完善之处，恳请各位专家学者批评指正。

祁东方

2024 年 5 月